AÇÕES AFIRMATIVAS NO BRASIL

VOLUME 2

Dados Internacionais de Catalogação na Publicação (CIP)
(Câmara Brasileira do Livro, SP, Brasil)

Ações afirmativas no Brasil : reflexões e desafios para a pós-graduação / Amélia Artes, Sandra Unbehaum, Valter Silvério, (orgs.). — São Paulo : Cortez : Fundação Carlos Chagas, 2016. — (Ações afirmativas no Brasil ; v. 2)

Bibliografia.
Vários autores
ISBN 978-85-249-2513-9

1. Ações afirmativas 2. Avaliação educacional 3. Ciências humanas - Filosofia 4. Educação 5. Equidade 6. Pesquisa 7. Política pública 8. Pós-graduação 9. Relações étnico-raciais 10.Universidades públicas I. Artes, Amélia. II. Unbehaum, Sandra. III. Silvério, Valter. IV. Série.

16-08683 CDD-379.260981

Índices para catálogo sistemático:

1. Ações afirmativas : Equidade : Brasil : Educação 379.260981

Amélia Artes
Sandra Unbehaum
Valter Silvério
(Orgs.)

AÇÕES AFIRMATIVAS NO BRASIL

VOLUME 2

REFLEXÕES E DESAFIOS PARA A PÓS-GRADUAÇÃO

Coedição: Fundação Carlos Chagas
Apoio: Fundação Ford

CORTEZ EDITORA

AÇÕES AFIRMATIVAS NO BRASIL: reflexões e desafios para a pós-graduação
Amélia Artes, Sandra Unbehaum, Valter Silvério (Orgs.)

Capa: de Sign Arte Visual
Preparação de originais: Jaci Dantas
Revisão: Maria de Lourdes de Almeida
Composição: Linea Editora Ltda.
Editora-assistente: Priscila F. Augusto
Coordenação editorial: Danilo A. Q. Morales

Obra em conformidade ao NOVO ACORDO da Língua Portuguesa

Direitos para esta edição
CORTEZ EDITORA
Rua Monte Alegre, 1074 – Perdizes
05014-001 – São Paulo – SP
Tels.: (55 11) 3864-0111 / 3611-9616
E-mail: cortez@cortezeditora.com.br
www.cortezeditora.com.br

FUNDAÇÃO CARLOS CHAGAS
Av. Prof. Francisco Morato, 1565
05513-900 – São Paulo – SP
Tel.: (55 11) 3721-4511 Fax (55 11) 3721-1059
Home-page: http: www.fcc.org.br
Apoio: Fundação Ford

Impresso no Brasil – novembro de 2016

SUMÁRIO

APRESENTAÇÃO

Em 2009, o Social Science Research Council publicou o livro intitulado "*Origins, Journeys and Returns: social justice in international higher education*"[1] como parte de uma reflexão sobre os impactos do International Felloowship Program (IFP), financiado pela Ford Foundation. Conhecido no Brasil como Programa Bolsa foi lançado no início dos anos 2000, sob a coordenação de Fúlvia Rosemberg da Fundação Carlos Chagas (FCC). O conteúdo daquele livro descrevia sete experiências dos 22 países onde o programa foi implementado, ressaltando as características dos contextos nacionais e proporcionava uma reflexão de caminhos possíveis (jornadas) e os impactos sociais (retorno) de um programa de bolsas que preparava membros de grupos socialmente marginalizados para o processo seletivo de ingresso em cursos de Pós-Graduação em instituições altamente seletivas nos contextos nacionais partícipes do projeto.

O Programa IFP trabalhou com organizações parceiras em países localizados na Ásia, África, América Latina e Rússia identificando os fatores — dentre os quais situação econômica, gênero, etnia, raça, religião, idioma, isolamento geográfico, instabilidade política —

1. Published by the Social Science Research Council Printed in the United States of America Distributed by Columbia University Press. Disponível em: <http://www.fordifp.org/Portals/0/IFP%20PDF/Origins%20Journeys%20Returns.pdf>.

que constituíam as maiores barreiras à educação superior naqueles contextos nacionais; procurando selecionar pessoas com potencial acadêmico, compromisso social e capacidade de liderança.

Uma década após o seu funcionamento, o programa demonstrou que talento e compromisso social abundam nas comunidades marginalizadas de todos os países nos quais ele foi realizado. No Brasil, os resultados do Programa Bolsa são impressionantes tanto em termos numéricos (309 concluintes de 343 bolsistas participantes), quanto em termos do perfil dos concluintes indígenas e negros e das instituições frequentadas. Com início em 2001, o programa foi o primeiro do país a explicitar ou a se atentar com a presença dos grupos excluídos socialmente na Pós-Graduação. Demonstrou ser possível assegurar a qualidade da formação sem a lógica de reprodução de elites econômicas, sociais e políticas no acesso àquele nível de ensino.

Dessa forma, o Programa Bolsa estabeleceu uma mudança paradigmática quando os seus resultados demonstraram que a principal eficácia dos pressupostos elitistas que atravessam o imaginário dos cursos e Programas de Pós-Graduação no país, em última análise, impedem o acesso de inúmeros talentos intelectuais para que eles desenvolvam suas capacidades intelectuais.

Reconhecido como um modelo a ser seguido aqui e alhures, o Programa Bolsa coincidiu em seu desenvolvimento com a implantação das ações afirmativas na graduação e, ao mesmo tempo, antecipou em pelo menos uma década a seguinte questão: Como incorporar estudantes dos cursos de graduação, público e privado, oriundos de ação afirmativa na Pós-Graduação?

A antecipação se dá porque de fato o Programa Bolsa estabeleceu uma metodologia que possibilitou o acesso de pós-graduandos oriundos das camadas sociais economicamente desfavorecidas, e que, se mantidas as condições de acesso que ainda vigoram na maioria dos Programas de Mestrado e Doutorado no Brasil, os selecionados do IFP dificilmente realizariam sua formação com mérito acadêmico como o fizeram.

Considerando a experiência exitosa do Programa Bolsa, a Fundação Carlos Chagas e a Fundação Ford lançam um novo Edital em 2011, o Programa Equidade na Pós-Graduação,[2] com o objetivo de financiar iniciativas de cursos de formação pré-acadêmica em 15 universidades brasileiras. Os doze projetos selecionados[3] deveriam organizar cursos para preparar pessoas oriundas de grupos sub-representados para os processos de acesso à Pós-Graduação. As experiências exitosas dessa iniciativa estão relatadas no volume 1 desta coletânea — Ações Afirmativas.

Hoje há que se reconhecer que os programas que desejem atender ao desafio da equidade na Pós-Graduação têm um modelo, ou melhor, um parâmetro de análise para incorporar com sucesso os estudantes oriundos de Ação Afirmativa da graduação. Permitindo rever a concepção, a história e a trajetória da reflexão — ou da não reflexão — da Pós-Graduação no país, ao demonstrar que indivíduos oriundos dos grupos sociais em desvantagem e/ou vulneráveis, ao partilharem de todos os benefícios e condições oferecidos por um programa de Pós-Graduação, podem obter resultados que alteram a realidade do próprio grupo e ampliar as possibilidades de alcance da almejada justiça social.

Na perspectiva de rever a história das ações afirmativas para a Pós-Graduação construída em uma década a partir do Programa Bolsa e do Programa Equidade, foi realizado pela Fundação Carlos Chagas, em 21 de agosto de 2015 o Seminário *"Caminhos trilhados e novos desafios para o acesso de negros e indígenas na pós-graduação"*. Um dos seus

2. A Fundação Carlos Chagas, em parceria com a Fundação Ford, a partir de 2011 criou, por meio de edital, a possibilidade de universidades públicas e privadas, que já disponham de experiências de ação afirmativa na graduação, concorrerem a recursos monetários para implementarem cursos de formação visando à preparação de potenciais candidatos/as aos processos seletivos de Programas de Pós-Graduação (PPG) de universidades brasileiras. O Concurso previa duas modalidades de propostas: consórcio, quando duas ou mais universidades se associam para apresentar uma única proposta. Para a modalidade consórcio foram previstas três dotações; individual, quando a proposta é apresentada por uma única universidade. Para a modalidade individual foram previstas dez dotações.

3. Três deles em formato de consórcio entre duas IES.

objetivos foi o de abrir um novo diálogo com a sociedade brasileira, em especial com as Universidades que oferecem cursos de Pós-Graduação de excelência, sobre a importância de se considerar em seus processos seletivos a diversidade étnico-racial, entre outras clivagens e/ou marcadores sociais. Para tanto, foram convidados especialistas de todo o país envolvidos com o tema das ações afirmativas.

O resultado que apresentamos na forma desta coletânea tem por base as reflexões sobre as experiências de ações afirmativas na Pós-Graduação, desde suas origens no Brasil, os impactos positivos, irrefutáveis, com base em qualquer critério de análise, e os desafios futuros no diálogo com um sistema que se acostumou e conformou-se a ver o espaço da Pós-Graduação como sendo de e para as elites econômicas e sociais.

O livro, portanto, está organizado da seguinte forma: no capítulo 1, o texto de Amélia Artes, "Desigualdades de cor/raça e sexo entre pessoas que frequentam e titulados na Pós-Graduação brasileira: 2000 e 2010", ao examinar a distribuição regional de pessoas que frequentam o principal nível profissionalizante do país permite a observação da super-representação do grupo branco sobre os demais grupos no período analisado. Ao transitar pelos principais textos e autores(as) do debate, conclui que as desigualdades de acesso, progressão e conclusão para as diferentes etapas da educação básica e do ensino superior são demarcadas pela cor/raça: os indicadores educacionais encontrados para negros[4] estão muito aquém dos observados para brancos. As defasagens entre indicadores educacionais de negros e brancos estão presentes desde a primeira etapa do sistema educacional brasileiro e devem ser estudadas na interface com outros marcadores sociais como sexo, região de moradia, renda e faixa de idade.

---

4. O termo "negro" indica a somatória dos valores encontrados para pretos e pardos. Os indicadores sociais, descritos na literatura, aproximam os valores encontrados para pretos e pardos. Adotamos o conceito de raça conforme Guimarães (2002), para quem raça é uma categoria socialmente constituída.

No capítulo 2, Silvério e Medeiros, em "*Ação Afirmativa para negros e indígenas: um ensaio sobre a crise do discurso civilizacional e a reorientação nas políticas públicas de inclusão no Brasil*", ao analisarem as mudanças de percepção no núcleo discursivo da ideologia nacional, identificam um deslocamento que provoca uma tensão entre perspectivas que enfatizam a diferença étnico-racial enquanto um valor a ser construído socialmente; e outras que insistem na fixação do discurso da mestiçagem como estruturante do imaginário nacional. O resultado tem sido uma disputa na formação da opinião pública que atravessa a própria concepção dos programas e políticas de ação afirmativa no setor privado (PROUNI) e público (Lei n. 12.711/2012). De forma breve e inicial, os autores argumentam que alguns desses processos, de certo modo, traduzem uma faceta das mudanças em curso no país. O Movimento Negro ganha relevância pelo lugar que ocupa na mobilização dos afro-brasileiros contra os inumeráveis tipos de discriminação velada ou ostensiva que se expressam na forma de desvantagens sociais e econômicas para os negros quando comparados aos brancos.

De um lado, a ação do Movimento Negro brasileiro insistiu, durante décadas, na existência de um racismo difuso no país que, a despeito da ampla mestiçagem, não tem permitido a mobilidade social de afro-brasileiros nos mesmos moldes da população euro-brasileira. De outro lado, a ação do Estado, após a promulgação da Constituição de 1988, tem se pautado no sentido de reconhecer a existência de uma pluralidade de formas do ser brasileiro e, ao mesmo tempo, promovido uma reorientação nas políticas públicas, que passaram a incorporar, de maneira tímida e não convergente, a ideia de diversidade cultural. Um dos resultados mais visíveis desse processo encontra-se no Programa Universidade para Todos (PROUNI) e nos programas de ação afirmativa para negros e indígenas nas instituições de ensino superior públicas.

Antonio Sérgio Guimarães, no capítulo 3, *As cotas nas universidades públicas 20 anos depois,* prioriza a análise de três momentos a partir de 1995 até os dias atuais. O primeiro situado entre o surgimento do Grupo de Trabalho Interministerial para Valorização da População Negra (GTI) e a aprovação da Lei n. 10.558, de 2002, que propunha o programa Diversidade na Universidade; o segundo, a partir de 2002 até 2012, onde ocorre a implantação das "cotas" em universidade públicas estaduais e federais e a experimentação de vários modelos e perfis de beneficiários. E depois de 2012, com a decisão do STF que tornou constitucional o uso de cotas raciais pela Universidade de Brasília e, posteriormente, com a aprovação da Lei n. 12.711, que normatiza e institucionaliza a reserva de vagas em todas as instituições federais de ensino superior e técnico do país.

Guimarães trata aqueles momentos como fases de uma luta na qual se pode analiticamente privilegiar diferentes campos de mobilização dentre os quais cabe destaque o social, o político parlamentar, o jurídico, o acadêmico e o da opinião pública. O autor, embora transite de forma breve por todos eles, privilegia o campo social por entender que é nele que se dá a disputa pela legitimidade das políticas públicas, bem como as controvérsias que as cercam desde seu surgimento.

No capítulo 8, o texto de Campos e Junior, intitulado "*A evolução do debate sobre ação afirmativa no Brasil: prognósticos passados e diagnósticos presentes*", também se preocupa em fornecer uma breve história das políticas de ação afirmativa no Brasil; entretanto, o foco recai sobre o modo como as instituições democráticas produzem justificações públicas para instituir e legitimar uma política.

Os autores descrevem o processo de institucionalização de uma política desde artigos de jornais e revistas, passando pelo debate dos especialistas, a elaboração do projeto de lei, o substitutivo, o parecer jurídico etc., como momentos fundamentais da construção das justificações que constituem a aprovação ou rejeição de uma política pública, no caso específico, a de ação afirmativa.

De forma provocativa, Campos e Junior afirmam que uma "pessoa no domínio de suas faculdades racionais não argumentaria em público que as cotas raciais não devem ser adotadas porque seus netos brancos e de classe média alta vão ter a chance de entrar em universidades públicas de qualidade diminuídas no futuro. Ela diria que as cotas raciais vão produzir conflito social em escala inaudita ou que contribuirão para a decadência da qualidade do ensino superior, em suma, que atentarão contra bens supostamente comuns e não contra seus interesses mesquinhos de manutenção do privilégio racial e de classe de sua família. Em um regime democrático, a manutenção do privilégio e da distinção para fins estritos de vantagem pessoal não pode ser publicamente justificada" (p. 243).

A conclusão é que o debate público acerca de uma política é fundamental para sua manutenção, aprimoramento ou também rejeição em um regime democrático.

O segundo conjunto de textos que foram apresentados no seminário preocupa-se tanto com o impacto da política no sistema superior de ensino, quanto com as necessidades de correções, aprofundamento e ampliação das mesmas para a Pós-Graduação; fazendo a ponte com as experiências extremamente bem-sucedidas do Programa Bolsa e do Programa de Formação Pré-Acadêmica — Equidade na Pós-Graduação. No presente momento, algumas instituições avançaram propondo e/ou instituindo reserva de vagas e cotas para negros e índios em Programas de Pós-Graduação estabelecendo, portanto, a necessidade de criação de mecanismos institucionais de acompanhamento dos segmentos sociais interessados diretamente no sucesso das ações afirmativas.

O texto do Capílulo 4, de André Lazaro, *"Observatório da Lei de Cotas: proposta de avaliação da Lei n. 12.711/2012"*, tem como preocupação central exatamente os desafios postos às instituições de ensino superior que passaram a receber um perfil de estudante que não acessava os cursos superiores públicos.

Ao discutir a proposição de um observatório, com base em um programa já desenvolvido pelo MEC, o Observatório da Educação, um modelo de pesquisa que articula Programas de Pós-Graduação, pesquisadores da universidade, professores das redes públicas de educação básica com amplo acesso às informações educacionais disponíveis, o autor argumenta que tanto as ações afirmativas quanto a pressão do movimento social exigem do Ministério da Educação (MEC) um tipo de acompanhamento como o que já vinha sendo desenhado para o Programa Universidade Para Todos (ProUni), primeiro programa federal que adotou política de ação afirmativa para o ingresso na educação superior em instituições privadas para estudantes de escola pública, de baixa renda, definindo também cotas para negros e indígenas. Lazaro sugere uma modalidade de controle social que articule parceiros de órgãos estatais e sociedade civil para o acompanhamento da Lei n. 12.711/2012.

Assegurado o ingresso, várias questões de diferentes ordens emergem: que políticas de acolhimento serão implantadas pelas instituições de ensino superior? Haverá condições de permanência para estudantes de baixa renda? Haverá apoio acadêmico para enfrentar deficiências de formação da escola pública? Seus saberes serão reconhecidos? Seguirão esses novos ingressantes submetidos ao olhar segundo o qual as populações que vivem em condições de pobreza são apenas "carentes", sem que se reconheçam suas potências? Como será realizada a avaliação dessa política, prevista para dez anos após a adoção da reserva de vagas? Que critérios devem orientar essa avaliação?

No capítulo 7, o texto de Figueiredo, *Para além dos números: uma reflexão sobre a experiência de professores(as) e alunos(as) negros(as) na Pós-Graduação*, ao revisitar os resultados qualitativos do projeto Fábrica de Ideias (curso de preparação de jovens negras e negros, majoritariamente), as duas versões do programa Equidade na Pós-Graduação (Ford/FCC) e sua experiência pessoal como coordenadora de um programa de Pós-Graduação em uma perspectiva da posicionalidade (Haraway, 2004) do sujeito ou do *stand point* (Collins, 1990) observa a importância de se romper com os silêncios e/ou silenciamentos em relação às condições de permanência e, principalmente, de produção de conhecimentos a que os(as) jovens negros(as) estão submetidos no interior das instituições de ensino superior.

A autora não é pessimista; no entanto, tenciona as visões otimistas que se contentam com o aumento percentual da presença de negros e negras nas universidades interpelando-nos sobre a necessidade de um olhar para o currículo e os conteúdos reprodutivos das desigualdades estruturais a que os jovens estão expostos em nossas universidades. Dito de outra forma, a ação afirmativa no caso brasileiro teria que ser acompanhada de uma descolonização do saber e do ser em uma lógica decolonial para romper com ciclo acumulativo de desvantagens.

Figueiredo explicita ainda a necessidade de ir para além dos números como parte da reflexão da tradução da posicionalidade epistêmica (neutralidade axiológica/universalismo) para a posicionalidade política (defesa do princípio de igualdade/mérito) como desdobramentos contrários às cotas para negros.

É muito difícil avaliar resultados da luta ideológica em termos de mudança efetiva de atitudes e valores compartilhados. Afinal, trata-se de mudanças societais que envolvem muitos processos concomitantes. Mas um ótimo indicador das mudanças antes descritas pode ser o movimento de alteração da classificação racial no Brasil, que pode ser verificado tanto na série histórica do IBGE, quanto no próprio modo de se classificar em termos de raça/cor.

No capítulo 5, "*Rumos e desafios das políticas de ações afirmativas no Instituto de Filosofia e Ciências Humanas da Universidade Estadual de Campinas*", Silva nos introduz *na* experiência de implantação de ações afirmativas no âmbito de cinco Programas de Pós-Graduação do Instituto de Filosofia e Ciências Humanas da Universidade Estadual de Campinas (IFCH-Unicamp), em 2015, como resultado da confluência de diferentes fatores históricos.

É possível afirmar que se trata de um processo descontínuo e alargado no tempo, nem sempre coeso e articulado, em que houve interesse de indivíduos e grupos ao longo da experiência histórica de vivenciar o espaço universitário da Unicamp e entendê-lo como excludente, pouco aberto à diversidade étnica ou de origem de classe social.

De certo modo, Silva atribui às experiências, por exemplo, dos coletivos de estudantes, servidores administrativos e, algumas vezes, docentes, que associados sob uma legenda de "Coletivo", "Núcleo de

Consciência", "Núcleo de Estudos Negros" parte do campo de possibilidade que se abriu na Unicamp para o processo de implementação de ações afirmativas no IFCH um dos institutos mais importantes do país.

No capítulo 6, Filho et al. em *"Cotas étnico-raciais na Pós-Graduação: a experiência da Universidade Federal de Goiás"* nos contam a experiência e trajetória das ações afirmativas na UFG relacionadas aos marcadores étnico-raciais, os quais permitiram a adoção de cotas para candidatos pretos, pardos e indígenas (PPI) na Pós-Graduação *stricto sensu*, como discutem os autores em detalhe no texto que compõe nosso livro.

A experiência da UFG demonstra que posições de poder no interior das universidades, quando orientadas por uma ética de responsabilidade e compromisso social, podem resultar em um ganho societário incomensurável.

Nós, organizador e organizadoras desta coletânea, esperamos que esta breve introdução seja um convite para a leitura de uma história recente, um processo que se encontra ainda em curso e do qual participam incontáveis indivíduos anônimos, crentes da importância da construção de uma sociedade justa. Vários autores dos textos participaram do início dessa jornada e continuam avaliando seus impactos na condição de acadêmicos e a defendê-la na condição de cidadãos, e que, mesmo que nem sempre haja convergência entre seus olhares, contribuem para o debate público de tema tão complexo.

Amélia Artes
Sandra Unbehaum
Valter Silvério

CAPÍTULO 1

Desigualdades de cor/raça e sexo entre pessoas que frequentam e titulados na pós-graduação brasileira: 2000 e 2010*

Amélia Artes

O objetivo deste capítulo é apreender as desigualdades da população brasileira quanto ao acesso à pós-graduação *stricto sensu* e à possibilidade de concluí-la. Para tanto, examinamos dados sobre cor/raça, sexo e distribuição regional de pessoas que frequentam cursos

* Este trabalho faz parte da pesquisa *Desigualdades de cor/raça e sexo entre pessoas que frequentam e titulados na pós-graduação brasileira: 2000 e 2010*, desenvolvida na Fundação Carlos Chagas com financiamento da Fundação Ford e com a orientação da profa. Fúlvia Rosemberg entre 2012 e 2014 (Artes, 2015).

desse nível de ensino. Como etapa preliminar, consideramos necessário analisar o perfil do conjunto de pessoas que frequentam e concluem cursos de graduação, potenciais candidatos à pós-graduação; por outro lado, pareceu-nos oportuno confrontar o perfil dos pós-graduandos com o dos titulados, mestres e doutores.

As assimetrias por cor/raça e sexo na educação brasileira têm sido objeto de reflexão de vários autores nos últimos trinta anos: Hasenbalg (1979), Silva e Hasenbalg (2000), Henriques (2001), Beltrão e Teixeira (2004), Paixão (2010), Rosemberg e Madsen (2011), entre outros. A literatura sugere que as desigualdades de acesso, progressão e conclusão para as diferentes etapas da Educação Básica e do Ensino Superior são demarcadas pela cor/raça: os indicadores educacionais encontrados para negros[1] estão muito aquém dos observados para brancos. As defasagens entre indicadores educacionais de negros e brancos estão presentes desde a primeira etapa do sistema educacional brasileiro e devem ser estudadas na interface com outros marcadores sociais como sexo, região de moradia, renda e faixa de idade.

Perante essa trajetória de desigualdades na escolarização, este estudo fixou o foco no mais alto grau da escala educacional, a pós-graduação. Nossa principal pergunta é: Como se situam brancos e negros, homens e mulheres, nesse privilegiado nicho do sistema educacional?

Nos últimos anos, as discussões sobre a presença reduzida de negros no ensino superior tem ocupado um espaço cada vez mais expressivo nas agendas de políticas públicas, do movimento social e da academia. A partir de 2004, as políticas de ação afirmativa, predominantemente as cotas — no setor público — e as bolsas de estudo — no setor privado, em parte financiadas pelo Programa Universidade para

1. O termo "negro" indica o somatório dos valores encontrados para pretos e pardos. Os indicadores sociais descritos na literatura aproximam os valores encontrados para pretos e pardos. Adotamos o conceito de raça conforme Guimarães (2002), para quem raça é uma categoria socialmente constituída.

Todos (ProUni)[2] — têm alterado, mesmo que lentamente, o perfil de cor/raça do público que acessa, frequenta e completa o ensino superior. Assim, cabe questionar de que forma as mudanças observadas no perfil dos alunos de graduação alteram a configuração do perfil daqueles que ingressam na pós-graduação.

Para responder a essas indagações e contextualizar a temática, realizamos uma coleta de artigos, teses, dissertações e publicações nas bases eletrônicas da Scientific Electronic Library Online (Scielo), do Google Acadêmico, Domínio Público, Banco de teses da Coordenação de Aperfeiçoamento de Pessoal de Nível Superior (Capes), da Universidade de São Paulo (USP) e do acervo da Biblioteca Ana Maria Poppovich (Bamp) da Fundação Carlos Chagas com os seguintes descritores: ensino superior, pós-graduação, cor/raça, sexo e suas diferentes combinações.

De forma complementar, analisamos um conjunto de documentos norteadores da pós-graduação brasileira, com foco nos planos nacionais de pós-graduação (PNPGs). Consultamos também o Estatuto da Igualdade Racial (Brasil, 2010) e a Lei de Cotas para o Ensino Superior (Brasil, 2012). Desde já, podemos ressaltar que os referidos documentos não apresentam pontos de correspondência, isto é, os PNPGs não problematizam desigualdades raciais no acesso à pós-graduação, e a legislação aprovada, com vistas a diminuir as distâncias sociais entre brancos e negros no ensino superior, não trata da pós-graduação.

Para a caracterização das pessoas inscritas na pós-graduação, do público potencial (os que frequentam a graduação e os graduados) e dos titulados, as fontes utilizadas são os microdados dos Censos Demográficos de 2000 e 2010.

---

2. O ProUni é um programa do Ministério da Educação, criado pelo Governo Federal em 2004, que concede *bolsas de estudo integrais e parciais (50%) em instituições privadas de ensino superior*, em cursos de graduação e sequenciais de formação específica, a estudantes brasileiros, sem diploma de nível superior. Disponível em: <http://siteprouni.mec.gov.br/tire_suas_duvidas.php#conhecendo>. Acesso em: 18 set. 2013.

Neste estudo, entendemos o conceito de raça como uma construção sócio-histórica e o termo negro como categoria descritiva e analítica das desigualdades raciais (particularmente educacionais), sem conotação identitária. Em termos populacionais, o termo negro é reservado a pessoas que se autodeclaram pretas ou pardas no quesito específico dos inquéritos do Instituto Brasileiro de Geografia e Estatística (IBGE).

1. A expansão da pós-graduação no Brasil e as marcas das desigualdades educacionais: ausência e invisibilidade dos negros

Para a compreensão das desigualdades raciais no ingresso e na conclusão da pós-graduação brasileira, faz-se necessário trazer à discussão as diferenças raciais no acesso às etapas anteriores de escolarização. Rosemberg e Madsen (2011) e Paixão (2010), dentre outros autores, indicam que, desde a educação infantil até a graduação, são observadas diferenças nas taxas de escolaridade dos negros em comparação com as de brancos. Independentemente do indicador educacional selecionado — taxa de analfabetismo, média de anos de estudo, adequação idade-série, acesso ao ensino superior —, os indicadores para os negros estão, aquém dos observados para os brancos. Outro aspecto ressaltado é a interface da variável cor/raça com outros marcadores sociais como sexo, idade, localização regional e renda e que devem ser considerados nas análises feitas, "de modo que se alcance uma compreensão mais ampla sobre como se entrecruzam as desigualdades socioeconômicas, geracionais, de gênero e raça na estruturação de um sistema que sustenta e produz desigualdades estruturais e simbólicas" (Rosemberg; Madsen, 2011, p. 392).

Alguns estudos apresentam informações que distribuem as variáveis sexo e cor/raça em quatro subgrupos de análise: homens brancos, homens negros, mulheres brancas e mulheres negras (Reichmann, 1995; Beltrão; Teixeira, 2004; Paixão, 2008). Assim procedendo, o hiato de gênero favorável às mulheres nos indicadores educacionais, desde os anos 1970, é flexionado pelo hiato de cor/raça, em que os indicadores para os negros são amplamente desfavoráveis em comparação com os de brancos. Ao organizar os quatro subgrupos por indicadores de acesso e conclusão do ensino superior, obtém-se a seguinte ordenação: mulheres brancas, homens brancos, mulheres negras e homens negros.

Se a inserção de homens e mulheres, brancos e negros apresenta diferentes tempos sociais nos estudos acadêmicos — a partir da configuração de suas trajetórias de formação, com um volume bem mais escasso de produções para o segundo público (diferenciais por cor/raça) —, mais difícil ainda é a localização de estudos que analisam as quatro intersecções.

Ao descrever a entrada de mulheres brancas ou negras na educação, Melo (2007, p. 64) afirma:

> [...] o caminho oferecido às mulheres brancas até a educação foi diferente e menos árduo do que aquele trilhado pelas mulheres negras e índias. Historicamente este foi um processo lento que primeiro atendeu às mulheres brancas da elite e só na segunda metade do século 20 estendeu-se a todas as mulheres, independentemente de raça.

No mesmo sentido, Silva (2007, p. 144) apresenta informações de escolaridade para as mulheres negras:

> No início da década passada (1990), as mulheres negras (pretas e pardas) com ensino superior (acima de 12 anos de estudo) ainda estavam abaixo da metade das mulheres brancas, com a mesma formação. Com este mesmo número de anos, as mulheres negras se fazem presentes em maior número que os homens do seu mesmo grupo racial.

Segundo Beltrão e Teixeira (2004), a ampliação observada nas últimas décadas nas taxas de escolarização de mulheres no ensino superior e, em menor escala, de negros, ocorre em determinadas áreas profissionais, menos valorizadas na hierarquia social das profissões. Apoiando-se em Pierre Bourdieu, os autores assinalam que se trata de profissões femininas, cujo valor de mercado (e social) é mais baixo, sendo a escolha "natural" para os grupos menos privilegiados. Na distribuição das profissões por sexo e cor/raça, os pretos e pardos (negros) concentram-se nas carreiras ditas femininas (expressiva presença de mulheres em Enfermagem, Geografia e História) e nas masculinas (expressiva presença de homens em cursos de Teologia e no serviço Militar) (Beltrão; Teixeira, 2004, p. 8).

Como objeto de estudo, o ensino superior ocupa um espaço representativo na produção acadêmica atual sobre desigualdades na educação. Autores discutem a diminuta presença dos negros (Silva; Hasenbalg, 2000; Beltrão; Teixeira, 2004; Heringer, 2007; Jaccoud; Silva; Rosa, 2009; Paixão, 2010; Rosemberg; Madsen, 2011, entre outros); o maior acesso das mulheres (Rosemberg, 2001; Ristoff et al., 2008, entre outros); a relação entre acesso e renda (Barros; Mendonça, 1995; Henriques, 2001; Andrade; Dachs, 2007, entre outros).

Uma das principais referências a apresentarem uma descrição extensa da situação dos negros no ensino superior são as publicações do Laboratório de Análises Econômicas, Históricas, Sociais e Estatísticas das Relações Raciais (Laeser), organizadas por Marcelo Paixão: os *Relatórios anuais de desigualdades raciais no Brasil*. O segundo relatório, mais recente, publicado em 2010, apresenta dados quantitativos das edições da Pesquisa Nacional por Amostra de Domicílios (Pnad) de 1988 a 2008, que indicam assimetrias por cor/raça e por sexo em diferentes aspectos: saúde, assistência social, vitimização, previdência social e acesso aos sistemas de ensino. Em relação ao ensino superior, no recorte racial, o relatório ressalta que, embora os indicadores de acesso de pretos e pardos ao ensino superior tenham triplicado entre 1995 e 2006, em 2006 os pretos e pardos, na faixa de idade entre 18 e 24 anos, representavam apenas 6% dos jovens nesse nível de escolarização (Paixão, 2010).

No que tange à presença de negros na pós-graduação, no único quadro com informações numéricas (Paixão, 2010, box 6.8, p. 242), o relatório citado informa que, em 1988, os pretos e pardos representavam 7,0% do total de estudantes de pós-graduação, número que chega a 19,9% em 2008.

Duas publicações organizadas pelo Centro de Gestão e Estudos Estratégicos (CGEE) — *Doutores 2010: estudos da demografia da base técnico-científica brasileira* e *Mestres 2012: estudo da demografia da base técnico-científica brasileira* — apresentam também algumas informações sobre o recorte de cor/raça para o grupo de titulados na pós-graduação. O diferencial na comparação entre os estudantes de pós-graduação e as pessoas tituladas é que os indicadores para os titulados, diferentemente daqueles para estudantes, carregam o peso ou o impacto de diversos grupos de idade e incidem em distintos momentos da história do país. Isto é, ao passo que as idades dos estudantes concentram-se na faixa de 18 a 24 anos, as dos titulados apresentam uma cobertura bem maior. A ampliação da participação dos negros estudantes de pós-graduação, anteriormente descrita, também é observada entre os titulados, porém os indicadores de titulação são bem mais desfavoráveis aos negros do que os observados para a população brasileira em geral. Segundo os dados disponibilizados no estudo do CGEE (2010), em 1988 os negros representavam 45,2% da população e apenas 11,2% no grupo de mestres e doutores titulados; em 2007, os valores atingem uma participação de 49,8% na população e 14,5% no conjunto de titulados. Ou seja, a paridade observada no conjunto da população é afrontada por uma desigualdade que pode ser assim dimensionada: para cada seis brancos titulados na pós-graduação, há um negro (CGEE, 2010, p. 44).

Esse retrato pode ser complementado com informações apresentadas na publicação *Mestres 2012*, que relacionam cor/raça com nível de instrução, inserção no mercado de trabalho, remuneração, entre outras características. A base utilizada no estudo são os resultados do Censo Demográfico 2010, com a desagregação de titulados nos grupos de mestres e doutores, o que permite a verificação da participação dos negros de forma separada em cada etapa da pós-graduação. Para uma representação de 50,9% no total da população (dados gerais da população descritos no Censo Demográfico 2010), os negros ocupam 18,8% dos titulados com mestrado e 14,6% dos titulados com doutorado (CGEE, 2012, p. 386). Observa-se, assim, uma melhora tênue nos indicadores de participação dos negros no mais alto estágio de escolarização formal, o doutorado, considerado o período de 1988 a 2010.

Se as informações que associam pós-graduação e caracterização racial são escassas na bibliografia pesquisada, dois conjuntos de publicações são bastante densos na descrição do processo de ampliação da pós-graduação ocorrido no passado recente e em sua caracterização em aspectos como estrutura e expansão de cursos e programas: os planos nacionais de pós-graduação, principalmente os dois últimos (5º PNPG 2005-2010 e 6º PNPG 2011-2020) e as já referidas publicações do CGEE (2010, 2012).

2. O histórico da pós-graduação e as marcas de assimetrias

A especificidade na organização e no funcionamento da pós-graduação no comparativo com as etapas anteriores de escolarização demanda uma apresentação, mesmo que sucinta, do histórico da pós-graduação brasileira. Segundo a literatura, a pós-graduação tem como marco inicial o Decreto n. 19.851, de 1931, no qual Francisco Campos, então ministro da Educação e Saúde Pública do governo provisório de Getúlio Vargas, propunha a "investigação científica em quaisquer domínios dos conhecimentos humanos (art. 1º) como finalidade do ensino universitário" (Cury, 2005, p. 7).

O primeiro curso de doutorado[3] em Direito foi criado na Universidade de Minas — atual Universidade Federal de Minas Gerais (UFMG) nos anos de 1930, período coincidente com a criação da

3. Segundo o Decreto n. 19.851/31, artigo 90, o título de doutor devia se apoiar em uma tese, que resultaria tanto na expedição de um diploma quanto na assinalação de uma dignidade honorífica (Cury, 2005, p. 8).

Universidade de São Paulo (USP). Em 1941, a Escola de Sociologia e Política de São Paulo, fundada em 1933, organizou seu primeiro curso de mestrado com a participação de pesquisadores estrangeiros.

O reconhecimento dos cursos de pós-graduação, com essa nomenclatura, foi regulamentado somente em 1946, por meio do Decreto n. 21.321, que aprovou o Estatuto da Universidade do Brasil (Cury, 2005, p. 8), seguido pela criação do Conselho Nacional de Pesquisa (CNP), em 1951, atual Conselho Nacional de Desenvolvimento Científico e Tecnológico (CNPq).

Nessas primeiras décadas, os convênios com universidades estrangeiras viabilizaram o envio de estudantes a países europeus e a participação de professores estrangeiros na organização dos programas de pós-graduação no país. A institucionalização da pós-graduação, segundo Cury (2005), ocorreu em 1961 com a fundação da Universidade de Brasília (UnB), que tinha, dentre suas atribuições, "dar cursos de pós-graduação e realizar pesquisas e estudos nas respectivas especialidades" (Cury, 2005, p. 9).

Em 1961, foi criada também a Coordenação de Aperfeiçoamento de Pessoal de Nível Superior (Capes) com a finalidade de conceder bolsas de estudo a graduados para estudarem no país ou no exterior.

A consolidação da pós-graduação brasileira, de seus níveis e suas finalidades ocorreu em 1965 com o Parecer n. 977 do Conselho Federal de Educação, que teve por relator Newton Sucupira. Conforme argumenta Cury (2005, p. 10), "esse parecer continua sendo a grande, senão a única referência sistemática da pós-graduação em nosso país". Segundo o parecer, a pós-graduação teria por objetivo a formação de um corpo docente qualificado, de pesquisadores de alto nível, além da qualificação profissional de um quadro técnico-administrativo, de acordo com as necessidades do desenvolvimento nacional. O lócus privilegiado eram as universidades e, somente em situações excepcionais, seria autorizada a criação de programas em institutos isolados (Cury, 2005, p. 11).

O modelo norte-americano foi predominante no desenho e na consolidação das diretrizes da pós-graduação no Brasil da época, em consonância com a influência estadunidense em outras áreas da organização política, econômica e social nos anos de 1960 e 1970.

O Parecer n. 977/65 estabeleceu ainda dois tipos de pós-graduação: *lato sensu* e *stricto sensu*. A primeira visaria à formação de um profissional especializado, voltado a determinado ramo; a segunda, com objetivo essencialmente científico, deveria realizar "estudos e pesquisas avançadas de modo regular, permanente e propiciando um grau acadêmico que deverá ser de uma alta competência científica em determinado ramo do conhecimento" (Cury, 2005, p. 12).

A separação entre os níveis de mestrado e doutorado também seguiu o modelo norte-americano, assim como a exigência de domínio de uma língua estrangeira, o exame de qualificação, a duração variável e o acompanhamento por um orientador, tanto para as dissertações (mestrado) como para as teses (doutorado). Segundo o parecer, o mestrado não constitui etapa prévia para o ingresso no doutorado.

Apesar de sua importância e de seu significado, o próprio Sucupira, em artigo publicado em 1980, ressaltou que o Parecer n. 977 apenas finalizou o processo de "amadurecimento" da universidade brasileira: "É o resultado de um processo intimamente vinculado ao movimento de modernização da universidade brasileira, que teve seu início na década de 1950" (Cury, 2005, p. 14).

No Brasil, o Estado teve e tem um papel fundamental na organização e na normalização da pós-graduação. Isso se traduz em múltiplos indicadores: parte significativa da pós-graduação ocorre em instituições públicas de ensino superior, apesar do crescimento e do predomínio das instituições privadas nos cursos de graduação; os sistemas de autorização e credenciamento de cursos e o financiamento, por meio da concessão de bolsas e de recursos ao fomento de pesquisas, disponibilizados pela Capes e pelo CNPq, colocam as esferas governamentais como atores centrais na ampliação e na consolidação do sistema de pós-graduação brasileiro.

Nos anos 1970 e 1980, a pós-graduação consolidou-se como instância de qualificação de docentes bem como de construção de um sistema nacional de ciência e tecnologia e passou a ser entendida como espaço de desenvolvimento primordial para o avanço tecnológico e a inserção do país no âmbito da produção científica internacional.

A análise dos sucessivos PNPGs, sob responsabilidade da Capes, é fundamental para a compreensão da estrutura e do desenho atual da pós-graduação, pois eles orientam medidas articuladas que resultaram e resultam em ações objetivas com vistas a uma expansão coordenada da pós-graduação. Os seis planos já elaborados, de 1975 ao atual, com vigência até 2020, propuseram um conjunto de metas e estratégias específicas para a formação de docentes e pesquisadores de alta qualificação.

Nos quase 40 anos de vigência dos planos, observam-se tanto a expansão como a organização de um Sistema Nacional de Pós-Graduação, entendido como fator estratégico no desenvolvimento social, político, econômico, cultural e tecnológico da sociedade brasileira. Um dos aspectos presentes desde o 1º plano é a distribuição desigual de cursos e programas nas diferentes regiões geográficas brasileiras: as regiões Sudeste e Sul apresentam-se como as mais desenvolvidas na pós-graduação e a Norte e Nordeste, como as mais carentes. Apesar da constatação, foi somente com o 5º plano (2005-2010) que se desenharam propostas concretas de políticas de indução para alteração dessas desigualdades. Embora a pós-graduação tenha se expandido nas regiões Norte e Nordeste, as assimetrias regionais persistem até a atualidade, mantendo-se como um desafio a ser enfrentado para a consolidação de um sistema nacional integrado de pós-graduação.

Esse quadro de desigualdade regional é descrito por diferentes autores e apresentado de forma detalhada nos PNPGs. Segundo Santos e Azevedo (2009), em 2008, 61,1% dos programas de mestrado e doutorado estavam na região Sudeste. Dados do 5º PNPG (2005-2010) indicam que, em 1996, a concentração de cursos de doutorado na região Sudeste chegava a 83,2%, caindo para 66,6% em 2004 (Brasil, 2004, p. 32). Informações da distribuição regional de cursos de doutorado, publicadas no 6º PNPG (2011-2020), mantêm a tendência de diminuição das assimetrias, com uma queda de 5,9 pontos percentuais na participação da região Sudeste, que apresentava 65,3% dos cursos de doutorado, em 2004, passando a congregar 59,4% dos cursos em 2009. Todas as outras regiões tiveram acréscimo nas taxas de representação. A região que mais cresceu foi a Norte, 81%, passando de 21 cursos para 38, o que significa uma ampliação de 0,7 pontos no cômputo geral da pós-graduação para o mesmo período. Esses resultados devem ser analisados com cautela, por se originarem de diferentes fontes de informação, com diferentes recortes temporais. Porém, a tendência observada permite concluir que, apesar de uma ainda elevada concentração de cursos e programas de pós-graduação nas regiões Sudeste e Sul, um maior equilíbrio tem sido buscado a partir da distribuição de recursos para as diferentes regiões geográficas.

Um diferencial do último PNPG (6º) é a preocupação com as etapas anteriores de escolaridade. Segundo Barreto e Domingues (2012) — autores que, a despeito de terem participado da elaboração do 6º PNPG, apresentam uma leitura crítica de seu processo de construção —, o Brasil tem a oportunidade de "pagar" a dívida social e criar uma sociedade de bem-estar social se vencer duas barreiras sistêmicas:

> O apagão do ensino médio que deixa mais da metade da população fora do sistema e o gargalo do ensino superior, com 13% dos jovens na universidade, a maioria no sistema privado, sem tradição em pesquisa e incapaz de disseminar a cultura de CT&I, essencial para o desenvolvimento com qualidade. (Barreto; Domingues, 2012, p. 27)

Apesar dessa preocupação com as iniquidades do sistema educacional, não localizamos, no texto do atual PNPG, nenhuma indicação sobre quem seriam os "excluídos" no gargalo educacional, isto é, quais seriam as características, considerando o sexo, cor/raça, idade ou renda, das pessoas que não acessam os níveis mais elevados de escolaridade. Assim como os anteriores, esse sexto plano, ao tratar das assimetrias, ressalta, tão somente, o enfoque regional. Porém, brevemente, no texto de síntese final, menciona outras desigualdades:

> A oferta ainda é insuficiente, a qualidade ainda é baixa e constata-se uma grande desigualdade quando a comparação é feita levando-se em consideração alguns fatores como a questão regional, o pertencimento étnico, o gênero, a sexualidade, a condição social, dentre outros (Brasil, 2010, p. 164).

Em suma, esta breve análise dos planos nacionais de pós-graduação aponta que o tema das desigualdades de acesso à pós-graduação no recorte de cor/raça, sexo, renda não tem sido contemplado nos instrumentos orientadores desse nível educacional.

3. Marcos legais para o enfrentamento das desigualdades raciais

Como complemento, quisemos observar se e como a pós-graduação foi mencionada nas importantes normas legais da última década dedicadas às relações raciais. A mudança na postura dos estados começa a ser verificada no final dos anos 1980 e é resultado do processo de redemocratização política, marcado pela promulgação da Constituição Federal de 1988. Considerada um importante marco legal para o enfrentamento do racismo no Brasil, além de reconhecer as contribuições culturais de diferentes grupos étnicos (art. 215, § 1º — "O Estado protegerá as manifestações das culturas populares, indígenas e afro-brasileiras, e das de outros grupos participantes do processo civilizatório nacional"), a magna carta criminaliza o racismo (art. 5º, inciso XLII — "a prática do racismo constitui crime inafiançável e imprescritível, sujeito à pena de reclusão, nos termos da lei"). Posteriormente, os anos 1990 representam um período propício a um conjunto de ações de visibilidade para as desigualdades raciais, como a Marcha Zumbi dos Palmares contra o Racismo, pela Cidadania e a Vida, realizada em novembro de 1995, que influenciou a criação do Grupo de Trabalho Interministerial de Valorização da População Negra (GTI População Negra), organizado no mesmo ano. O processo de mobilização social e política dos anos 1990 desencadeou também uma série de encontros preparatórios para a participação do Brasil na III Conferência Mundial contra o Racismo, a Discriminação Racial, Xenofobia e Intolerância Correlata, realizada pela Organização das Nações Unidas (ONU) em Durban, África do Sul, em 2001. Segundo Jacooud (2009, p. 275):

> A conferência de Durban constituiu um efetivo marco para o tratamento das questões raciais no Brasil. Pela primeira vez, o governo brasileiro assumiu, na cena política nacional e internacional, a existência de um problema racial no país e comprometeu-se com seu enfrentamento.

Nos anos seguintes, houve uma série de iniciativas, tais como a criação do Conselho Nacional de Combate à Discriminação Racial (CNDR) e a instauração de programas de ações afirmativas em diferentes ministérios. Apesar da ampliação das discussões voltadas para tal temática, as ações concretizadas tiveram pouca efetividade no quadro de desigualdades raciais historicamente estabelecidas (Jaccoud, 2009).

Em 2003, foi criada a Secretaria Especial de Políticas de Promoção da Igualdade Racial (Seppir), com *status* de ministério e finalidade de articular, formular e coordenar ações para a promoção da igualdade racial. No mesmo ano, começou a tramitar no Senado Nacional o Projeto de Lei n. 213, que institui o Estatuto da Igualdade Racial, originado de um anterior proposto em 2000 por Paulo Paim, então na Câmara dos Deputados. Após um longo e debatido processo de negociação, o Estatuto da Igualdade Racial foi promulgado como a Lei n. 12.288, em julho de 2010.

Segundo a Seppir:

> O Estatuto da Igualdade Racial, com seus 65 artigos, é um instrumento legal que possibilitará a correção de desigualdades históricas, no que

> se refere às oportunidades e direitos ainda não plenamente desfrutados pelos descendentes de escravos do país. Uma parcela da população que representa, atualmente, 50,6% da sociedade. E que se encontra em situação desprivilegiada, tanto no mercado de trabalho, quanto no que diz respeito à escolarização, às condições de moradia, à qualidade de vida e saúde, de segurança e de possibilidades de ascensão social. (Seppir, 2013)

Uma preocupação central do Estatuto, já presente em suas primeiras versões e mantida no texto final, é a implantação de um sistema de cotas em diversos campos da vida social: concursos públicos, empresas, universidades e candidaturas a cargos eletivos.

O processo de tramitação do Estatuto, principalmente em suas etapas finais, foi pautado por um intenso debate público sobre o tema das relações raciais na sociedade brasileira. Seus opositores argumentavam "que medidas dessa natureza tenderiam a racializar a sociedade brasileira e provocar segregações exógenas à realidade nacional" (Silva, 2012, p. 19). Se o Estatuto aprovado sofreu críticas dos opositores, também não foi consenso entre parte dos apoiadores da medida. No final, dado o longo e conflituoso processo, os defensores da criação do Estatuto avaliaram que este seria o "estatuto possível" naquele momento político.

Em relação à educação, o Estatuto é complementado pela Lei n. 12.711, de 2012, que institui a reserva de vagas nos cursos de graduação das universidades federais e nas instituições federais de ensino técnico de nível médio. A "lei de cotas", como é conhecida, determina uma reserva de 50% de matrículas por curso e turno para as universidades federais e institutos federais de educação, contemplando alunos oriundos integralmente do ensino médio público (art. 1º). As vagas deverão ser preenchidas, por curso e turno, por autodeclarados pretos, pardos ou indígenas, em proporção no mínimo igual à representação dos grupos na população da unidade da federação em que a instituição encontra-se localizada, conforme informações do Censo Demográfico do IBGE (art. 3º).

Estudos realizados na temática, nos últimos dez anos, indicam que políticas de ação afirmativa têm sido adotadas por governos nas esferas federal e estaduais e por instituições de ensino privadas com vistas a diminuir as diferenças sociais entre brancos, negros e indígenas. Na área da educação, o acesso ao ensino superior por meio de cotas e bônus tem sido adotado em instituições públicas em diferentes regiões.[4] Nas instituições privadas, o ProUni privilegia também o atendimento desses grupos "historicamente minoritários".

Segundo João Feres Júnior (2011), ao final da década de 2010, os programas de ação afirmativa já estavam presentes em grande parte das instituições públicas de ensino superior. No território brasileiro, 71% das universidades públicas apresentavam alguma modalidade de cotas, ou para alunos de escolas públicas (87%) ou raciais (57%).[5] Em uma das análises desenvolvidas, o autor relaciona a adoção de políticas de ação afirmativa à qualidade de ensino, medida pelo Índice Geral dos Cursos da Instituição[6] (IGC) 2008: "Esse cálculo é revelador [...] percebemos que o percentual de vagas reservadas para a ação afirmativa decresce à medida que o conceito da universidade sobe" (Feres Júnior, 2011, p. 16).

A "lei de cotas" trata especificamente dos cursos de graduação e técnicos, não fazendo nenhuma menção, bem como o Estatuto da Igualdade Racial, aos cursos de pós-graduação. Assim, as mesmas ausências observadas para a obtenção de referências bibliográficas que apresentem e tratem da participação dos negros na pós-graduação também ocorrem nas políticas que regulamentam os programas de ação afirmativa, os quais não incluem, até o presente momento, a pós-graduação em suas premissas.

---

4. Ver Moehlecke (2002); Silvério (2002); Rosemberg (2004); Mancebo, Silva Júnior e Oliveira (2008); Feres Júnior (2011).

5. Em nenhuma instituição analisada pelo autor, o pertencimento racial era o critério único de aceite, estando, quando presente, associado à menor renda.

6. O IGP considera o resultado dos estudantes no Exame Nacional de Desempenho dos Estudantes (Enade), bem como a avaliação do perfil do corpo docente, a infraestrutura e a organização didático-pedagógica da instituição durante um triênio.

4. O perfil do público que acessa e conclui a pós-graduação brasileira com base nos Censos Demográficos

Procedimentos adotados para o processamento dos microdados

Variáveis selecionadas

O material sob análise são os microdados dos Censos Demográficos de 2000 e 2010. Essa década demarca a ampliação de experiências de ação afirmativa no ensino superior oficializadas pelo Estado tanto nas esferas estaduais como federal. A comparação entre os censos permite a análise da participação dos negros no acesso e na conclusão do ensino superior antes e depois do incremento das políticas públicas de ações afirmativas[7] e a identificação de um consequente aumento de candidatos negros à pós-graduação.

O principal quesito do questionário do Censo utilizado no estudo foi cor/raça, *a sua cor ou raça é*, como opções de resposta: *branca, preta, amarela, parda e indígena*. O termo "negro" indica o somatório dos valores encontrados para pretos e pardos. O uso do termo "negro" facilita as análises propostas e apoia-se em indicadores sociais, descritos na literatura. (Guimarães, 2002)

A distribuição da população brasileira por cor/raça conforme os censos demográficos merece uma reflexão preliminar. Houve mudança na configuração racial entre os anos de 2000 e 2010, com maior presença de negros em relação a brancos no total da população. Para Silva (2013, p. 114), "pode-se falar na recuperação da participação da população negra, maioria no século XIX e que, no início do século

7. Os projetos e as propostas de ação afirmativa têm por público-alvo, além dos negros, os autodeclarados indígenas. Em virtude do restrito número de indígenas no geral da população (0,7%) e da diversidade de perfis e demandas para seu atendimento, sua caracterização não será descrita neste capítulo.

passado, especialmente com o grande fluxo de imigração europeia, perdeu representatividade no contexto demográfico nacional".

A Tabela 1 apresenta os dados dos Censos de 2000 e 2010 para o quesito cor/raça.

Tabela 1

Distribuição da população geral por cor/raça e variação no período — Brasil, 2000 e 2010

Cor/raça	População geral				Variação %
	2000		2010		
	N	%	N	%	
Branca	91.298.042	**53,7**	90.621.075	**47,5**	**-0,7**
Preta	10.554.325	**6,2**	14.351.135	**7,5**	**36,0**
Amarela	761.583	**0,4**	2.105.353	**1,1**	**176,4**
Parda	65.318.092	**38,4**	82.820.049	**43,4**	**26,8**
Indígena	734.127	**0,4**	821.501	**0,7**	**11,9**
Negros*	75.872.417	**44,6**	97.171.184	**50,9**	**28,0**
Ignorado	1.206.675		36.051		
Total	169.872.844	**100,0**	190.755.164	**100,0**	**12,3**

Fonte: Microdados do Censo Demográfico (IBGE, 2000; 2010).

A diminuição dos que se autodeclararam brancos na população geral entre os Censos de 2000 e 2010 é compensada pela ampliação dos que se declararam pretos e pardos, com um índice pouco maior para pretos (variação de 36,0%) do que para pardos (variação de 26,8%). Em 2000, os pretos e pardos representavam 44,7% e, em 2010, 50,9% do total. Essa alteração já foi detectada por outros autores com base em resultados das edições da Pnad realizadas na última década. Segundo Cunha (2012, p. 3):

> Este fenômeno pode ser atribuído tanto a um diferencial de fecundidade — a taxa de fecundidade global das mulheres negras é de 2,1 e das brancas 1,6 filhos por mulher, no nível de reposição dos dois grupos —, e/ou pelo aumento sistemático de população que se autodeclara negra devido a um processo de conscientização da importância de assumir sua própria identidade.

Sergei Soares (2008) segue a mesma reflexão ao discutir a mudança na autoclassificação racial da população brasileira na última década, que não se justificaria apenas pelas alterações nas taxas de fecundidade, mas que encontraria explicação, principalmente, na alteração da autoclassificação da população de brasileiros: "Pode-se dizer que o que está acontecendo não é que o Brasil esteja tornando-se uma nação de negros, mas, sim, que está se assumindo como tal" (Soares, 2008, p. 116).

Neste capítulo, não se aprofundará tal discussão, mas ela precisa ser mencionada porque as mudanças na distribuição de brancos e negros da população geral repercutem diretamente nos índices de escolaridade apresentados adiante e devem ser consideradas nas análises dos resultados encontrados por cor/raça. Assim poder-se-ia explicar, por exemplo, a melhoria dos indicadores educacionais não somente em virtude do aumento da escolaridade, mas também em função das alterações no processo classificatório de cor/raça das pessoas.

Na escolha das variáveis para a análise, além do quesito cor/raça, a variável sexo também assume importância em razão da interface entre os dois marcadores conforme descrito na literatura (Rosemberg e Madsen, 2011; Beltrão; Teixeira, 2004). Algumas análises realizadas apresentam seus resultados a partir dos quatro subgrupos: homens brancos, mulheres brancas, homens negros e mulheres negras.

Outra variável explorada no estudo é a distribuição dos estudantes e titulados na graduação e na pós-graduação por região. Inicialmente, é importante observar que a distribuição da população brasileira por cor/raça se apresenta de forma diversa nas cinco regiões geográficas, como se verifica na tabela a seguir.

Tabela 2

Distribuição por cor/raça e região — Brasil, 2010

	Norte	Nordeste	Sudeste	Sul	Centro-Oeste	Total
Branca	23,2	29,2	54,9	78,3	41,5%	47,5%
Preta	6,5	9,4	7,8	4,0	6,6%	7,5%
Amarela	1,1	1,2	1,1	0,7	1,5%	1,1%
Parda	67,2	59,8	36,0	16,7	19,4%	43,4%
Negro	73,7	69,2	43,8	20,7	56,0%	50,9%
Indígena	1,9	0,4	0,1	0,3	0,9	0,4
Ignorado	0,0	0,0	0,0	0,0	0,0	0,0
Total	8,3	27,8	42,1	14,4	7,4	100,0

Fonte: Microdados do Censo Demográfico (IBGE, 2010).

Os negros concentram-se nas regiões Norte e Nordeste, que apresentam as menores taxas de cobertura para a graduação e a pós-graduação (assimetrias regionais descritas nos PNPGs). Dessa forma, os menores indicadores encontrados para negros na pós-graduação brasileira devem ser associados também a uma menor oferta de vagas para formação em pós-graduação. Os brancos são maioria nas regiões Sudeste e Sul, onde a oferta de cursos e programas é bem maior do que nas outras regiões.

Indicadores selecionados

No capítulo, as informações descritas estão organizadas para os quatro grupos de interesse: estudantes de graduação, graduados, estudantes de pós-graduação e titulados na pós-graduação (mestres e doutores). Como já ressaltamos, embora o foco da pesquisa seja a pós-graduação (estudantes e titulados), é importante apresentar também a caracterização dos graduados e graduandos, pois são potenciais candidatos à pós-graduação.

Além da exposição de informações referentes ao número bruto e porcentagens para cada um dos grupos, da taxa de variação no período de 2000 a 2010 e da descrição para os quatro grupos de sexo e cor/raça, apresentamos também dois indicadores para auxiliar a reflexão sobre os resultados: o Índice de Paridade de Gênero (IPG) e o Índice de Paridade Racial (IPR).

O IPG[8] é utilizado pela Organização das Nações Unidas para a Educação, a Ciência e a Cultura (Unesco)[9] em seus relatórios de monitoramento global *Educação para Todos*. Já o IPR, apresentada por Rosemberg (2006), espelha-se no IPG, substituindo a variável de sexo pela variável de cor/raça: um indicador numérico para os negros em proporção ao mesmo indicador para os brancos. A vantagem na apresentação desses indicadores é que eles ressaltam as diferenças encontradas entre mulheres e homens e entre negros e brancos. Quanto mais próximo o valor do índice 1 (um), menor a distância entre mulheres e homens, negros e brancos. Apoiando-nos em análises da Unesco, os valores entre 0,95 a 1,05 são aceitos como *intervalo de referência*; qualquer indicador menor do que 0,95 representa uma desigualdade para mulheres ou negros e qualquer indicador maior do que 1,05, uma vantagem (Unesco, 2004). No conjunto da população brasileira, os valores de IPG são 1,03 para 2000 e 1,04 para 2010. Quanto ao IPR, o valor em 2000 é 0,83, passando a 1,07 em 2010, isto é, observam-se uma paridade por sexo no período analisado e uma inversão no pertencimento racial: em 2000, o predomínio

8. O IPG corresponde à razão do valor mulher/homem de determinado indicador. Um IPG com valor 1 indica paridade entre os gêneros; um IPG que varia de 0 a 1 significa uma disparidade em favor de meninos; um IPG superior a 1 indica disparidade em favor de meninas (Unesco, 2004, p. 386).

9. O IPG utiliza dados numéricos apresentados por sexo, não permitindo uma análise por gênero; é entendido como um conceito de representação social do lugar do feminino (mulher) ou masculino (homem) na sociedade. A nomenclatura correta seria Índice de Paridade de Sexo.

na população era de brancos e, em 2010, era de negros, como relatado anteriormente.

Outro indicador semelhante ao IPG é a "razão de sexo", em que os valores para os homens são colocados no numerador e os valores para as mulheres no denominador. A "razão de sexo" é utilizada em publicações do IBGE (2010) e no trabalho de Beltrão e Teixeira (2004). A opção pelo IPG deve-se à intenção de que a leitura de valores abaixo de 1 (um) indiquem uma situação de desigualdade feminina a ser superada. Apresentá-lo como um valor acima de 1 (um), como feito pela "razão de sexo", não coaduna com a ideia de desigualdade. Tanto o IPG como a "razão de sexo" são de uso público. A maior dificuldade é a compreensão de um indicador semelhante para mensurar as desigualdades raciais, apresentadas como IPR.

Uma crítica pertinente para o uso do IPR é que, ao contrário do sexo, que consiste em uma polaridade entre masculino e feminino ou homem e mulher, a variável cor/raça, apenas considerando as possibilidades de respostas definidas pelo IBGE, comporta cinco opções de escolha (branco, preto, amarelo, pardo e indígena). Porém, a participação dos amarelos na população geral, segundo o Censo 2010, é de 1,1% e dos indígenas, 0,7%, totalizando apenas 1,8% da população, ao passo que os brancos representam 47,5% e os pretos e pardos constituem 50,9% da população. Assim, usar um indicador que mensure a desigualdade entre os negros e os brancos, desconsiderando em sua constituição os amarelos e os indígenas, pode servir para ressaltar a distância entre os grupos (brancos e negros) para diferentes variáveis. O IPR, assim constituído, em vez de trabalhar com dois valores (números ou porcentagens em separado para os grupos de negros e brancos), sintetiza a distância entre os grupos em um único indicador. Vale ressaltar que outros estudos apresentam resultados usando as expressões "brancos" e "não brancos" (Andrade; Dachs, 2007; Magalhães, 2009; Silveira; Muniz, 2010; Observatório da metrópole, 2013) ou negros e não negros (Dieese, 1999; Santos, 2005; Seade, 2012).

Sergio Costa (2002) discute a polarização das categorias analíticas brancos e "não brancos" (ou "negros") no agrupamento das categorias utilizadas pelo IBGE de pretos e pardos em contraposição a "brancos". Segundo o autor, a contraposição "confere visibilidade às adscrições raciais que co-determinam as injustiças sociais no Brasil, constituindo-se [...] contribuição analiticamente legítima e, do ponto de vista de uma política antirracista, precisa e indispensável" (Costa, 2002, p. 49).

Apresentação dos resultados

Os resultados descritivos do estudo são apresentados em duas unidades: pessoas que frequentam a graduação e a pós-graduação ou formados (graduados e titulados na pós-graduação). O objetivo é descrever as desigualdades constituídas tanto no acesso como na conclusão dessas etapas de escolarização. São apresentadas informações por frequência e porcentagens para as variáveis selecionadas: sexo, cor/raça, os quatro subgrupos de sexo e cor/raça (homens brancos, mulheres brancas, homens negros e mulheres negras) e região no comparativo entre 2000 e 2010 e a taxa de variação entre os censos. Apenas em 2010, as informações de acesso ou conclusão são desagregadas em mestrado ou doutorado, visto que até 2000 os resultados eram apresentados para pós-graduandos ou pós-graduados. Nas análises específicas para o Censo de 2010, a separação para mestrado e doutorado é preservada.

Posteriormente, são descritos os resultados para os dois indicadores selecionados: IPG e IPR.

A Tabela 3 apresenta o comparativo entre os Censos 2000 e 2010 para as pessoas que frequentam a graduação ou a pós-graduação e as taxas de variação no período com base em um conjunto selecionado de variáveis.

Tabela 3

Pessoas que frequentam a graduação e a pós-graduação por conjunto de variáveis selecionadas — Brasil, 2000 e 2010

	Frequenta a graduação					Frequenta a pós-graduação				
	2000		2010		Variação	2000		2010		Variação
	N	%	N	%		N	%	N	%	
Sexo										
homem	1.244.796	43,5	2.667.420	43,0	114,2	78.015	48,0	118.793	46,5	52,2
mulher	1.619.250	56,5	3.529.896	57,0	118,0	84.496	52,0	136.441	53,5	61,4
Cor/raça										
branco	2.249.155	78,5	3.906.163	63,0	73,7	137.003	84,3	186.918	73,2	36,4
negro	559.906	19,5	2.187.707	35,3	290,7	21.567	13,3	63.546	24,9	194,6
Sexo e cor/raça										
mulher branca	1.265.076	**44,2**	2.187.400	**35,3**	**72,9**	71.321	**43,9**	99.737	**39,1**	**39,8**
homem branco	984.079	**34,4**	1.718.764	**27,7**	**74,6**	65.681	**40,4**	87.180	**34,2**	**32,7**
mulher negra	324.951	**11,3**	1.283.236	**20,7**	**294,9**	11.130	**6,8**	33.862	**13,3**	**204,2**
homem negro	234.955	**8,2**	904.471	**14,6**	**284,9**	10.436	**6,4**	29.684	**11,6**	**184,4**
Região										
Nordeste	473.802	16,5	1.307.228	21,1	175,9	19.045	11,7	39.709	15,5	108,5
Sudeste	1.433.810	50,1	2.805.373	45,3	95,7	95.568	58,8	139.326	54,5	45,8
Total *	2.864.046	100,0	6.197.316	100,0	116,4	162.511	100,0	255.234	100,0	57,1

Fonte: Microdados do Censo Demográfico 2010 (IBGE, 2010).

Os resultados indicam um crescimento maior nas taxas de acesso à graduação (116,4%) em comparação com as da pós-graduação (57,1%). O aumento é mais acentuado na variável cor/raça, com índices que chegam a 290,7% para os negros na graduação, mantendo a tendência na pós-graduação, com uma variação de 194,6% de incremento entre 2000 e 2010. Se em uma primeira leitura a impressão pode ser de um maior equilíbrio no acesso ao ensino superior para os negros e brancos, a participação dos negros em relação a sua representação na população brasileira ainda mostra que as desigualdades são marca fundamental do ensino superior do país. Em 2010, conforme mencionado anteriormente, os negros representavam 50,9% da população geral, índice que diminui para 35,3% nos grupos de graduandos e 24,9% de pós-graduandos.

Quando se analisam as variáveis sexo e cor/raça, observa-se que são as mulheres negras que apresentam as maiores taxas de crescimento: 294,9% na graduação e 204,2% na pós-graduação, resultado de uma maior taxa de crescimento para as mulheres, associada ao maior crescimento para os negros.

Na análise por regiões, com a descrição de informações para o Nordeste e Sudeste, verifica-se um incremento nas taxas de frequência na região Nordeste, que tem recebido por parte do governo federal e das agências de fomento um maior aporte de recursos com vistas à diminuição das assimetrias regionais descritas na literatura (Brasil, 2010). Apesar do acréscimo, a participação da região Nordeste de 21,1% em 2010 ainda está aquém da representação dos nordestinos no total da população.

Se as análises realizadas a partir do perfil apresentado mostram alterações no processo de escolarização no ensino superior brasileiro, as taxas de graduados e titulados indicam o somatório de formados independentemente do tempo de finalização de suas etapas de escolarização. Uma primeira análise permite afirmar que se tem um universo de 6 milhões de pessoas que frequentam a graduação para 12 milhões de graduados e 250 mil pessoas que frequentam a pós-graduação para 750 mil titulados. Esses números, por si só, indicam como os processos de escolarização no ensino superior no Brasil são recentes.

A Tabela 4 apresenta o comparativo entre os Censos 2000 e 2010 para os graduados e pós-graduados e as taxas de variação no período. A predominância feminina no grupo de graduados não é encontrada para o grupo de titulados, apesar da taxa de variação maior (192,9 % contra 130,7 %), o que reforça a tendência de superação das mulheres também no grupo de titulados na pós-graduação em um futuro próximo, conforme indicado por Godinho et al. (2006) e Rosemberg e Madsen (2011).

As taxas de variação para os negros e principalmente para as mulheres negras mostram-se bem acima do crescimento geral, porém muito distantes da representação no total da população, como visto para as pessoas que frequentam a graduação. A predominância de mulheres negras no grupo de graduadas não encontra equivalente para o grupo de titulados: há mais homens negros titulados do que mulheres negras tituladas. Para a compreensão desses resultados, é importante considerar as diferentes áreas de formação por sexo e cor/raça que podem influenciar a presença de mulheres negras nos espaços de pós-graduação além do fator somatório, com uma presença masculina na pós-graduação em períodos passados, o que altera o total observado na atualidade.

Na distribuição por região, a variação é maior para os formados na região Nordeste, mesmo processo observado para o grupo que frequenta o ensino superior (Tabela 3). Porém, embora a região Nordeste represente 27,8% da população brasileira (Tabela 2), ela agrega, em 2010, 16,4% dos graduados e 13,8% dos titulados. Esse panorama tende a mudar, pois a taxa de variação do Nordeste está acima da média nacional.

A tabela 5 apresenta informações desagregadas para os cursos de mestrado e doutorado para o ano de 2010 nos quatro grupos de sexo e cor/raça (homens brancos, homens negros, mulheres brancas e mulheres negras). Os resultados são comparados com a representação de cada grupo no geral da população.

Tabela 4

Pessoas graduadas e tituladas na pós-graduação por conjunto de variáveis selecionadas — Brasil, 2000 e 2010

	Graduados					Titulados na pós-graduação				
	2000		2010		Variação	2000		2010		Variação
	N	%	N	%		N	%	N	%	
Sexo										
homem	2.516.010	45,0	5.233.293	41,3	108,0	173.716	57,0	400.778	51,0	130,7
mulher	3.069.825	55,0	7.445.694	58,7	142,5	131.080	43,0	383.970	49,0	192,9
Cor/raça										
branco	4.615.536	82,6	9.245.377	72,9	100,0	263.327	86,4	625.970	79,7	137,7
negro	811.979	14,5	3.167.703	25,0	290,1	33.801	11,0	142.328	18,1	321,1
Sexo e cor/raça										
mulher branca	2.532.266	45,3	5.355.966	42,2	111,5	113.237	37,2	305.420	38,9	169,7
homem branco	2.083.270	37,3	3.889.411	30,7	86,7	150.091	49,2	320.550	40,8	113,6
mulher negra	457.230	8,2	1.940.665	15,3	324,4	14.801	4,9	70.386	9,0	375,5
homem negro	354.749	6,4	1.227.039	9,7	245,9	19.000	6,2	71.942	9,2	278,6
Região'										
Nordeste	789.425	14,1	2.077.484	16,4	163,2	40.266	13,2	108.926	13,8	170,5
Sudeste	3.334.686	59,7	6.831.737	53,9	104,9	184.378	60,5	449.098	57,2	143,6
Total *	5.585.836	100,0	12.678.985	100,0	127	304.795	100,0	784.747	100,0	157,5

Fonte: Microdados do Censo Demográfico 2010 (IBGE, ano).

Tabela 5

Pessoas que frequentam a pós-graduação no mestrado ou doutorado e população geral por sexo e cor/raça — Brasil, 2010

Sexo e cor/raça	Frequência à pós-graduação				Total		População geral	
	Mestrado		Doutorado					
	N	%	N	%	N	%	N	%
Homens brancos	58.834	33,2	28.346	36,5	87.180	34,2	43.426.738	22,8
Homens negros*	20.531	11,6	9.153	11,8	29.684	11,6	48.588.437	25,5
Total homens	80.563	45,4	38.230	49,2	118.793	46,5	93.406.634	**49,0**
Mulheres brancas	69.137	39,0	30.601	39,4	99.738	39,1	47.194.337	24,7
Mulheres negras*	25.713	14,5	8.150	10,5	33.863	13,3	48.582.748	25,5
Total mulheres	96.908	54,6	39.533	50,8	136.441	53,5	97.348.530	**51,0**
Total brancos	127.971	72,1	58.947	75,8	186.918	73,2	90.621.075	47,5
Total negros*	46.244	26,1	17.303	22,3	63.547	24,9	97.171.185	50,9
Total **	177.471	100,0	77.763	100,0	255.234	100,0	190.755.164	100,0

Fonte: Microdados do Censo Demográfico 2010 (IBGE, 2010).

A maior parcela de pessoas na pós-graduação concentra-se no mestrado, próximo dos 70%. As mulheres brancas predominam tanto nos cursos de mestrado como nos de doutorado. As mulheres negras também se sobrepõem aos homens negros, indicando que a maior presença feminina é mantida na interface por cor/raça, como descrita na literatura (Rosemberg, 2001). Porém, no comparativo da participação de cada grupo na população geral em relação ao acesso à pós-graduação, as desigualdades por cor/raça ficam evidentes. Cada um dos quatro subgrupos selecionados representa aproximadamente 1/4 no conjunto da população; no entanto, no acesso à pós-graduação há três vezes mais homens brancos e mulheres brancas em comparação a homens negros e mulheres negras. Visto por outra perspectiva, no caso do doutorado, a distância entre os resultados para as pessoas brancas e negras é de 25,2 pontos percentuais para os homens e 29,4 pontos percentuais para as mulheres.

No grupo de graduados e titulados, descritos na Tabela 6, as distâncias entre os grupos por sexo e cor/raça são mais intensas. Esse resultado é esperado considerando que os grupos representam um somatório de formados. Como a presença dos negros tornou-se mais intensa nos últimos anos, a influência no total de formados é mais lenta. No universo de doutores, os negros representam apenas 15,2% dos titulados.

Tabela 6

Pessoas tituladas no mestrado ou doutorado e população geral por sexo e cor/raça — Brasil, 2010

Sexo e cor/raça	Titulados na pós-graduação				Total		População geral	
	Mestrado		Doutorado					
	N	%	N	%	N	%	N	%
Homens brancos	219.342	38,8	101.208	46,3	320.550	40,8	43.426.738	22,8
Homens negros*	53.091	9,4	18.851	8,6	71.942	9,2	48.588.437	25,5
Total homens	277.942	49,1	122.836	56,2	400.778	51,1	93.406.634	49,0
Mulheres brancas	226.530	40,0	78.890	36,1	305.420	38,9	47.194.337	24,7
Mulheres negras*	55.987	9,9	14.399	6,6	70.386	9,0	48.582.748	25,5
Total mulheres	288.085	50,9	95.885	43,8	383.970	48,9	97.348.530	51,0
Total brancos	445.872	78,8	180.098	82,3	625.970	79,8	90.621.075	47,5
Total negros*	109.078	19,3	33.250	15,2	142.328	18,1	97.171.185	50,9
Total **	566.027	100,0	218.721	100,0	784.748	100,0	190.755.164	100,0

Fonte: Microdados do Censo Demográfico 2010 (IBGE, 2010).

É interessante observar a taxa de mulheres negras no doutorado, com um índice de 2 pontos percentuais abaixo do observado para os homens negros (de 6,6% para 8,6%). No comparativo entre mulheres e homens brancos, a taxa é também favorável aos homens em 10,2 pontos (de 36,1% para 46,3%). A menor presença de mulheres tituladas no doutorado, no comparativo com os homens, independentemente da cor/raça, deve ser compreendida considerando-se o acesso mais recente das mulheres a essa etapa de escolarização.

O último conjunto de análises produzido apresenta os resultados com base no IPG e no IPR para os que frequentam o ensino superior (Tabela 7) e para os formados (Tabela 8).

Tabela 7

IPG e IPR para as pessoas que frequentam a graduação e a pós-graduação no mestrado ou doutorado e população geral — Brasil, 2000 e 2010

		IPG		IPR	
		2000	2010	2000	2010
Frequenta a graduação		1,30	1,32	0,25	0,56
Frequenta a pós-graduação	Mestrado		1,20		0,36
	Doutorado	1,08	1,03	0,16	0,29
	Total pós		1,15		0,34
População geral		1,03	1,04	0,83	1,07

Fonte: Microdados do Censo Demográfico 2010 (IBGE, 2010).

Nos dez anos considerados, observa-se uma ampliação na presença das mulheres no ensino superior, em especial nos cursos de mestrado, frente a uma paridade mantida na população geral, descritas pelo IPG. Em 2000, o IPG na pós-graduação era 1,08 e em 2010 chegou a 1,15.

Para o IPR, além da mudança na configuração para o geral da população (alterado de 0,83 para 1,07), mantém-se a desigualdade de acesso para os negros, cuja presença, embora diminuída, continua expressiva: em 2000 eram quatro brancos para cada negro que frequentava a graduação (IPR de 0,25), taxa reduzida para dois brancos para cada negro em 2010 (IPR de 0,56). Na pós-graduação, as distâncias são maiores: em 2000 eram mais de cinco brancos para cada negro (IPR de 0,16) e em 2010, três brancos para cada negro (IPR de 0,34 para o doutorado).

No grupo de formados (tabela 8), como os índices são somatórios, as mudanças no perfil tendem a ser mais lentas. As mulheres, que já eram maioria do grupo de graduados, diminuem a distância em relação aos homens. Na pós-graduação, o predomínio masculino, que era de quatro homens para três mulheres (IPG de 0,75), alcança a paridade (IPG de 0,96). Para 2010, os dados desagregados por níveis indicam uma paridade no grupo de mestres e um predomínio dos homens no grupo de doutores (IPG de 0,78). As distâncias entre os resultados para brancos e negros no grupo de formados são mais intensas do que no grupo de pessoas que frequentam o ensino superior, como esperado pelo fator somatório. Em 2000, tem-se mais de cinco brancos para cada negro graduado (IPR de 0,17) e, em 2010, a taxa diminui para três brancos para cada negro (IPR de 0,34). No grupo de pós-graduados, as distâncias são mais demarcadas: são oito brancos para cada negro em 2000, índice que é reduzido a quatro brancos para cada negro pós-graduado em 2010.

Tabela 8

IPG e IPR para as pessoas formadas na graduação e na pós-graduação no mestrado ou doutorado e população geral — Brasil, 2000 e 2010

		IPG		IPR	
		2000	2010	2000	2010
Graduados		1,22	1,42	0,17	0,34
Titulados na pós-graduação	Mestres		1,03		0,24
	Doutores		0,78		0,18
	Total pós	0,75	0,96	0,13	0,23
População geral				0,83	1,07

Fonte: Microdados do Censo Demográfico 2010 (IBGE, 2010).

5. Análises complementares: as áreas de formação e de atuação profissional

Os microdados do Censo Demográfico 2010 apresentam informações a respeito da área de formação dos graduados e dos titulados (V6352, V6354 e V6356). Segundo Beltrão e Teixeira (2004), as áreas de conhecimento ou formação são diferenciadas por sexo e cor/raça. Explorar esses resultados ajuda a compreender as diferenças observadas entre homens e mulheres, brancos e negros, nas interfaces por sexo e cor/raça. A Tabela 9 apresenta a distribuição pelas oito áreas de conhecimento utilizadas pelo IBGE.

Conforme descrito na literatura (Beltrão; Teixeira, 2004; Velho, 2007; Cgee, 2010), há uma clara separação das áreas por sexo: as mulheres concentram-se nas áreas de *Educação, Humanidades e Artes e saúde e Bem-estar social*; os homens, nas áreas de *Engenharia, Produção e Construção* e *Agricultura e Veterinária.* A *Engenharia* é uma área historicamente masculina, em que a presença das mulheres vem se ampliando, segundo assinalam alguns autores (Lombardi, 2005, 2006; Bruschini, 1978). É na *Educação* que a distância entre negros e brancos é menor para os graduados (IPR de 0,53). As taxas de participação dos negros, no comparativo com os brancos, diminuem significativamente em todas as áreas à medida que se acessam os níveis mais elevados de formação, exceção à *Engenharia, Produção e Construção,* em que as taxas são baixas e constantes, respectivamente 0,21 (para graduados) e 0,18 (para mestres e doutores). Vale ressaltar ainda, nas análises por IPG e IPR, que as distâncias observadas por sexo não encontram as mesmas disparidades por cor/raça. O espectro de valores do IPG alterna de 4,79 (*Educação* para graduados) a 0,25 (*Serviços* para doutores), indicando uma clara distribuição das áreas por sexo. A variação para o IPR parte de 0,53 (*Educação* para graduados) a 0,15 (*Saúde e bem-estar social* para doutores), indicando que o problema maior refere-se ao acesso dos negros a essas etapas de escolarização, mais do que à escolha por áreas. De forma sucinta, pode-se afirmar que o acesso ao ensino superior é diferenciado por cor/raça e as áreas de inserção são diferenciadas por sexo.

Tabela 9

Pessoas graduadas ou tituladas no mestrado ou doutorado por grandes áreas de formação, sexo e cor/raça e IPG e IPR — Brasil, 2010

Áreas		IPG	IPR	Homens brancos		Homens negros		Mulheres brancas		Mulheres negras		Total*	
				N	%	N	%	N	%	N	%	N	%
Educação	graduados	4,79	0,53	262.125	7,0	173.758	15,0	1.381.330	26,8	705.678	38,2	2.559.610	21,1
	mestres	4,01	0,34	7.453	3,5	2.784	5,6	30.999	14,3	10.260	19,6	52.154	9,7
	doutores	2,92	0,24	1.941	2,0	639	3,6	6.295	8,3	1.340	9,7	10.374	4,9
Humanidades e Artes	graduados	2,85	0,42	157.505	4,2	87.038	7,5	501.634	9,7	191.655	10,4	954.682	7,9
	mestres	1,60	0,30	15.577	7,4	5.574	11,1	26.635	12,3	7.193	13,7	55.923	10,4
	doutores	1,24	0,22	6.745	7,0	1.916	10,7	9.085	12,0	1.632	11,8	19.656	9,4
Ciências Sociais, Negócios e Direito	graduados	1,01	0,28	1.861.299	49,9	509.335	43,9	1.868.490	36,3	525.985	28,5	4.862.773	40,0
	mestres	0,85	0,20	78.516	37,3	16.106	32,2	66.243	30,6	13.807	26,4	177.328	32,8
	doutores	0,69	0,19	26.730	27,6	5.034	28,2	18.406	24,2	3.544	25,6	54.766	26,1
Ciências, Matemática e Computação	graduados	0,82	0,33	299.375	8,0	102.774	8,9	249.326	4,8	79.565	4,3	753.086	6,2
	mestres	0,83	0,28	30.105	14,3	9.437	18,9	26.121	12,1	6.654	12,7	74.080	13,7
	doutores	0,78	0,18	18.868	19,5	3.722	20,9	15.130	19,9	2.449	17,7	41.432	19,8
Engenharia, Produção e Construção	graduados	0,29	0,21	568.223	15,2	122.441	10,6	169.781	3,3	34.601	1,9	928.032	7,6
	mestres	0,40	0,18	40.923	19,4	7.519	15,0	16.463	7,6	3.128	6,0	69.907	12,9
	doutores	0,38	0,18	14.658	15,1	2.618	14,7	5.469	7,2	1.017	7,4	24.330	11,6

▼ continua

▼ cont. **TABELA 9**

Áreas		IPG	IPR	Homens brancos		Homens negros		Mulheres brancas		Mulheres negras		Total*	
				N	%	N	%	N	%	N	%	N	%
Agricultura e Veterinária	graduados	0,40	0,25	125.128	3,4	31.484	2,7	49.549	1,0	12.874	0,7	226.591	1,9
	mestres	0,68	0,25	9.798	4,7	2.440	4,9	6.502	3,0	1.748	3,3	20.899	3,9
	doutores	0,56	0,16	6.513	6,7	1.126	6,3	3.705	4,9	548	4,0	12.201	5,8
Saúde e bem-estar social	graduados	2,23	0,30	380.563	10,2	103.326	8,9	825.627	16,0	259.158	14,0	1.605.908	13,2
	mestres	1,75	0,21	23.080	11,0	4.967	9,9	40.742	18,8	8.545	16,3	79.304	14,7
	doutores	0,93	0,15	20.057	20,7	2.678	15,0	17.652	23,2	3.192	23,1	45.089	21,5
Serviços	graduados	1,29	0,36	78.936	2,1	30.247	2,6	103.473	2,0	36.152	2,0	253.611	2,1
	mestres	0,65	0,27	4.991	2,4	1.185	2,4	2.936	1,4	986	1,9	10.323	1,9
	doutores	0,25	0,12	1.354	1,4	96	0,5	245	0,3	103	0,7	1.806	0,9
Total	graduados	1,42	0,34	3.733.154	100,0	1.160.403	100,0	5.149.210	100,0	1.845.668	100,0	12.144.293	100,0
	mestres	1,03	0,24	210.443	100,0	50.012	100,0	216.641	100,0	52.321	100,0	539.918	100,0
	doutores	0,78	0,18	96.866	100,0	17.829	100,0	75.987	100,0	13.825	100,0	209.654	100,0

Fonte: Microdados do Censo Demográfico 2010 (IBGE, 2010).

Nota: Cálculo feito em relação ao total por etapa. *total inclui os amarelos, os indígenas e os sem declaração de cor/raça.

A área de maior presença de formados (graduados, mestres e doutores) é *Ciências sociais, Negócios e Direito*, que comporta 40% de graduados, 32,8% de mestres e 26,1% de doutores. Não se observam diferenças no comparativo entre homens brancos e negros na graduação (respectivamente 49,9% e 43,9%) nem entre mulheres brancas e negras (respectivamente 36,3% e 28,5%). Tendências semelhantes são verificadas para mestres e doutores na área.

6. Considerações finais

Muitos dados quantitativos foram apresentados nesse capítulo. A análise do período de 2000 a 2010 — década em que as políticas de ação afirmativa para o acesso ao ensino superior, em especial aos cursos de graduação, foram consolidadas — indica que mudanças importantes aconteceram no acesso de grupos sub-representados às etapas mais elevadas de escolarização no Brasil. Porém, um comparativo com a participação dos negros na população indica que um longo caminho ainda deve ser percorrido para alcançar equidade na participação dos negros no ensino superior.

Um aspecto importante, e não explorado neste capítulo, é o percurso escolar na educação básica diferenciada por cor/raça. Pesquisas indicam (Rosemberg e Madsen, 2011; Artes, 2015b) que a entrada, o percurso e a conclusão do ensino médio, uma etapa condicional para o acesso à graduação, têm diferenciais intensos que diminuem as possibilidades de sucesso no ensino superior e de forma mais impositiva o ingresso na pós-graduação aos negros. Assim, discutir a participação por grupos de cor/raça na pós-graduação demanda uma reflexão consistente e referenciada por estudos quantitativos e qualitativos nas etapas anteriores de escolarização.

Além dos dados de pesquisas demográficas, faz-se necessária uma melhor qualificação das informações disponibilizadas pelo Instituto Nacional de Pesquisas Educacionais Anísio Teixeira (Inep), responsável pelo Censo da Educação Superior, cujos resultados não foram utilizados neste estudo em virtude de sua elevada taxa de não resposta ao quesito cor/raça: a base de 2013 tem um índice de não resposta ao quesito superior a 60%. Ademais, o Censo do Ensino Superior não detalha informações para os cursos de pós-graduação. Para este estudo, poderíamos ainda utilizar as bases da Capes/CNPq, em especial o Currículo Lattes, que permitiria a construção de trajetórias de escolarização. Essa base, que desde 2013, ao ser atualizada, exige a autoclassificação do pesquisador por cor/raça, não tem seus dados disponibilizados para os pesquisadores. Muito ainda há a explorar no conjunto de bases de dados para qualificação do acesso de negros às etapas mais elevadas de escolarização. Seguimos um caminho de avanços e melhoras; porém, estamos ainda no início do percurso para alcançar a desejada equidade de oportunidades e de acesso a bens acadêmicos para o conjunto da população brasileira (o que significa todos).

Referências

ANDRADE, Cibele; DACHS, J. Norberto. Acesso à educação por faixas etárias segundo renda e cor/raça. *Cadernos de Pesquisa*, v. 37, n. 131, p. 399-422, maio/ago. 2007.

ARTES, Amélia. *Desigualdades de cor/raça e sexo entre pessoas que frequentam e titulados na pós-graduação brasileira*: 2000 e 2010. Relatório de Pesquisa. São Paulo: Fundação Carlos Chagas, 2015a.

______. O ensino médio como um filtro para o acesso ao ensino superior: as desigualdades por região e cor/raça. In: REUNIÃO ANUAL DA ANPED, 37., *Anais...*, 2015, Florianópolis: Anped, 2015b.

BARRETO, Francisco Cesar de Sá; DOMINGUES, Ivan. O PNPG 2011-2020: os desafios do país e o Sistema Nacional de Pós-graduação. *Educação em Revista*, v. 28, n. 3, p. 17-53, set. 2012.

BARROS, Ricardo Paes; MENDONÇA, Rosane Silva. *Os determinantes da desigualdade no Brasil*. Rio de Janeiro: Ipea, 1995. (Textos para Discussão; n. 377.)

BELTRÃO, Kaizo; TEIXEIRA, Moema de P. *O vermelho e o negro*: raça e gênero na universidade brasileira — uma análise da seletividade das carreiras a partir dos censos demográficos de 1960 a 2000. Rio de Janeiro: Ipea, 2004. (Texto para Discussão; n. 1.052.)

BRASIL. *Constituição Federativa do Brasil*. Brasília: Senado Federal, 1988.

______. *Plano Nacional de Pós-Graduação (PNPG) 2005-2010*. Brasília: Ministério da Educação, dez. 2004.

______. *Plano Nacional de Pós-Graduação (PNPG) 2011-2020*. Brasília: Ministério da Educação, dez. 2010.

______. Lei n. 12.288, de 20 de julho de 2010. *Institui o Estatuto da Igualdade Racial*. Brasília, 2010.

______. Decreto n. 7.824/2012 — Presidência da República. Regulamenta a Lei n. 12.711, de 29 de agosto de 2012, que dispõe sobre o *ingresso nas universidades federais e nas instituições federais de ensino técnico de nível médio*. Brasília, 2012.

BRUSCHINI, Maria Cristina A. Mulher e trabalho: engenheiras, enfermeiras e professoras. *Cadernos de Pesquisa*, n. 27, p. 5-17, dez. 1978.

CENTRO DE GESTÃO E ESTUDOS ESTRATÉGICOS (CGEE). *Doutores 2010:* estudo da demografia da base técnico-científica brasileira. Brasília: CGEE, 2010.

______. *Mestres 2012*: estudo da demografia da base técnico-científica brasileira. Brasília: CGEE, 2012.

COSTA, Sergio. A construção sociológica da raça. *Estudos Afro-Asiáticos*, ano 24, n. 1, p. 35-61, 2002.

CUNHA, Estela Maria Garcia Pinto. Brasil está reduzindo suas disparidades raciais? In: ENCONTRO NACIONAL DE ESTUDOS POPULACIONAIS, 18., *Anais...*, Águas de Lindoia: Abep, 2012.

CURY, Carlos Roberto Jamil. Quadragésimo ano do parecer CFE n. 977/65. *Revista Brasileira de Educação*, n. 30, p. 7- 20, dez. 2005.

DEPARTAMENTO INTERSINDICAL DE ESTATÍSTICA E ESTUDOS SOCIOECONÔMICOS (DIEESE). *Mapa da população negra no mercado de trabalho*. São Paulo: Dieese, 1999.

FERES JÚNIOR, João (Org.). *Ação afirmativa no ensino superior brasileiro hoje:* análise de desenho institucional 2011. Rio de Janeiro: Grupo de Estudos Multidisciplinares da Ação Afirmativa(Gemaa), IESP/UERJ, 2011.

FUNDAÇÃO SISTEMA ESTADUAL DE ANÁLISE DE DADOS (SEADE). *Os negros no mercado de trabalho na região metropolitana de São Paulo*. São Paulo: Seade, 2012.

GODINHO, Tatau et al. (Org.). *Trajetória da mulher na educação brasileira 1996-2003*. Brasília: Inep/MEC, 2006.

GUIMARÃES, Antônio Sergio. *Classes, raças e democracia*. São Paulo: Editora 34, 2002.

HASENBALG, Carlos. *Discriminação e desigualdades raciais no Brasil*. Rio de Janeiro: Graal, 1979.

HENRIQUES, Ricardo. *Desigualdade racial no Brasil*: evolução das condições de vida na década de 90. Rio de Janeiro: Ipea, 2001. (Textos para Discussão; n. 807.)

HERINGER, Rosana. Análise das principais políticas de inclusão dos estudantes negros no ensino superior no Brasil no período de 2003-2006. In: CONGRESSO BRASILEIRO DE SOCIOLOGIA, 13., *Anais*..., Recife, Sociedade Brasileira de Sociologia, 2007.

INSTITUTO BRASILEIRO DE GEOGRAFIA E ESTATÍSTICA (IBGE). *Síntese dos indicadores sociais*. Brasília, 2013.

______. *Microdados*. Censo Demográfico. Brasília, 2000.

______. *Microdados*. Censo Demográfico. Brasília, 2010.

JACCOUD, Luciana; SILVA, Anderson; ROSA, Waldemir. Entre o racismo e a desigualdade: da Constituição à promoção de uma política de igualdade racial (1988-2008). In: ______ (Org.). *A construção de uma política de promoção da igualdade racial*. Brasília: Ipea, 2009.

LOMBARDI, Maria Rosa. *Perseverança e resistência*: a engenharia como profissão feminina. Tese (Doutorado em Educação) — Faculdade de Educação, Universidade Estadual de Campinas, Campinas, 2005.

LOMBARDI, Maria Rosa. Engenheiras brasileiras: inserção e limites de gênero no campo profissional. *Cadernos de Pesquisa*, v. 36, n. 127, p. 173-202, jan./abr. 2006.

MAGALHÃES, Alânia. Trabalho e educação: os efeitos da educação sobre o processo de estratificação social entre brancos e não brancos no Brasil. In: SEMINÁRIO NACIONAL DE SOCIOLOGIA E POLÍTICA, 1., *Anais*..., Curitiba: UFPR, 2009.

MANCEBO, Deise; SILVA JÚNIOR, João dos Reis; OLIVEIRA, João Ferreira (Org.). *Reformas e políticas*: educação superior e pós-graduação no Brasil. Campinas: Alínea, 2008.

MELO, Hildete Pereira. Gênero e perspectiva regional na educação superior brasileira. In: SIMPÓSIO GÊNERO E INDICADORES DA EDUCAÇÃO SUPERIOR BRASILEIRA, *Anais*..., Brasília, Ipea, p. 63-84, 2008.

MOEHLECKE, Sabrina. Ação afirmativa: história e debates no Brasil. *Cadernos de Pesquisa*, n. 117, p. 197-219, nov. 2002.

OBSERVATÓRIO DAS METRÓPOLES. *Distância social entre brancos e não-brancos*. Disponível em: <http://web.observatoriodasmetropoles.net/index.php?option=com_content&view=article&id=45&Itemid=114&lang=pt>. Acesso em: 19 set. 2013.

ORGANIZAÇÃO DAS NAÇÕES UNIDAS PARA A EDUCAÇÃO, A CIÊNCIA E A CULTURA (UNESCO). *Relatório de Monitoramento Global Educação para Todos, 2003-2004*. São Paulo: Moderna, 2004.

OLIVEIRA, Eduardo A. et al. Perfil e produção científica dos pesquisadores do CNPq nas áreas de Nefrologia e Urologia. *J. Bras. Nefrol.*, São Paulo, v. 33, n. 1, p. 31-37, mar. 2011.

PAIXÃO, Marcelo (Org.). *Relatório anual das desigualdades raciais no Brasil:* 2007-2008. Rio de Janeiro: UERJ, 2008.

______. *Relatório anual das desigualdades raciais no Brasil*: 2009-2010. Rio de Janeiro: UERJ, 2010.

PARECER SUCUPIRA DE 1965. Definição da pós-graduação. *Info Capes*: boletim informativo. Imprensa Brasília, 1965.

REICHMANN, Rebecca. A mulher negra brasileira um retrato. *Revista Estudos Feministas*, Florianópolis, v. 3, n. 2, p. 493-505, 1995.

RISTOFF, Dilvo et al. *A mulher na educação superior brasileira 1991-2005*. Brasília: Inep, 2008.

ROSEMBERG, Fúlvia. Educação formal, mulher e gênero no Brasil contemporâneo. *Revista Estudos Feministas*, Florianópolis, ano 9, n. 2, p. 515-540, 2001.

______. O branco no IBGE continua branco na ação afirmativa? *Estudos Avançados*, v. 18, n. 50, p. 61-66, 2004.

______. Ação afirmativa no ensino superior brasileiro. *Programa de Ações Afirmativas em Debate*. São Carlos: UFScar, 2006.

ROSEMBERG, Fúlvia; MADSEN, Nina. Educação formal, mulheres e gênero no Brasil contemporâneo. In: BARSTED, Leila L.; PITANGUY, Jacqueline. *O progresso das mulheres no Brasil 2003-2010*. Rio de Janeiro/Brasília: Cepia/ONU Mulheres, 2011. p. 390-424.

SECRETARIA DE POLÍTICAS DE PROMOÇÃO DA IGUALDADE RACIAL (SEPPIR). *Estatuto da Igualdade Racial entra em vigor hoje, 20 de outubro, em todo o país*. Disponível em: <www.seppir.gov.br/portal-antigo/noticias/ultimas_noticias/2010/10/estatuto-da-igualdade-racial-entra-em-vigor-hoje-20-de-outubro-em-todo-o-pais>. Acesso em: 15 jun. 2016.

SILVA, Joselina. Mulheres negras na educação superior. In: SIMPÓSIO GÊNERO E INDICADORES DA EDUCAÇÃO SUPERIOR BRASILEIRA, *Anais...*, Brasília, Ipea, p. 63-84, 2008.

SILVA, Nelson do Valle; HASENBALG, Carlos. Tendências da desigualdade educacional no Brasil. *Dados*, v. 43, n. 3, p. 423-445, 2000.

SILVA, Tatiana Dias. *O estatuto da igualdade racial*. Rio de Janeiro, Ipea, 2012. (Texto para Discussão; n. 1.712.)

______. Mulheres negras, pobreza e desigualdade de renda. In: MARCONDES, Mariana (Org.). *Dossiê mulheres negras*: retrato das condições de vida das mulheres negras no Brasil. Brasília: Ipea, 2013.

SILVEIRA, Leonardo Souza; MUNIZ, Jerônimo Oliveira. Diferenciais de rendimento entre brancos e negros: uma comparação intra e inter metropolitana. *Cadernos Metrópole*, São Paulo, v. 16, n. 31, 2014.

SILVERIO, Valter Roberto. Ação afirmativa e o combate ao racismo institucional no Brasil. *Cadernos de Pesquisa*, n. 117, p. 219-246, nov. 2002.

SOARES, Sergei. A demografia da cor: a composição da população brasileira de 1890-2007. In: THEODORO, Mario (Org.). *As políticas públicas e a desigualdade racial no Brasil*: 120 anos após a abolição. Brasília: Ipea, 2008.

VELHO, Leo. O papel da formação de pesquisadores no sistema de inovação. *Ciência e Cultura*, São Paulo, v. 59, n. 4, p. 23-28, 2007.

CAPÍTULO 2

Ação afirmativa para negros e indígenas:

um ensaio sobre a crise do discurso civilizacional e a reorientação nas políticas públicas de inclusão no Brasil

Valter Roberto Silvério
Priscila Martins Medeiros

> A albumina branca depura o mascavo nacional... Negros puros já não há; mestiços, por fraqueza somática, sensualidade, nervosidade, sensibilidade à tuberculose, ou desaparecem pela morte precoce, ou se cruzam, sempre com elementos mais brancos: a raça se aclara. Em duzentos anos, longe de se extinguirem no Brasil os descendentes do povo de Cabral, terá passado inteiramente o eclipse negro, desses quatro séculos de mestiçagem. (Peixoto, 1975, p. 15-16)

1. O contexto

Conhecido como o país da democracia racial, o Brasil surpreendeu o mundo em meados dos anos 1990 quando o então presidente da República, Fernando Henrique Cardoso, reconheceu oficialmente a existência de racismo. O choque foi ainda maior quando o secretário nacional de Direitos Humanos, Paulo Sérgio Pinheiros, elaborou um documento proclamando que as ações afirmativas eram compatíveis com a legislação brasileira e que o Estado deveria estimular a implementação de ações positivas para promover a equidade social mesmo se elas implicassem tratamento individual desigual (Reichmann, 1999, p. 22; Htun, 2004, p. 67).

Para entendermos as mudanças de percepção sobre a nação e o "processo civilizatório" no Brasil — de um país que se pensava como uma democracia racial para uma nação que reconhece a prática de discriminação racial e de racismo, bem como a necessidade de medidas para a correção das desigualdades —, precisamos analisar o processo de democratização do Estado brasileiro.

Este capítulo analisa de forma breve e inicial alguns desses processos que, de certo modo, traduzem uma faceta das mudanças em curso no país. O Movimento Negro ganha relevância pelo lugar que ocupa na mobilização dos afro-brasileiros contra os inumeráveis tipos de discriminação velada ou ostensiva que se expressam na forma de desvantagens sociais e econômicas para os negros quando comparados aos brancos.

De um lado, a ação do Movimento Negro brasileiro insistiu, durante décadas, na existência de um racismo difuso no país que, a despeito da ampla mestiçagem, não tem permitido a mobilidade social de afro-brasileiros nos mesmos moldes da população euro-brasileira. De outro lado, a ação do Estado, após a promulgação da Constituição de 1988, tem se pautado no sentido de reconhecer a existência de uma pluralidade de formas do ser brasileiro e, ao mesmo tempo, promovido uma reorientação nas políticas públicas, que passaram a incorporar, de maneira tímida e não convergente, a ideia de diversidade cultural.

Durante os anos 1980, foram produzidos vários trabalhos sociológicos que corroboravam as denúncias do Movimento Negro a respeito dos obstáculos à mobilidade social da população negra no mercado de trabalho, com repercussões na vida educacional de crianças e jovens negros. Os estudos de Carlos Hasenbalg e Nelson do Valle Silva (1988, p. 9) tratam de três temas centrais no desenvolvimento econômico recente que permitem uma melhor compreensão do contexto brasileiro, a saber: "a) as rápidas mudanças na estrutura social ocorridas dentro dos limites de um modelo de modernização conservadora, com todos os custos sociais que lhe são inerentes"; b) "a reordenação dos perfis de estratificação e os processos decorrentes de mobilidade social, que coexistem com fortes desigualdades[1] distributivas e persistente pobreza";[2] c) "o papel desempenhado pelas diferenciações raciais na alocação de posições na estrutura social".

Em relação à diferenciação racial, os autores realizam uma avaliação crítica das teorias que postulam a incompatibilidade entre racismo e industrialização e que explicam as desigualdades raciais do presente como um legado da escravidão e, ao mesmo tempo, demonstram que as desigualdades raciais devem ser atribuídas "à discriminação racial e à segregação geográfica dos grupos raciais, condicionada inicialmente pelo regime escravista e reforçada depois pela política oficial de promoção da imigração europeia para o sudeste do país" (Hasenbalg; Silva, 1988, p. 10). Os autores demonstraram que o racismo, longe de ser um arcaísmo, está intimamente relacionado ao capitalismo que se desenvolveu no Brasil, conferindo oportunidades de

1. Em linhas gerais, as desigualdades entre negros e brancos no Brasil resultam das disparidades na distribuição regional, na qualificação educacional e na estrutura de emprego que determina distinções na distribuição de renda.

2. Na prática, a pobreza é associada à insuficiência de renda. Quando a soma dos rendimentos de um indivíduo, ou de sua família, é insuficiente para satisfazer as necessidades básicas de alimentação, transporte, moradia, saúde e educação, ele ou ela encontra-se em situação de pobreza.

maneira desigual, diminuindo as possibilidades de mobilidade social ascendente da população negra e aprofundando as hierarquias raciais.

As duas principais conclusões desses estudos são as seguintes: 1) a superação das desigualdades raciais, com a consequente mobilidade ascensional dos negros, só se dará mediante a implementação de políticas de promoção diferencial que eliminem os mecanismos discriminatórios presentes no cotidiano nacional; 2) a experiência brasileira contradiz uma proposição básica da chamada "tese do industrialismo", segundo a qual o crescimento industrial produz um aumento da fluidez social.

Tais conclusões foram incorporadas por várias organizações negras, que passaram a introduzir dados empíricos nos discursos que já proferiam sobre os impactos da discriminação racial e do racismo sobre os negros, em especial no mercado de trabalho e na educação. O período pré-constitucional, que deu origem à Constituição de 1988, foi extremamente rico em termos da mobilização social de negros, indígenas, entre outros setores discriminados, com o objetivo de assegurar direitos de forma explícita no texto constitucional. O Movimento Negro atuou para que o Brasil — pensado como uma comunidade imaginada homogeneamente — desse lugar a uma comunidade que se imagina culturalmente diversa, com conflitos, mas atenta para que estes sejam assumidos e enfrentados com medidas específicas. No campo da luta política, há um esforço de (des)racialização da experiência coletiva da população afro-brasileira, algo muito visível na agenda inaugurada com o Movimento Negro Unificado, em 1978, que estabelece a crítica ao mito da democracia racial como principal estratégia de atuação.

Embora o mito da democracia racial tenha se refletido no texto final da Constituição Federal de 1988 e várias das demandas sociais tenham perdido espaço ao longo do processo, é nos anos 1980 que se inaugura de fato um debate dentro do Estado sobre as consequências do racismo no país. Foi um período de forte crise econômica para o Brasil, mas também um período em que se voltou a atenção para uma crise de aspecto civilizacional: o Brasil ainda não realizava seu discurso em termos de direitos concretos para as populações afro-brasileira e indígena, e isso foi energicamente cobrado pelos movimentos sociais.

O texto constitucional de 1988 define o racismo como crime, afirma a necessidade de proteção das práticas culturais afro-brasileiras e assegura a titulação das terras de quilombos (Htun, 2004, p. 66). Além disso, a educação como um valor que acompanha as lutas dos negros desde suas primeiras organizações no pós-desescravização ganha um lugar estratégico no discurso reivindicatório das organizações negras. Com a aprovação da Constituição Federal de 1988, deu-se início no país a um tratamento político-jurídico da temática da diversidade e da igualdade racial, o que, em conjunto com as denúncias de racismo e de desigualdade racial, foram importantes para o rompimento com os discursos da "nação mestiça" e da democracia racial. Esse período histórico significou um processo de luta política pela ressignificação do *lugar* da África na formação social brasileira. Com isso, entendemos que ocorre no Brasil, especialmente a partir da década de 1980, um deslocamento no discurso nacional, antes informado pela *igualdade através da mestiçagem* e que, a partir de então, se mostra tensionado e desestabilizado.

Nos anos 1990, o Estado abandona a política de identidade nacional que tinha sido construída ao longo do século XX e passa a se pautar em um discurso multiculturalista, fundamentado no valor da diversidade cultural, como resposta às demandas sociais. Isso não significou, no entanto, o início de políticas de reconhecimento das diferenças, pois se tratou muito mais de uma postura contemplativa da diversidade do que uma iniciativa capaz de desestabilizar as estruturas racistas.

Ainda assim, cabe destacar que ocorreram, na década de 1990, dois fatos marcantes. O primeiro foi a realização da Marcha Zumbi dos Palmares, em 20 de novembro de 1995, a qual forçou o então presidente da República Fernando Henrique Cardoso a reconhecer oficialmente a existência da discriminação racial e do racismo. Esse episódio também abriu caminho para a publicação do decreto, no mesmo 20 de novembro de 1995, que criou o Grupo de Trabalho Interministerial de Valorização da População Negra (GTI-Negros). O segundo fato foi o lançamento do Programa Nacional de Direitos

Humanos de 1996, que propunha políticas públicas específicas para os negros, tais como as ações afirmativas com o objetivo de ampliar o acesso dessa parte da população às universidades e incentivava o setor privado na mesma direção (Htun, 2004, p. 67).

Os anos 1990 foram especialmente importantes para o Movimento Negro, pois foi a partir desse período que ele passou a estabelecer um diálogo mais intenso com o governo brasileiro e suas instâncias de poder (Trapp, 2011, p. 241). A "questão racial" e as demandas do Movimento Negro entram na pauta da agenda política nacional, uma relação que se tornaria ainda mais forte alguns anos mais tarde, já no contexto de preparação para a III World Conference against Racism, Racial Discrimination, Xenophobia and Related Intolerance, realizada em Durban, África do Sul, em setembro de 2001. O diálogo entre o Movimento Negro com as Organizações Não Governamentais (ONGs) de mulheres negras, com um antirracismo em vias de profissionalização, e o Estado brasileiro — no governo Fernando Henrique Cardoso, com o GTI-Negros, entre outros órgãos — foi um fator preponderante para a construção de consensos políticos, calcados não mais no credo da harmonia racial (a "democracia racial"), mas no multiculturalismo.

Em primeiro lugar, o evento, ocorrido em 2001, mobilizou um intenso processo de preparação levado a cabo tanto pelo Movimento Negro quanto pelo Estado brasileiro sob a forma de vários seminários que, ao longo dos anos 2000-2001, concorreram para colocar as questões do racismo/antirracismo na agenda pública nacional. Em segundo lugar, teve-se a destacada participação da delegação brasileira na Conferência propriamente dita (ainda que, já na Conferência Regional das Américas preparatória para Durban, realizada em Santiago do Chile em 2000, a delegação brasileira também tenha desempenhado papel importante). Em terceiro lugar, as temáticas e as propostas discutidas em Durban passaram a ter centralidade tanto nas estratégias de ação do Movimento Negro[3] como na política antirracista brasileira de uma forma mais geral e pautaram toda a década.

---

3. Joel Rufino dos Santos (1985, p. 303) compreende o Movimento Negro como sendo: "Todas as entidades, de qualquer natureza, e de todas as ações, de qualquer tempo (aí

Também foi importante nesse percurso o Seminário Internacional Multiculturalismo e Racismo: o Papel das Ações Afirmativas nos Estados Democráticos, realizado no ano de 1996, que comparou a questão racial no Brasil e nos Estados Unidos. O seminário abriu espaço, do ponto de vista intragovernamental, para a construção da posição brasileira na Conferência ocorrida em Durban.[4]

Todo o intenso debate observado no Brasil durante a primeira década do século XXI sobre racismo, antirracismo, desigualdades raciais, discriminação, ações afirmativas (mais conhecidas sob a forma

---

compreendidas mesmo aquelas que visam à autodefesa física e cultural do negro), fundadas e promovidas por pretos e negros (utilizo preto, neste contexto, como aquele que é percebido pelo outro; e negro como aquele que se percebe a si). Entidades religiosas, assistenciais, recreativas, artísticas, culturais e políticas; e ações de mobilização política, de protesto antidiscriminatório, de aquilombamento, de rebeldia armada, de movimentos artísticos, literários e 'folclóricos' — toda esta complexa dinâmica, ostensiva ou invisível, extemporânea ou cotidiana, constitui movimento negro". Consideramos, portanto, o Movimento Negro como um conjunto de ações, atores sociais e entidades que orbitam em torno de um objetivo comum: a denúncia do racismo e a busca de mecanismos de superação das desigualdades raciais. Por esse motivo, utilizamos a expressão "movimento negro" e não "movimentos negros".

4. "A Assembleia Geral das Nações Unidas adotou a *Declaração* sobre a Eliminação de Todas as Formas de Discriminação Racial através da resolução 1904 (XVIII), de 20 de novembro; e, em 1965, um tratado internacional especificamente dedicado ao combate ao racismo e à discriminação racial: a *Convenção Internacional sobre a Eliminação de Todas as Formas de Discriminação Racial.* Este instrumento instituiu o Comitê para a Eliminação da Discriminação Racial, órgão responsável pelo controlo da aplicação da Convenção pelos respectivos Estados Partes. Em 1993, a Comissão de Direitos Humanos criou o mandato de *Relator Especial* sobre formas contemporâneas de racismo, discriminação racial, xenofobia e intolerância conexa, que examina a ocorrência destes fenômenos em todas as partes do mundo, independentemente do fato de o Estado onde os mesmos se verificam ser ou não Parte em qualquer instrumento de direitos humanos em particular. Outras ações foram igualmente empreendidas com vista a chamar a atenção para os problemas do racismo e da discriminação racial, nomeadamente a designação do dia 21 de março como *Dia Internacional para a Eliminação da Discriminação Racial,* em 1966. De 1973 a 2003, por outro lado, decorreram *três décadas de combate ao racismo.* No âmbito de cada uma delas, realizou-se uma Conferência Mundial contra o Racismo e a Discriminação Racial: duas em Genebra (1978 e 1983) e a terceira em Durban (2001). O ano de 2001 foi, ainda, proclamado *Ano Internacional de Mobilização contra o Racismo, a Discriminação Racial, a Xenofobia e a Intolerância Conexa".* Portugal: Procuradoria-Geral da República Gabinete de Documentação e Direito Comparado Comissão Nacional para as Comemorações do 50.º Aniversário da Declaração Universal dos Direitos do Homem e Década das Nações Unidas para a Educação em matéria de Direitos Humanos.

reducionista de "cotas"), multiculturalismo, tolerância, identidade étnica, racialização, entre outros temas, tem relação com e/ou passa de alguma forma por Durban.

De acordo com Saboia e Porto (2003, p. 22-26), entre os pontos mais importantes dos documentos de Durban, ressaltariam para o Brasil as seguintes recomendações:

a) Reconhecimento aos afrodescendentes dos direitos à cultura e à identidade próprias, à participação igualitária na vida econômica e social, ao uso e à conservação dos recursos naturais de terras ocupadas ancestralmente (quilombos), à participação no desenvolvimento de sistemas e programas educacionais e à livre prática de religiões de matriz africana. Também se aponta a necessidade de adoção de medidas especiais e ações positivas para as vítimas de racismo e para a necessidade de apropriada representação em instituições educacionais, partidos políticos, parlamento.
b) Reconhecimento da necessidade de estabelecer internamente políticas de desenvolvimento social baseadas em dados estatísticos confiáveis, com vistas a assegurar aos grupos vítimas de racismo e discriminação, até o ano de 2015, as metas de desenvolvimento humano fixadas pela Conferência sobre Desenvolvimento Social de Copenhague (1995).
c) Condenação do ressurgimento de movimentos e organizações neonazistas, neofascistas ou xenófobas. E, por fim, a recomendação de leis e códigos de conduta para combater o uso da internet para a difusão de propaganda e ideias de cunho racista.

Outros pontos fundamentais reconhecidos pelo governo brasileiro foram os seguintes: 1) a escravidão, com parâmetros do tempo presente, como um crime contra humanidade; 2) as 230, à época, populações nativas como povos indígenas com direito a aproximadamente 12% do território nacional, o que corresponde a mais de 80 milhões de hectares; 3) a necessidade de reparação das injustiças, passadas e presentes, por meio de políticas de ação afirmativa.[5]

O texto reconhecia também que, no processo nacional de preparação para a Conferência de Durban, teria ocorrido uma coalizão entre afrodescendentes e povos indígenas e que o governo brasileiro apoiaria o treinamento de advogados, sociólogos e professores indígenas para a efetiva promoção de seus direitos e de sua identidade cultural, além de ressaltar a incompatibilidade entre o Estado de direito e o racismo.

A posição brasileira na Conferência de Durban encontra-se na intersecção da intensa mobilização do Movimento Negro, do Feminismo Negro, das populações indígenas em um contexto internacional/transnacional favorável e um governo nacional eleito democraticamente por seu povo. Os debates e os embates que se estabelecem após a conferência, em especial em relação às ações afirmativas internamente ao país, em grande medida são o resultado das divergências entre grupos e indivíduos que passaram a disputar junto à opinião pública o melhor caminho para superar nossas iniquidades sociais. As posições que vieram a público expressavam leituras distintas — como demonstram os argumentos contrários — do lugar da questão étnico-racial na contenção ou na ampliação do aprofundamento da democracia na forma procedimental ou participativa.

2. Uma década de polêmica

De acordo com Feres Júnior e Daflon (2014) e Feres Júnior et al. (2011 e 2013), os argumentos contrários às ações afirmativas que es-

5. Esse texto foi apresentado pelo secretário de Estado de Direitos Humanos, Paulo Sergio Pinheiro, em Nuremberg (Alemanha), em 4 de outubro de 2002, no seminário Promovendo a Tolerância e os Direitos Humanos através da Educação e da Mídia, organizado pela Universidade da Paz das Nações Unidas e pelo Escritório de Relações Exteriores da Alemanha. Disponível em: <http://dc.itamaraty.gov.br/imagens-e-textos/DH-Portugues02.pdf>. Acesso em: 30 jun. 2016.

tiveram presentes ao longo dos anos 2000 e que precederam à aprovação da Lei n. 12.711, de 29 de agosto de 2012, no debate público, foram de duas naturezas: descritivos ou normativos. Segundo Feres Júnior, os primeiros são afirmações de fato que podem ser refutadas por meio da apresentação de evidências empíricas ou pela constatação de sua inexistência. Os segundos são argumentos morais que dizem respeito a como nossa vida coletiva e instituições (nossas escolhas públicas) devem se dar, nomeiam o que é bom e o que é ruim.

Após operar essa distinção, Feres Júnior agrupa os argumentos segundo sua temática predominante da seguinte maneira: *argumentos de ordem sociológica e antropológica*; *argumentos de ordem econômica* — ou que dizem respeito ao estudo de políticas públicas — e, finalmente, *argumentos mais afeitos ao direito, teoria política e teoria moral.*

Assim, na primeira ordem de argumentos, a incidência se dava sobre uma longa tradição de estudos orientados principalmente, mas não exclusivamente, em torno da formação social brasileira e da identidade nacional em sua relação com a chamada questão racial. Em contraste com outras sociedades multiétnicas e multirraciais, em especial os Estados Unidos da América e, mais recentemente, a África do Sul, o Brasil apareceu para o mundo propagandeando sua singularidade como sociedade que teve no tratamento das diferenças raciais de forma "harmônica" sua originalidade em termos de arranjo social moderno. Dessa forma, os argumentos contrários às ações afirmativas estiveram sempre ancorados na pretensa existência de uma democracia racial, o que levava seus locutores a questionarem, portanto, a real necessidade de tais políticas.

Gilberto Freyre, em 1933, nos informou que seríamos, desde o início, uma sociedade *híbrida*. Híbrida, de acordo com Freyre, significava que o Brasil, entre todas as sociedades da América, seria a que se:

> [...] constituiu mais harmoniosamente quanto às relações de raça: dentro de um ambiente de quase reciprocidade cultural que resultou no máximo aproveitamento dos valores e experiências dos povos atrasados pelo adiantado; no máximo da contemporização da cultura adventícia

> com a nativa, da do conquistador com a do conquistado. (Freyre, 1933/2006, p. 91)

Na obra *Interpretação do Brasil* (1947), Freyre compara o Brasil com outros países rumo à modernização, dizendo que:

> [...] os brasileiros vêm conseguindo ainda maiores triunfos, aplicando essa capacidade à esfera cultural e social, na maior amplitude. Daí sua relativa democracia étnica: a ampla, embora não perfeita, oportunidade dada no Brasil a todos os homens, independente de raça ou de cor, para se afirmarem brasileiros plenos. (Freyre, 1947, p. 43)

A sociedade híbrida em Freyre é aquela que teria tido a capacidade de operar uma síntese cultural não conflituosa, o que teria permitido, por sua vez, a permanência dos códigos sociais com o mínimo de rusgas. As marcas da sociabilidade brasileira seriam, portanto, a *acomodação* e a *conciliação*, que seriam resultados (em partes) da *assimilação cultural*, pelo conjunto da sociedade, de usos, costumes e valores de diferentes referências culturais. O hibridismo cultural seria, desse modo, a adaptação equilibrada dos diferentes aspectos das culturas portuguesa, africana e indígena.

Um dilema de caráter político-social estava posto no início do século XX: no pós-abolição e com a presença do imigrante europeu, quais seriam as possibilidades de transformação do escravizado em trabalhador livre, estendendo efetivamente os direitos de cidadania à totalidade da população? Dito de outra forma, qual seria a viabilidade de um novo projeto social, pautado agora em direitos, na livre associação e no trabalho assalariado? Ao lançar luz sobre a temática racial em outros termos, valorizando o *mestiço*, Gilberto Freyre transformou o "problema" ou o "obstáculo" à integração nacional em sua maior força. Freyre, por meio de uma leitura sofisticada da realidade brasileira, inverteu a chave sobre a miscigenação, tornando-a um dado a ser positivado no país. Com isso, equacionou o problema do *povo* brasileiro em outro patamar. Atentemo-nos, no entanto, que esse arranjo significou, ao longo do século XX, a marginalização da população afro-brasileira e indígena, pois o discurso da miscigenação passou a ser um dos principais argumentos de que seríamos uma democracia racial, sem preconceitos de qualquer espécie e sem privilégios.

É importante destacar que há distinções importantes nas perspectivas antropológica e sociológica quanto a nossa composição étnico-racial e aos dilemas do presente. Para a perspectiva antropológica, o fato social concreto é o dado empírico da miscigenação, isto é, um dado extremamente relevante socialmente, pois o sistema de classificação no Brasil privilegiaria o meio-termo e a ambiguidade como valor, tendendo, em princípio, a funcionar com base na hierarquia e no gradualismo (de cor). Do ponto de vista sociológico, por outro lado, as transformações sociais, no plano político — o fim da ditadura, o estabelecimento de um processo de construção democrática expresso especialmente pelas eleições diretas e a emergência de novas reivindicações no âmbito popular por meio de manifestações públicas —, no plano cultural — as conexões com o legado do Atlântico negro passaram a informar, em conjunto com os deslocamentos internos da questão racial, como a construção da categoria política negro (pretos + pardos) e a luta pela criminalização do racismo antes, durante e após a aprovação da Constituição de 1988, configuravam novos sentidos do modo como a sociedade brasileira via a si mesma.

Sales Junior (2006) salienta que a cordialidade e a estigmatização da população afro-brasileira como tecnologias políticas não surgiram no Estado Novo. No entanto, foi a partir da década de 1930 que a estigmatização e a cordialidade produziram, mediante algumas adaptações, uma utilidade política e econômica, consolidando o sistema inaugurado pelo Estado Novo. Esses elementos do racismo brasileiro se infiltraram nos mecanismos políticos mais amplos e a cordialidade se transformou em *eticidade* nas relações de poder do país (Sales Junior, 2006, p. 254). O Estado, portanto, age movido por um papel ético-moral, associado a uma capacidade crescente de assimilação cultural, que se dá especialmente a partir do sistema educacional, o que nunca impediu, contudo, os movimentos de resistência.

Ao criticarem a apropriação do legado da obra de Freyre no debate sobre ação afirmativa, Avritzer e Gomes (2013) observam que os textos freyrianos, em especial *Casa-grande & senzala*, versam sobre a mestiçagem, a esfera privada e o trânsito cultural brasileiro, praticamente eximindo-se da dominação patriarcal e, ao fazê-lo, substituem a imposição patriarcal por uma teoria da democracia na formação democrático-igualitária da elite agrária brasileira. Mesmo quando se consideram os aspectos inquestionáveis do argumento freyriano e sua vasta influência no imaginário nacional, um de seus desdobramentos práticos é que se estabelece com Gilberto Freyre "a noção falsa de que se formou uma esfera privada igualitária no Brasil devido a diferentes características da escravidão no período colonial no país" (Avritzer; Gomes, 2013, p. 49).

De acordo com Avritzer e Gomes (2013), o problema dessa formulação é o fato de Gilberto Freyre partir do pressuposto de uma origem "democrática" do processo de formação da elite agrária brasileira. Na visão dos autores, portanto, a dedução realizada por Freyre levou-o, e a seus seguidores, a dois problemas, a saber:

> [...] um de origem lógica e o outro de origem teórica: o primeiro deles é que é incorreto deduzir da miscigenação a concepção de uma esfera privada igualitária ou democrática; e o segundo é que é incorreto tentar determinar a democracia a partir de estruturas da esfera privada, uma vez que a democracia é uma forma de organização do poder político e das relações entre Estado e sociedade. (Avritzer; Gomes, 2013, p. 49)

Para os autores, é inegável a existência de fortes trânsitos entre índios, portugueses e negros na esfera da vida privada. O problema, no entanto, é que os críticos das ações afirmativas, contemporaneamente, ao assumirem essa mesma postura analítica, supõem que a questão racial encontrará sua solução em tais trânsitos propiciados pela esfera privada.

Gilberto Freyre imaginou uma *síntese* cultural para o Brasil. Entendemos que a sociedade híbrida da explicação freyriana tem pouca semelhança com a noção de um espaço genuinamente heterogêneo e de negociação democrática *agonística*, ou seja, de um espaço de remodelação constante, sem solução final. A sociedade híbrida só pode ser um espaço democrático se não se fechar em torno de uma identidade conservadora e se nela forem privilegiadas a presença e a articulação da *différance*.[6] Nos termos colocados por Hall (2006), é essencial que uma sociedade multicultural permaneça um espaço *heterogêneo* e *pluralístico*, resistindo ao ímpeto de serem integrados por um processo de equivalência formal, tanto no sentido assimilacionista — como dita a concepção liberal de cidadania — quanto do ponto de vista da radicalização das diferenças no sentido "do certo contra o errado", do "bem contra o mal" (Hall, 2006, p. 83).

O debate em torno das ações afirmativas, em especial os contrários a sua implementação no país, emitiam opiniões públicas, em geral sem nenhuma base empírica, mas fundados em uma crença arraigada no Brasil desde os anos 1930 de que éramos uma democracia racial e que esse seria nosso elo social.

Um elo extremamente poderoso que impediu, e impede, que alguns dos analistas e pesquisadores mais preparados no cenário nacional percebessem/percebam as mudanças sociais em curso no país, independentemente de seus diferentes impactos nas várias regiões, no que tange ao lugar das relações étnico-raciais na conformação das diferenças de tratamento nas práticas cotidianas. Dito de outra forma, nas palavras de Avritzer (2013), com o revigoramento da sociedade civil, isto é, enquanto sistema de ação social (Restrepo, 1990), os grupos subalternos organizados — por exemplo, o Movimento Negro — interpelam a nação, ou Estado nacional, para exigir mudanças inclusive na forma como eles são representados política e culturalmente.

---

6. O conceito de *différance* "rompe, precisamente, com a ideia da diferença pré-existente, ontológica, essencial, que pode ser apresentada e representada discursivamente. A concepção de *différance* trazida por Derrida coloca a diferença para dentro da cultura; diferença (ou melhor, *différance*), para o autor, constitui-se no ato de sua manifestação, no âmbito da trama mesma de representações, diferenças e diferenciações" (Costa, 2006, p. 125).

A (des)naturalização das desigualdades — promovida tanto pelas denúncias do Movimento Negro organizado quanto por sua ação política junto aos órgãos governamentais em busca de políticas concretas de combate às desigualdades com base na diferença étnico-racial — tem levado a medidas que avançam, mesmo que de forma tímida, no questionamento no plano prático do processo de racialização herdado do passado colonial, isto é, a não aceitação tácita da forma que a sociedade brasileira, a partir de suas elites, vislumbrou a interpenetração e a complementariedade das hierarquias raciais. São indicadores importantes a constituição de conselhos da comunidade negra nos estados e nos municípios desde 1980;[7] as ONGs que tinham, e têm, como objeto de sua ação a discriminação racial e o racismo; as organizações de mulheres negras;[8] os coletivos antirracistas, entre outras formas de ação política no âmbito da sociedade civil.

Para o Movimento Negro, que irrompia na cena pública dos anos 1980, o argumento normativo segundo o qual a identidade nacional estava calcada em um ideal de miscigenação avesso à tematização da desigualdade racial mostrava-se frágil. Era o modelo freyriano que, em meio ao processo de (re)democratização, era questionado pelos fatos e, ao mesmo tempo, uma identidade nacional democrática contrastiva àquele modelo estava sendo construída a

---

7. Dentre os conselhos de defesa do negro instituídos por governos estaduais, podemos citar: Conselho Estadual de Participação e Integração da Comunidade Negra de Minas Gerais (CCN/MG), criado pelo Decreto n. 28071, de 12 de maio de1988; Conselho Estadual dos Direitos do Negro do Mato Grosso do Sul (Cedine/MS), criado pela Lei n. 702, de 12 de março de 1987; Conselho Estadual dos Direitos do Negro do Mato Grosso (CEDN/MT), estabelecido pelo Decreto n. 827, de junho de 1988; Conselho de Desenvolvimento da Comunidade Negra do Estado da Bahia (CDCN/BA), criado pela Lei n. 4.697, de 15 de julho de 1987, e regulamentado pelo Decreto n. 16, de 9 de abril de 1991; Conselho Estadual dos Direitos do Negro do Rio de Janeiro (Cedine/RJ), estabelecido pelo Decreto n. 33.165, de 13 de maio de 2003; Conselho Estadual da Comunidade Negra de São Paulo, criado por meio do Decreto n. 22.184, de 11 de maio de 1984, e institucionalizado pela Lei n. 5.466, de 24 de dezembro de 1986, que representou um marco inicial de uma nova forma de atuação no combate ao racismo, pois foi a partir dele que se iniciaram os grupos de especialistas da causa negra no estado de São Paulo.

8. Em artigo intitulado "As ONGs de mulheres negras no Brasil", a pesquisadora Sonia Beatriz dos Santos (2009) listou 49 organizações de mulheres negras no país. O levantamento não indica se todas estão em funcionamento.

partir da Constituição de 1988. No entanto, a ideia de que o problema era de "classe e não de raça" persistia no discurso público, assumindo a forma que ganhou muito espaço nos meios midiáticos, a saber: as cotas sociais e não raciais.

Ao não assumir a persistência da raça como uma das clivagens sociais que atravessam a comunidade imaginada brasileira e que orienta a ação de grupos e indivíduos na experiência de relações cotidianas, o grupo de ativistas/intelectuais contrários às chamadas, por eles mesmos, "cotas raciais", negava tanto a ação política do Movimento Negro quanto preservava o *ethos* nacional construído nos anos 1930. Paradoxalmente, os inúmeros levantamentos estatísticos e os vários trabalhos realizados no âmbito acadêmico eram desconsiderados sob a acusação de que não cabia ao Estado brasileiro legislar sobre raça.

A forma e o conteúdo do debate sobre "cotas" nas universidades públicas brasileiras foram uma demonstração de que ciência e experiência não caminham conjuntamente e na mesma direção, especialmente quando se trata de relações de poder em formações sociais que, em virtude do modelo de colonização, desenvolveram contextos nacionais, pós-coloniais, multiétnicos/multirraciais. Três observações nos parecem fundamentais para adentrar o universo simbólico nacional e interpretar os termos em que o debate antes mencionado se pôs em nosso país. A primeira delas se refere ao conteúdo distintivo que termos sintetizadores de amálgamas étnico-raciais como *melting pot, crizol de razas, café con leche e tripé de raças* encobrem e recobrem ao aproximarem conteúdos de dinâmicas socioculturais extremamente diferentes. A segunda se refere à forma como a classe na perspectiva estruturalista vem sendo questionada, a partir da experiência dos sujeitos subordinados, nessas formações sociais nas quais o processo de "outrificação" — construção dinâmica de hierarquias com base na cor — foi coetâneo do processo de exploração econômica tipicamente capitalista constitutivo das classes sociais contemporâneas e da construção de hierarquias com base na posição dos indivíduos na estrutura produtiva. Finalmente, a dupla filiação, ou dupla origem, através da qual as identidades políticas se manifestam nos dias de hoje.

Os desdobramentos contemporâneos do tripé de "raças", no debate brasileiro sobre as cotas, prescindiram de atualização histórica, no que diz respeito aos dados estatísticos, sobre a posição subalternizada de pretos e pardos em diferentes esferas da vida social, como as desvantagens habitacionais, ocupacionais e educacionais, e de uma consideração sociológica básica em relação à representação social no que tange às novas formas de etnicidade. No primeiro caso, na experiência histórica dos negros (pretos e pardos) no Brasil pós-desescravização, persistem três tipos de desvantagens destes em relação aos brancos que se articulam: a desvantagem ocupacional, a locacional e a educacional. É importante observar que os negros recebem até 55% menos, para exercer uma mesma função, do que as pessoas brancas.[9] No segundo caso, a persistência da mestiçagem/miscigenação como valor esconde as possibilidades a partir das quais os grupos subalternizados passaram a se pensar frente aos constrangimentos vivenciados em sociedades racialmente estruturadas em dominância.

Explicamos: no debate da teoria contemporânea sobre "raça", "birracialidade" e mistura "racial", existe uma distinção entre a perspectiva anglo-saxônica e outras como a francesa, a espanhola e a portuguesa. Há algo em comum entre as perspectivas: em todas elas, a branquidade é um referente paradigmático de rejeição não somente à cor da pele, mas também à cultura e a uma forma de existência estética dos negros. No caso anglo-saxão, uma gota de sangue negro estabeleceu a conclusão "lógica" da contaminação pela negritude. Em outras tradições, a pluralidade da mistura levou à constituição, por meio da miscigenação (no plano biológico) e da mestiçagem (no plano cultural), de narrativas nacionais elaboradas por suas elites nas

9. Ricardo Henriques (2001) chega à conclusão de que, "no Brasil, a condição racial constitui um fator de privilégio para brancos e de exclusão e desvantagem para os não-brancos. Algumas cifras assustam quem tem preocupação social aguçada e compromisso com a busca de igualdade e equidade nas sociedades humanas". "Do total dos universitários brasileiros, 97% são brancos, sobre 2% de negros e 1% de descendentes de orientais. Sobre 22 milhões de brasileiros que vivem abaixo da linha da pobreza, 70% deles são negros. Sobre 53 milhões de brasileiros que vivem na pobreza, 63% deles são negros" (Henriques, 2001).

quais o pressuposto básico seria o do apagamento da clivagem "racial" durante o processo de formação de seus Estados nacionais.

A partir dos anos 1960, o crescente uso da etnicidade como um conceito que considera a variedade dos grupos humanos em termos de ancestralidade, tradição, língua e padrões sociais tem questionado as generalizações de tipos raciais humanos biologicamente determinados com características fixas e posicionados em uma escala que os dividia em superiores e inferiores. Assim, a percepção de uma ancestralidade comum, real ou imaginária, tem sido importante tanto para a autodefinição quanto para a atribuição externa ao grupo. Considerar a variedade dos grupos significa incorporar todos aqueles elementos simbólicos que podem propiciar o senso de pertencimento étnico como padrão de parentesco, contiguidade física, filiação religiosa, língua, nacionalidade, características físicas e também práticas culturais como arte, literatura e música. Várias combinações desses elementos podem ser privilegiadas em diferentes lugares e tempos para prover um senso de etnicidade. Os desdobramentos teóricos e práticos atuais têm permitido uma melhor compreensão de processos de construção de novas etnicidades (etnogênese) nos quais sobressaem em sua origem uma maior consciência política na seleção de elementos simbólicos negativamente associados à experiência de um dado grupo racializado.

Nesse sentido, a experiência brasileira de implementação das ações afirmativas, midiaticamente denominada de "cotas para negros", tem proporcionado um debate que pode ser considerado exemplar da convivência conflitiva de concepções tradicionais e contemporâneas em relação ao pertencimento grupal, em uma perspectiva política, nas quais se interseccionam clivagens sociológicas clássicas (classe, raça, gênero, etnia e nacionalidade) e concepções de etnicidade pós-anos 1960.

Surgem nesse processo defesas como as de Maggie (2011), quem, ao se pautar no Movimento Pardo Mestiço — Nação Mestiça, argumenta que as ações afirmativas viriam dividir o Brasil entre brancos e negros, "demonizando" ou "hifenizando" a miscigenação em "afro-brasileiros, indiodescendente, afrodescendente e eurodescendente".

O subtexto do argumento é que não haveria divisões no Brasil anteriormente ao estabelecimento do debate sobre ações afirmativas. No entanto, nos caberia perguntar se essa premissa é verdadeira.

De acordo com Seyferth (2002), a questão racial estava subjacente aos projetos imigrantistas desde 1818, antes de a palavra raça fazer parte do vocabulário científico brasileiro e das preocupações com a formação nacional. A autora, ao revisitar a legislação que orientou o processo de imigração ocorrido no país antes, durante e após o Estado Novo, demonstra que de forma não explícita toda a imigração realizada pelo país foi pautada em:

> [...] um nacionalismo étnico suscitado pela constância dos movimentos migratórios, alimentado pela falsa noção de desigualdade das raças humanas e de superioridade civilizatória dos brancos [...], devidamente acomodada à ampla variação cromática da pele dos brasileiros. Significativamente, a subordinação da nacionalidade à raça persistiu apesar do reconhecimento da mestiçagem como fenômeno constitutivo da nação. Trata-se, sem dúvida, de algo que vai além do sentido estritamente político e territorial do Estado-Nação — o mito da formação do povo, que remete ao passado histórico e à qualificação pelo caldeamento racial entre portugueses, indígenas e negros. Na verdade, a imigração representou para o nacionalismo um duplo desafio, particularmente evidenciado no Estado Novo: manter a cultura e a língua como herança maior do colonizador luso promovendo a assimilação e definindo a nação, eventualmente, pela latinidade, num processo de "amalgamação racial" (ou fusão, pois havia termos para todos os gostos) que devia resultar num povo unívoco e preferencialmente de cor branca. É significativa a persistência do mito do branqueamento num período histórico em que as teorias raciais deterministas e as especulações sobre a superioridade ariana afiançadas por obras como as de Gobineau e Chamberlain já estavam desacreditadas pela ciência através da noção de racismo. (Seyferth, 2002, p. 147)

Assim, ao repor nosso mito de origem, o movimento Pardo Mestiço — Nação Mestiça desconsidera seus usos históricos, bem como as consequências nefastas para os negros e nativos de modo geral.

Ademais, ao fixar a mestiçagem com base em fundamentos biológicos — portanto, racializados —, procura mascarar o dinamismo característico da formação contemporânea de novas etnicidades, que responde sociologicamente a deslocamentos na posicionalidade de indivíduos e grupos e politicamente a novas formas de agência dos subalternos que lutam, inclusive para além dos Estados nacionais, para que o signo raça não se perpetue em sua capacidade de produzir exclusão-desigualdade-exclusão.

Observamos, na verdade, que o racismo nunca precisou de conceitos para existir, nem mesmo do conceito de raça. Vale destacar que a ciência e sua conceituação de raça foram importantes na difusão de ideais racistas; no entanto, o racismo não nasceu com a ciência, mas sim se utilizou dela para ganhar mais "legitimidade". Da mesma maneira, argumenta Appiah (1997), o racialismo (ou seja, a menção a raças) não provoca necessariamente o racismo. Essa reflexão nos é bastante útil no debate sobre as ações afirmativas com critérios raciais, já que tais políticas foram constantemente rotuladas como "medidas racistas", quando, ao contrário, objetivam diminuir os efeitos da racialização histórica de sujeitos negros e indígenas, no caso brasileiro.

Também cabe relembrarmos que o Estado brasileiro sempre se utilizou de classificação racial, e não apenas na Constituição Federal de 1988, da qual constam os termos "cor" (art. 3º, inciso IV; art. 7, inciso XXX); "raça" (art. 3º, inciso IV) e "etnia" (art. 242, parágrafo 1º) e "afro-brasileiros" (art. 215, parágrafo 1º), este que é o único adjetivo pátrio no texto constitucional. Desde tempos imemoráveis, existe classificação racial no Brasil, ou seja, ela não nasceu com as ações afirmativas, sendo critério nas Forças Armadas, na segurança pública, na Vara da Infância e da Adolescência, nos registros de nascimento, nas prefeituras, em levantamentos de dados como o Cadastro Geral de Empregados e Desempregados (Caged) e no próprio Instituto Brasileiro de Geografia e Estatística (IBGE) desde 1872. Portanto, os contrários às ações afirmativas nas universidades não focaram no que há de precioso nesse processo: em vez de valorizarem o debate em torno da democratização e da ampliação do acesso ao ensino superior para toda a população, o foco recaiu sobre cor ou raça, na tentativa de desqualificar as políticas de ação afirmativa.

O que está posto no Brasil contemporâneo é a reversão das políticas públicas que, durante toda a primeira e a segunda Repúblicas, excluíram negros (pretos e pardos) e indígenas, com base em sua suposta inferioridade biológica, patrocinadas pelo Estado. Dessa forma, as chamadas políticas de inclusão, políticas de diversidade ou ainda políticas multiculturais podem ser encaradas, no caso brasileiro, como tentativas contemporâneas de reversão da racialização pretérita e, ao mesmo tempo, como uma atualização da ação do Estado a partir das mobilizações da sociedade civil, em especial do Movimento Negro.

3. A inclusão educacional dos negros em dados

Na última década, os indicadores sociais referentes ao ensino demonstram mudanças significativas em relação ao acesso ao ensino médio e superior do país, conforme dados sintetizados pelo IBGE. Tais mudanças no ensino superior podem ser explicadas por um conjunto de fatores, entre eles a implementação das ações afirmativas no sistema público de ensino e o Programa Universidade para Todos (ProUni).[10]

De acordo com dados do Brasil (2012), ao final de 2011 aproximadamente 15,1% dos jovens com idades entre 18 e 24 anos estavam matriculados no ensino superior. O percentual ainda é baixo, mas houve um aumento expressivo em um curto espaço de tempo se

---

10. O Programa Universidade para Todos (ProUni) — instituído por meio da Medida Provisória n. 176, de 13 de setembro de 2004, regulamentado pelo Decreto n. 5.245, de 15 de outubro de 2004 e institucionalizado pela Lei n. 11.096, de 13 de janeiro de 2005 — é destinado à concessão de bolsas de estudo integrais e parciais (cinquenta por cento) para cursos de graduação e sequenciais de formação específica, em instituições privadas de ensino superior, com ou sem fins lucrativos.

comparado com o ano de 2002, quando o valor era de 10%. É importante observar que dos 15,1% dos estudantes nessa faixa etária, em 2011, apenas 52,1% frequentavam-no efetivamente, o que indica uma alta taxa de abandono escolar precoce, que é também um indicador significativo de vulnerabilidade desses jovens. Em 2011, de acordo com o Censo da Educação Superior (MEC/INEP), o número de matrículas chegava a quase 7 milhões (6.883.200 matrículas), e a grande maioria delas se dava no ensino privado (5,1 milhões). No Gráfico 1, podemos acompanhar a evolução do número de matrículas em uma década.

GRÁFICO 1

Número de matrículas em cursos de graduação

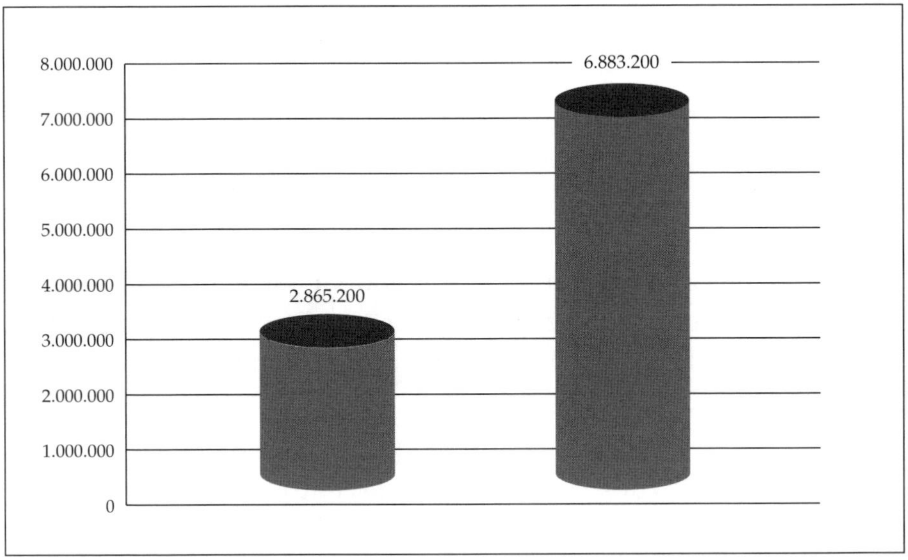

Fonte: Censo da Educação Superior 2010 e atualização de 2011 (MEC/INEP).

Mesmo com a continuidade do hiato social entre negros e brancos, se considerarmos toda a última década, o crescimento do número de jovens no ensino superior é algo novo na história do Brasil e altamente relevante. O aumento do número de matrículas na graduação, no período de 2001 a 2011, foi de aproximadamente 141%, conforme o último Censo da Educação Superior (MEC/INEP).

Os dados das edições da Pesquisa Nacional por Amostra de Domicílios (Pnad) dos anos de 2002 e 2012 nos dão a dimensão do aumento de matrículas de jovens no ensino superior com relação à cor ou raça. No caso dos jovens negros, entre 18 e 24 anos de idade, embora sua representação no ensino superior esteja abaixo da proporção apresentada pelos jovens brancos (37,4% contra 66,6% dos brancos), houve um aumento expressivo dessa presença nos bancos de universidades e faculdades, pois em 2002 apenas 12,2% deles estavam no ensino superior. Houve, portanto, um avanço de mais de 300%. Esse grande incremento (que apresentamos nos Gráficos 2 e 3) coincide com o momento histórico em que foram adotadas cotas e outras ações afirmativas nas universidades públicas, além do ProUni nas universidades privadas.

GRÁFICO 2

Proporção de estudantes brancos com idades entre 18 e 24 anos matriculados no ensino superior

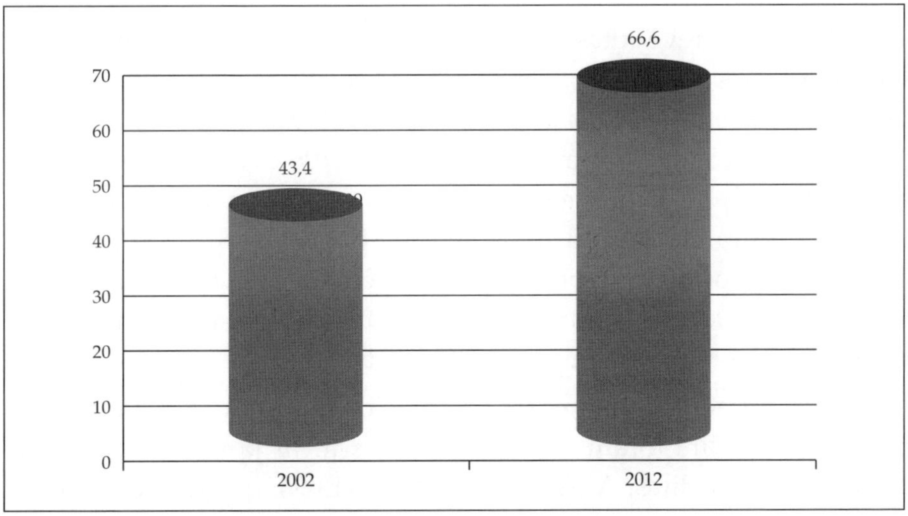

Fonte: Pesquisa Nacional por Amostra de Domicílios, 2002/2012 (IBGE).

Obs.: Inclui Mestrado e Doutorado.

GRÁFICO 3

Proporção de estudantes pretos ou pardos (negros) com idades entre 18 e 24 anos matriculados no ensino superior

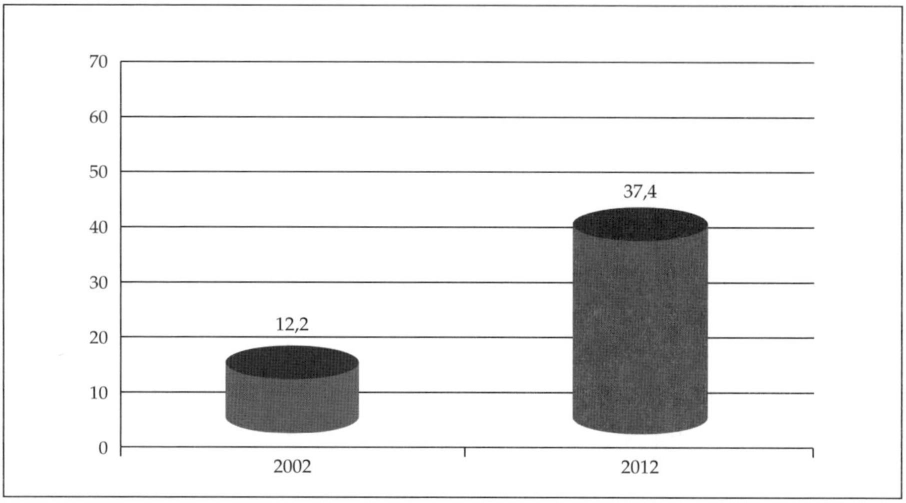

Fonte: Pesquisa Nacional por Amostra de Domicílios, 2002/2012 (IBGE).

Obs.: Inclui Mestrado e Doutorado.

O ProUni prevê cotas étnico-raciais, destacando que o percentual terá que corresponder, no mínimo, ao percentual de cidadãos autodeclarados pretos, pardos e indígenas no último censo do IBGE de cada estado. No total foram oferecidas 1.667.106 vagas pelo programa entre 2005 e 2012. Durante o ano de 2013 e no primeiro semestre de 2014, o programa ofertou mais 440.000 bolsas integrais e parciais. Todos os alunos que recebem as bolsas vêm de classes sociais menos abastadas e, normalmente, não teriam condições materiais de ter acesso à universidade sem esse programa.

Há um dado fundamental: as cotas com critério racial estabelecidas pelo ProUni foram alvo de poucas críticas por parte da mídia brasileira e das elites. Ainda que a Lei n. 11.096, que deu origem ao ProUni, tenha sido arguida em sua constitucionalidade no Supremo Tribunal Federal (STF), ela vigora nos dias atuais sem maiores percalços.

Esse não foi o caso das cotas com critério racial estabelecidas nas universidades públicas, que foram sistematicamente criticadas pelos jornais e pelas revistas de maior circulação no país. Dito de outra maneira, ao que parece a entrada de estudantes negros nas universidades privadas "incomoda menos" do que seu ingresso nas universidades públicas. Por enquanto, a maior mudança foi sentida no ensino superior privado, através do ProUni, mas as universidades públicas vêm paulatinamente participando de importantes alterações, na inclusão de mais negros e indígenas, especialmente após a aprovação da Lei de Cotas, em 2012, para as universidades federais.

Em síntese, a incidência da ação afirmativa na política pública educacional brasileira, em primeiro lugar, foi uma reivindicação dos movimentos sociais, em especial do Movimento Negro, que, mesmo sem discordarem da tese amplamente defendida pelos contrários a sua implementação no ensino superior — a da necessidade de melhoria da qualidade da educação básica (infantil, fundamental e média) —, se mobilizaram em diferentes frentes para assegurar sua efetivação nas instituições públicas de ensino. Em segundo lugar, contrariamente à tese de que o Estado brasileiro estava estimulando a criação de identidades raciais, o que se verifica é que, por meio do ProUni, o país conciliou o atendimento de uma demanda popular com os interesses do setor empresarial atuante no mercado educacional.[11] O dado mais significativo do processo em curso é que, de acordo com o Censo Educacional do Instituto Nacional de Estudos e Pesquisas Educacionais Anísio Teixeira (Inep), órgão vinculado administrativamente ao Ministério da Educação, 75% dos estudantes do ensino superior brasileiro encontram-se matriculados no setor privado. Ou seja, a ampliação de 141% no período de 2001 a 2011, demons-

---

11. Uma das principais preocupações dos críticos é que, mesmo quando se considera seu efeito redistributivo em termos de renda, o ProUni tem operado, tendencialmente, em benefício da recuperação financeira das instituições particulares endividadas e com alto grau de desistência e de inadimplência. Considerando sua legitimidade social, o programa pode trazer o benefício simbólico do diploma àqueles que conseguirem permanecer no sistema e, talvez, uma chance real de ascensão social para poucos que estudaram no seleto grupo de instituições privadas de qualidade (Carvalho, 2006).

trada no Gráfico 1, pouco alterou o desequilíbrio entre a cobertura do setor público em relação ao setor privado. Em terceiro lugar, o intenso debate durante a primeira década da implementação das ações afirmativas mostrou claramente que a preocupação central dos críticos tinha como foco as universidades públicas, as quais historicamente atenderam majoritariamente os jovens brancos filhos da elite, que são responsáveis pela formação dos quadros dirigentes da nação.

Entre 2002 e 2012, surgiram várias experiências de cotas nas universidades brasileiras, respaldadas por leis estaduais ou por definição dos respectivos conselhos universitários. O que marcou o período foi a heterogeneidade de tais ações, pois foram determinadas de acordo com os contextos sociais de cada universidade e a depender do grau de diálogo de cada instituição com os movimentos sociais.

Durante os primeiros dez anos de adoção, as cotas nas universidades foram alvo de centenas de ações judiciais, movidas por estudantes que teriam se sentido lesados por tais medidas. O discurso da mestiçagem foi utilizado por esses atores sociais de uma maneira fiel aos discursos dos anos 1930, mas com uma aparência nova, pautada no Direito Constitucional e, mais precisamente, ao artigo 5º da assim chamada "Constituição Cidadã" de 1988. O discurso se completou, como percebemos na leitura das ações judiciais, pela defesa do *mérito individual*, um valor que divide a sociedade entre *talentosos* e *não talentosos* e que presenteia aqueles com o maior acesso a bens e serviços sociais. Naquele período, portanto, o tratamento da questão étnico-racial no Brasil passava por um forte deslocamento de um plano político para o plano jurídico (Medeiros, 2009).

O desconforto gerado em parte das elites e da comunidade acadêmica (grupos que se confundem na história brasileira) foi tamanho que, em maio de 2008, foi lançado o "Manifesto dos cento e treze cidadãos antirracistas contra as leis raciais",[12] assinado por cientistas sociais, professores universitários, pessoas do meio artístico

12. Disponível em: <http://revistaepoca.globo.com/Revista/Epoca/0,,EDR83466-6014,00.html>. Acesso em: 11 nov. 2008.

e empresarial e alguns outros setores. O documento foi entregue ao então presidente do STF, Gilmar Mendes, instância que naquele momento estava analisando uma Ação Direta de Inconstitucionalidade (ADIn n. 3330) impetrada pela Confederação Nacional dos Estabelecimentos de Ensino (Confenen) e pelo Partido dos Democratas (DEM) contra o critério racial utilizado no ProUni.[13] Também estava em análise no STF uma Arguição de Descumprimento de Preceito Fundamental (ADPF/186) apresentada pelo DEM contra o sistema de cotas da Universidade de Brasília (UnB).

Em 26 de abril de 2012, em um ato histórico, o Plenário do STF considerou constitucional a política de cotas com critério racial para a seleção de estudantes da UnB. Por unanimidade, os ministros julgaram improcedente a ADPF/186, ajuizada na Corte pelo DEM. Os ministros seguiram o voto do relator do caso, ministro Ricardo Lewandowski, para quem as políticas de ação afirmativa adotadas pela UnB estabelecem um ambiente acadêmico plural e diversificado e têm o objetivo de superar distorções sociais historicamente consolidadas. Além disso, segundo o ministro relator, os meios empregados e os fins perseguidos pela UnB são marcados pela proporcionalidade e pela razoabilidade e tais políticas têm passado por revisões periódicas quanto a seus resultados.

A primeira legislação nacional sobre cotas com critério racial surgiu apenas em 2012, com a aprovação da Lei n. 12.711 no dia 29 de agosto, instituindo cotas em todas as universidades federais. A partir dessa lei, as universidades federais reservarão, até 2016, 50% de suas vagas a egressos do ensino médio público, por meio dos exames vestibulares tradicionais ou pelo Sistema de Seleção Unificada (Sisu), que se baseia nas notas do Exame Nacional do Ensino Médio (Enem). Essas vagas reservadas às cotas são subdivididas: metade para estudantes oriundos de escolas públicas, com renda

---

13. Os principais fundamentos levantados nessa ADIn foram que o referido programa a) teria criado isenção tributária desconsiderando o fato de que as instituições filantrópicas já gozam de imunidades previstas na Constituição Federal de 1988; b) teria ferido a autonomia das universidades; c) teria ferido o princípio da igualdade previsto no art. 5º da Constituição.

familiar *per capita* de até um salário mínimo e meio, e metade para estudantes de escolas públicas com renda familiar *per capita* superior a um salário mínimo e meio. Em ambos os casos, também é considerado o percentual mínimo correspondente ao da soma de pretos, pardos e indígenas no estado, de acordo com o último censo demográfico do IBGE.

Com a aprovação da lei de cotas, o Estado brasileiro consolidou o que já estava dado em grande parte das universidades públicas brasileiras. O desafio colocado nos dias atuais para as instituições federais de ensino superior é não apenas cumprir o que determina a Lei n. 12.711, mas também cumprir o "espírito" da lei, isto é, torná-la eficaz no acesso dos estudantes e na permanência. Entre seus objetivos secundários, está também o de fomentar uma pauta que possa se pulverizar em todas as esferas internas da universidade, no ensino (através da revisão de currículos e de práticas pedagógicas), na extensão e no incentivo à pesquisa de temática étnico-racial.

Em setembro de 2013, o Grupo de Estudos Multidisciplinares de Ação Afirmativa (Gemaa), da Universidade do Estado do Rio de Janeiro (UERJ), lançou um primeiro balanço acerca dos impactos da Lei n. 12.711 sobre as universidades federais. Embora tenha apontado alguns desafios, o relatório do GEMAA demonstra resultados bastante positivos. Detectou-se, por exemplo, um incremento significativo na quantidade de vagas efetivamente oferecidas ao público-alvo da lei:

> Ainda que a lei tenha previsto para o ano de 2013 um mínimo de reserva de vagas no valor de 12,5%, de modo geral as universidades ultrapassaram essa meta, o que aumentou o número mínimo previsto de 23.591 vagas para 59.432 vagas reservadas, isto é, 31,5% do total de vagas ofertadas. (Feres Júnior, J. et al. 2013, p. 31)

Contudo, de acordo com o relatório, pode-se afirmar que o principal efeito da Lei n. 12.711 foi ampliar, *dentro do universo de beneficiários de escola pública e de baixa renda*, a representatividade de pretos, pardos e indígenas. A partir da aplicação da lei, foram reservados mais 11,1% de vagas a esse perfil de candidatos.

Antes da publicação da lei de cotas, quando os obstáculos eram mais visíveis, ou seja, quando estavam em pauta no STF e presentes cotidianamente nos principais jornais do país, o grande esforço de seus defensores era o de convencimento sobre sua legitimidade. Hoje, os obstáculos são de outra natureza, na aplicação da lei, o que depende de vontade política de cada universidade, de bom uso dos recursos orçamentários e de avaliações constantes e consistentes. Além disso, as universidades federais podem se valer do momento para fomentar um amplo diálogo dentro dos *campi* universitários, com os movimentos sociais, os coletivos de jovens e com o ensino médio. O que se percebe hoje é a necessidade de construção de alianças e de acompanhamento constante para consolidar a conquista de espaço dentro das universidades. A construção de fóruns estaduais, com o objetivo de fomentar avaliações e ações de impulso nas universidades, pode ser um caminho interessante na atualidade.

O debate em torno das ações afirmativas culmina, nos últimos anos, em desdobramentos importantes, como a aprovação de cotas no serviço público — por meio da Lei n. 12.990, de 2014 — e na Pós-Graduação — por meio de Portaria do Ministério da Educação, publicada em 11 de maio de 2016, que estabelece 90 dias para que as universidades adequem seus processos seletivos.

Nesse cenário, somam-se também alguns desdobramentos teóricos interessantes, que passam pelo fortalecimento de medidas mais amplas do que as próprias ações afirmativas, como é o caso das Diretrizes Curriculares Nacionais para a Educação das Relações Étnico-raciais e para o Ensino de História e Cultura Afro-brasileira e Africana, aprovadas em 2009, e que, desde então, vêm fomentando uma ampliação do tema em termos transnacionais. Isso fica evidenciado pelos esforços coletivos, através da participação de Núcleos de Estudos Afro-brasileiros (Neab), do governo federal e de organismos internacionais como a Organização das Nações Unidas para a Educação, a Ciência e a Cultura (Unesco).

Do ponto de vista de uma agenda política e de pesquisa sobre a questão racial brasileira, podemos afirmar que vivenciamos um novo quadro, fundamentalmente atravessado por uma mudança normativa significativa e pela tensão da ideia de nação mestiça. A atual agenda nos traz um resultado interessante: o esgotamento da dicotomia negro *versus* branco e a compreensão dos processos de racialização de um ponto de vista mais amplo, transnacional. O debate atual reconfigura a presença africana no Brasil, o *reconhecer-se* na história, ao mesmo tempo que a refunda.

Referências

APPIAH, K. A. *Na casa do meu pai*: a África na filosofia da cultura. Rio de Janeiro: Contraponto, 1997.

AVRITZER, L.; GOMES, L. C. B. Política de reconhecimento, raça e democracia no Brasil. *Dados, Revista de Ciências Sociais,* Rio de Janeiro, v. 56, n. 1, p. 39-68, jan./mar. 2013.

BRASIL. Presidência da República. Decreto n. 5.245, de 15 de outubro de 2004. Disponível em: <http://www.planalto.gov.br/ccivil_03/_ato2004-2006/2004/decreto/d5245.htm>. Acesso em: 23 fev. 2014.

______. Presidência da República. Lei n. 12711, de 29 de agosto de 2012. Disponível em: <http://www.planalto.gov.br/ccivil_03/_ato2011-2014/2012/lei/l12711.htm>. Acesso em: 23 fev. 2014.

______. Ministério do Planejamento, Orçamento e Gestão. Instituto Brasileiro de Geografia e Estatística. Pesquisa Nacional por Amostra de Domicílios. Brasília: IBGE, 2012. Disponível em: <http://www.ibge.gov.br/home/estatistica/populacao/trabalhoerendimento/pnad2012/default_sintese.shtm>. Acesso em: 30 fev. 2014.

______. Ministério do Planejamento, Orçamento e Gestão. Instituto Brasileiro de Geografia e Estatística. Pesquisa Nacional por Amostra de Domicílios. Brasília: IBGE, 2002. Disponível em: <http://www.ibge.gov.br/home/estatistica/populacao/trabalhoerendimento/pnad2002/>. Acesso em: 30 fev. 2014.

BRASIL. Ministério da Educação. Instituto Nacional de Estudos e Pesquisas Educacionais Anísio Teixeira. *Censo da Educação Superior*. Brasília: INEP/ MEC, 2012. Disponível em: <http://www.portal.inep.gov.br>. Acesso em: 30 mar. 2013.

CARVALHO, C. H. A. O ProUni no governo e o jogo político em torno do acesso no ensino superior. *Educação & Sociedade*, Campinas, v. 27, n. 96, Especial, p. 979-1000, out. 2006.

COSTA, S. *Dois Atlânticos*: teoria social, antirracismo, cosmopolitismo. Belo Horizonte: Ed. da UFMG, 2006.

FERES JÚNIOR, João; DAFLON, Verônica Toste. Políticas da Igualdade Racial no Ensino Superior. *Cadernos do Desenvolvimento Fluminense*, v. 5, p. 31-43, 2014.

FERES JÚNIOR, J. et al. O impacto da Lei n. 12.711 sobre as universidades federais. *Levantamento das políticas de ação afirmativa*. Rio de Janeiro: Gemaa, IESP-UERJ, setembro, 2013.

FERES JÚNIOR, João; CAMPOS, Luiz Augusto; TOSTE DAFLON, Verônica. Fora de quadro: as ações afirmativas nas páginas d'*O Globo*. *Contemporânea*, revista de Sociologia da UFSCar, v. 2, p. 61-83, 2011.

FREYRE, G. *Casa-grande & senzala*: formação da família brasileira sob o regime da economia patriarcal. 51. ed. rev. São Paulo: Global, 2006.

FREYRE, G. *Interpretação do Brasil*. Rio de Janeiro: José Olympio, 1947.

HALL, S. *Da diáspora*. Identidades e mediações culturais. Belo Horizonte: Ed. da UFMG, 2006.

HASENBALG, C. A.; SILVA, N. V. *Estrutura social, mobilidade e raça*. Rio de Janeiro: Iuperj, 1988.

HENRIQUES, R. *Desigualdade racial no Brasil*: evolução das condições de vida na década de 90. Brasília: Ipea, 2001. (Texto para Discussão; n. 807.)

HTUN, M. From "racial democracy" to affirmative action: changing state policy on race in Brazil. *Latin American Research Review*, v. 39, n. 1, p. 60-89, 2004.

MAGGIE, Y. Congresso mestiço. *Blog A vida como ela parece ser*, 30 jun. 2011. Disponível em: <http://g1.globo.com/platb/yvonnemaggie/2011/06/>. Acesso em: 16 julho 2011.

MEDEIROS, P. M. *Raça e Estado democrático*: o debate sociojurídico acerca das políticas de ação afirmativa no Brasil. Dissertação (Mestrado em Sociologia) — Universidade Federal de São Carlos, São Carlos, 2009.

PEIXOTO, A. *Clima e saúde*: introdução biogeográfica à civilização brasileira. São Paulo/Brasília: Editora Nacional/INL, 1975.

REICHMANN, R. *Race in contemporary Brazil*: from indifference to inequality. Pennsylvania: University Press, 1999.

RESTREPO, L. A. A relação entre a sociedade civil e o Estado: elementos para uma fundamentação teórica do papel dos movimentos sociais na América Latina. *Tempo Social*, v. 2, n. 2, p. 61-100, dez. 1990.

SABOIA, G. V.; PORTO, A. J. V. A Conferência Mundial de Durban e o Brasil. In: BRASIL. *Direitos humanos*: atualização do debate. Ministério das Relações Exteriores, Departamento Cultural e de Divulgação Brasília: Itamaraty, 2003. Disponível em: <http://dc.itamaraty.gov.br/imagens-e-textos/temas-brasileiros-1/portugues/direitos-humanos-atualizacao-do-debate>. Acesso em: 2 jun. 2016.

SALES JUNIOR, R. Democracia racial: o não-dito racista. *Tempo Social*, v. 18, n. 2, p. 229-258, 2006.

SANTOS, J. R. O Movimento Negro e a crise brasileira. *Política e Administração*, v. 2, jul./set. 1985, p. 285-308.

SANTOS, S. B. As ONGs de mulheres negras no Brasil. *Sociedade e Cultura*, Goiânia, v. 12, n. 2, p. 275-288, jul./dez. 2009.

SEYFERTH, G. Colonização, imigração e a questão racial no Brasil. *Revista USP*, São Paulo, n. 53, p. 117-149, mar./maio 2002.

TRAPP, R. P. O antirracismo no Brasil e a Conferência de Durban: identidades transnacionais e a constituição da agenda política do Movimento Negro (1978-2010). *Cadernos do CEOM*, Identidades, ano 24, n. 35, p. 235, 252, 2011.

CAPÍTULO 3

As cotas nas universidades públicas 20 anos depois*

Antonio Sérgio Alfredo Guimarães

Em 29 de agosto de 2012, a Presidenta da República do Brasil assinou a Lei n. 12.711, instituindo um sistema de cotas para o ingresso nas universidades federais, e deu fim, ao menos nesse âmbito do ensino universitário, a uma disputa política e ideológica que se arrastava há dezesseis anos. Antes, a 26 de abril do mesmo ano, o Supremo Tribunal Federal (STF) havia reconhecido a constitucionalidade do

* Este artigo foi escrito durante uma curta estadia no Lemann Institute for Brazilian Studies da University of Illinois at Urbana-Champaign em dezembro de 2015. As ideias aqui desenvolvidas foram apresentadas em dois seminários nesse mesmo ano: "Caminhos Trilhados e Novos Desafios para o Acesso de Negros e Indígenas na Pós-Graduação", na Fundação Carlos Chagas, e "The Lozano Long Workshop: Racial Inequality in Brazil", na University of Texas at Austin.

sistema de cotas raciais instituído pela Universidade de Brasília (UnB) em 2004 e, por extensão, aquelas diferentes formas de ações afirmativas — cotas e bônus, principalmente — já em vigor em mais de 70% das universidades públicas do país. A Lei de 29 de agosto, portanto, tornou universais no sistema federal políticas preferenciais de ingresso já em curso desde 2004 e unificou o modo de aplicação das cotas, sistematizada deste modo: 50% das vagas reservadas para alunos egressos de escolas públicas, das quais 50% alocadas para aqueles oriundos de famílias de baixa renda (renda familiar de 1,5 salário mínimo) e 50% para os demais, e a observância de seleção de negros, pardos e indígenas na proporção dessa população em cada um dos estados da Federação onde estiver instalada a universidade federal, em ambos os grupos de renda (ver Quadro 1).

Considerando esses dados, meu principal objetivo, neste capítulo, é reconstituir analiticamente a história dessa luta social, entre 1995, quando se colocou na agenda política a possibilidade de ações afirmativas para negros e carentes nas universidades, e 2012, quando a Lei de Cotas foi aprovada e sancionada. Acompanharei principalmente a formulação dos termos do debate, a mobilização social e a luta ideológica tal como foram se constituindo e os interesses sociais em jogo. Deixo de fora desse escopo, propositadamente, iniciativas sem grande apoio político ou popular que antecederam tal período. Muitos enxergam no Projeto de Lei (PL) n. 1332 apresentado à Câmara pelo deputado Abdias do Nascimento, em 1983, a primeira tentativa de criação de cotas raciais no Brasil. Mas essa proposta de lei era bem diferente da atual. Abdias propunha, então, a criação de metas (não cotas) de 20% para o emprego de homens negros e 20% para mulheres negras em:

> [...] todos os órgãos da administração pública, direta e indireta, de níveis federal, estadual e municipal; os Governos federal, estaduais e municipais; os ministérios; as Secretarias estaduais e municipais; as autarquias e fundações; as Forças Armadas; o Poder Judiciário, o Poder Legislativo e o Poder Executivo [...] empresas, firmas e estabelecimentos, de comércio, indústria, serviços, mercado financeiro e do setor agropecuário. (Brasil, 1983)

No que se refere ao ensino superior, o Projeto de Lei n. 1.332, de 1983, no entanto, rezava apenas que seriam "destinadas a estudantes negros 40% (quarenta por cento) das bolsas de estudo concedidas pelo Ministério da Educação e Cultura e pelas Secretarias de Educação Estaduais e Municipais em todos os níveis (primário, secundário, superior e de pós-graduação)" (Brasil, 1983).

A luta que resultou na adoção de cotas no ensino superior brasileiro parece mais bem periodizada se tomarmos três fases históricas. A primeira, ainda no governo Fernando Henrique Cardoso, vai da formação do Grupo Interministerial de Trabalho da População Negra (1995) até a promulgação da Lei n. 10.558, de 2002 (Diversidade na Universidade), que recomenda a adoção de ações afirmativas pelas autarquias e fundações de ensino universitário. A segunda fase tem início com a aprovação e a implantação de cotas nas universidades públicas a partir de 2003 e 2004. Essas ações se basearam juridicamente na autonomia universitária e na recomendação legal de 2002, já referida antes, conformando uma etapa na qual se experimentaram diversas fórmulas e beneficiários: cotas e bônus, estudantes da escola pública e carentes, pretos, pardos indígenas e negros.[2] A terceira e atual fase tem início em 2012 com a decisão do STF julgando constitucional o uso de cotas raciais pela UnB.

Conquanto diferentes campos de mobilização devam ser analiticamente privilegiados — social, político-parlamentar, jurídico, acadêmico e opinião pública — neste capítulo essas cinco frentes (ou campos) da mobilização serão tocadas muito desigualmente. A *social* — forma como entendo a disputa pela legitimidade das políticas públicas — cedo se expressa na controvérsia ao redor de perguntas primárias, tais como: existem racismo e raças no Brasil? Existem negros? Na *político-parlamentar* — isto é, a dinâmica do movimento social e sua representação em partidos políticos e nos governos — apresentam-se projetos de lei e busca-se apoio dos diversos setores

---

2. O termo "negro" apareceu em alguns editais de vestibular, sem que se explicitasse seu significado. Em outros casos, o mesmo termo englobava os que se classificavam como "pardos" e "pretos", segundo as categorias do Instituto Brasileiro de Geografia e Estatística (IBGE).

representados no Congresso. A frente *jurídica* é aquela em que se disputa a legalidade de políticas raciais. A *acadêmica*, aquela em que se experimentou a factibilidade de cotas, por meio de diversos editais de vestibular, mas onde também se produziram conhecimentos cientificamente legitimados sobre as disputas sociais, políticas e jurídicas. E, finalmente, a frente da *opinião pública*, em que se tratava de convencer as classes médias e superiores, mediante argumentos e informações, das virtudes e dos defeitos das cotas. Tratá-las todas com alguma profundidade, como se vê, constitui uma proposta de pesquisa de vários anos e muito espaço. O capítulo tem, portanto, um objetivo introdutório.

1. O campo social

Antes mesmo de 1995, marco inicial do escopo desta análise, iniciou-se a luta ideológica em torno dos ideais nacionais brasileiros de convivência pacífica entre as classes e as raças no Brasil, mundialmente conhecidos como *democracia racial*. Como sabemos, essa crença fora denunciada desde 1964 por Florestan Fernandes como "mito" e por Abdias do Nascimento, como "farsa". Ou seja, a luta contra o regime militar e pela restituição da democracia representativa no Brasil já se conformava também como luta de denúncia dos padrões racializados e discriminatórios da sociedade brasileira (Guimarães, 2012). Essa foi talvez a mais longa e a mais difícil das lutas porque visava alterar os pressupostos da *política racial*[3] brasileira, ou seja, a de um país mestiço, sem racismo e até mesmo sem raças. Como se pensava no senso comum, quem poderia se dizer *negro* no Brasil, país em que éramos todos mestiços? Que sentido fariam políticas específicas para a população negra se não se poderiam definir com rigor linhas de raças ou de cor?

---

3. No sentido que lhe deu Robert Park (1950, p. 201) de "política nacional com relação aos negros".

De certo modo, a derrocada da ditadura militar nos anos 1980 coincidiu com o realinhamento do Estado brasileiro no cenário internacional, que avançara no sentido de adotar e recomendar novos ideários nacionais: de multiculturalismo, multirracialismo, de respeito às minorias étnicas, religiosas e sexuais. Foram muito ativas em promover esses novos ideários as diversas instituições da Organização das Nações Unidas (ONU) e as organizações filantrópicas internacionais. Mas, entre o reposicionamento do Estado brasileiro em termos internacionais e a criação de consenso interno em torno dos novos valores, havia um abismo, que teria de ser superado pela luta ideológica interna.

Nesse plano doméstico, o elemento-chave de mudança parece ter sido a longa crise econômica, política e social que se seguiu à derrocada do regime militar. Crise que ficou conhecida pelos economistas como a "década perdida", mas que foi também uma crise cultural. Permitam-me desenvolver brevemente esse ponto.

A democracia racial brasileira tinha sido institucionalizada durante a ditadura Vargas (Gomes, 1995) a partir de narrativas nacionais imaginadas por escritores modernistas (Campos, 2002, 2005-2006) e por cientistas sociais dos anos 1940 (Guimarães, 2005). Uma vasta produção ficcional — ancorada pelo romance regionalista nordestino, principalmente, mas não apenas, pela música popular e pela indústria do entretenimento e cultura de massas —, durante o período democrático da Segunda República, a rotinizou, de maneira a fazê-la parecer eterna e perene como a própria nação brasileira. Os militares elevaram a narrativa da democracia racial à condição de doutrina de política externa (Davilla, 2010); já a solidificação da indústria cultural, nos anos 1970, cujos carros-chefes foram as telenovelas, levou-a a todos os rincões do país. Depois de séculos de formação em que descontinuidades narrativas haviam sido recosturadas em novos amálgamas, cristalizara-se o imaginário nacional (o mito das três raças, o embranquecimento, o país mestiço e cordial, a inexistência de racismo) em algo tão sólido quanto aquilo que nossa percepção chama de realidade.

Ora, a grave crise que marcou os estertores do regime militar nos anos 1980, e que acompanhou a reconstrução democrática, atingiu em cheio tal narrativa nacional, forçando-a a buscar novas atualizações: tensões sociais das mais diversas, que pareciam sepultadas desde Vargas, reapareceram de modo preocupante nos anos 1990: o preconceito contra os nordestinos, no Sul e no Sudeste, passou a ser aberto e ofensivo; até mesmo movimentos regionalistas separatistas passaram a ocupar algum lugar na arena pública.

Contra tais movimentos desconstrutivos do imaginário nacional, outros ganharam força e crescente aceitação na opinião pública. Mais flexíveis, no sentido de amalgamarem novos discursos raciais, étnicos e sexuais com a velha matriz nacional, seus pressupostos se assentavam na tendência contemporânea de construção de nações multiculturais e multirraciais. Eles seguiam a trilha aberta por movimentos culturais como o *black Rio*, os blocos afro-baianos, o *reggae* maranhense, que redefiniam como africano ou negro o que fora institucionalizado a partir dos anos 1930 como "afro-brasileiro", "baiano" ou "carioca".

O Movimento Negro Unificado (MNU) e as demais organizações negras que ocuparam a cena política como aliadas à frente ampla pela redemocratização souberam se aproveitar da reconstrução democrática dos anos 1980-1990, agindo de forma coerente com o que nesta se afigurava: uma crise da narrativa nacional. Ou — para não parecer que atribuo perfeita consciência aos agentes ou excessivo determinismo estrutural ao resultado de lutas históricas (que, de fato, estão sempre abertas e indefinidas a cada momento) — melhor dizer que havia espaço, naquela conjuntura, para que a consciência racial pregada pelos ativistas fosse ouvida e incorporada ao processo político. Por isso mesmo, a agenda da luta negra, que teve impacto sobre a posterior aceitação de cotas raciais, merece ser recordada.

Momentos decisivos dessa luta, em que se alinharam forças sociais diversas — acadêmicos, políticos, ativistas — foram, sem dúvida, a reintrodução do quesito censitário de autodeclaração da *cor* no Censo de 1980; a provisão na Constituição de 1988, nas disposições transitórias, do crime de racismo e de reconhecimento da propriedade coletiva das terras quilombolas;[4] a criação da Fundação Palmares, em 22 de agosto de 1988, com a finalidade de preservação da arte e da cultura afro-brasileiras; a transformação do quesito censitário, em 1991, para *cor/raça*; o funcionamento eficiente de advocacias públicas, como o S.O.S. Racismo. Mais, durante todo o período, foi decisiva a atuação de entidades culturais e educativas negras que agiram para criar, reavivar ou expandir o sentimento de pertencimento racial negro. O que no Brasil sempre fora uma *cor* — um grupo fenotípico definido por outros — se transformara numa *raça* que se autodefinia por características físicas, para finalmente se transmutar em grupo étnico-racial, ou seja, em grupo social que se autodenominava pelo sentimento de pertencer a uma comunidade de cultura e de destino social.

Um dos objetivos das organizações negras, talvez o principal, foi convencer a opinião pública nacional, tal como refletida em todas as mídias de comunicação, do caráter sistemático de preconceitos, discriminações e desigualdades raciais no Brasil. Tal reconhecimento tornou-se oficial em 1996, quando o governo FHC admitiu a existência de racismo no Brasil e prometeu implementar políticas públicas para combatê-lo.

É muito difícil avaliar resultados da luta ideológica em termos de mudança efetiva de atitudes e valores compartilhados. Afinal, trata-se de mudanças societais que envolvem muitos processos concomitantes. Mas um ótimo indicador das mudanças antes descritas pode ser o movimento de alteração da classificação racial no Brasil, que pode ser verificado tanto na série histórica do IBGE quanto no próprio modo de se classificar em termos de raça/cor.

---

4. A Constituição Federal de 1988, em seu artigo 5°, parágrafo XLII, reza: "a prática do racismo constitui crime inafiançável e imprescritível, sujeito à pena de reclusão, nos termos da lei" (Brasil, 1988). Esse parágrafo é regulamentado pela Lei n. 7.716, de 5 de janeiro de 1989, modificada depois pela Lei n. 9.459, de 13 de maio de 1997. A esse respeito, ver Silva Júnior (1998).

GRÁFICO 1

População residente no Brasil por cor e raça (1872-2010)

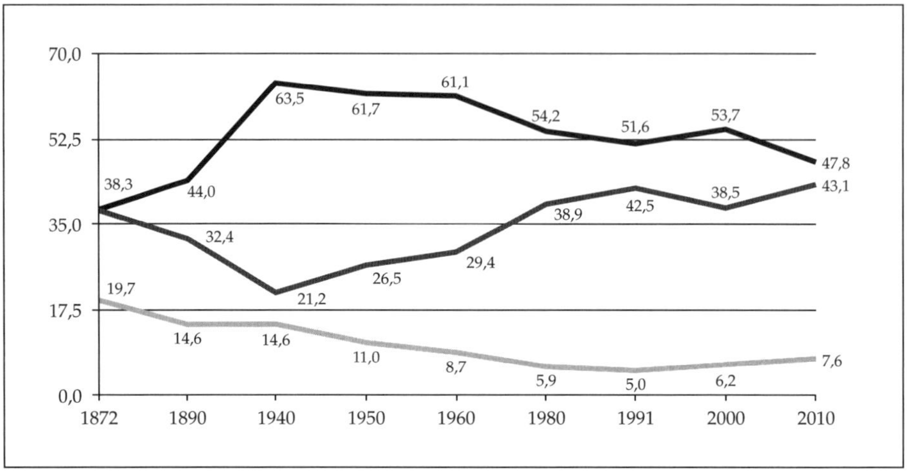

Fonte: Censos Demográficos do IBGE. Azul = brancos; Verde = pardos; Vermelho = negros.

TABELA 1

Brasil, proporção de pessoas de 15 anos ou mais de idade, por dimensões pelas quais definem a própria cor ou raça, 2008.

Cor da pele	82,3
Traços físicos	57,7
Origem familiar, antepassados	47,6
Cultura, tradição	28,1
Origem socioeconômica	27,0
Opção política/ideológica	4,0
Outra	0,7

Fonte: IBGE (2011).

No primeiro caso, o Gráfico 1 nos indica que estamos, nos últimos trinta anos, nos autodeclarando mais pretos e pardos que no passado, o que fez com que o número de brancos, em 2010, representasse menos de 50% da população total, retornando ao patamar de antes dos anos 1940, quando se forjou nosso ideário de democracia racial.

Ademais, e como se pode ver na Tabela 1, o modo de nos classificarmos parece, nos dias de hoje, envolver critérios culturais, de ancestralidade e mesmo políticos, que, segundo nossa ciência social, jamais haviam sido registrados no Brasil.

De fato, autores como Azevedo (1956), Wagley (1952), Harris e Kotak (1963) observaram em suas pesquisas que a *cor* era, nas comunidades que estudaram, muito mais que *cor da pele*, e que traços físicos como o tipo de cabelo, o formato do nariz e dos lábios, além da posição socioeconômica e sociocultural, como o domínio da língua culta e dos códigos de sociabilidade burguesa, eram decisivos para a classificação racial. Harris e Kotak (1963) chegaram mesmo a teorizar que a ambiguidade do sistema de classificação era seu traço definidor, pois era o que permitia sua adequação a diversas situações sociais, que poderiam ser manipuladas de maneiras até mesmo opostas.

Uma explicação possível para a mudança de classificação racial, tal como a observamos, que já avancei em outra ocasião (Guimarães, 2012), é de que essa transformação reflete o retrocesso entre nós do ideal de embranquecimento. Ou seja, à medida que perde força a doutrina segundo a qual a mistura de raças conduz à prevalência de traços brancos, diminui a importância da condição socioeconômica e de caracteres físicos, exceto a cor, como marcadores raciais.[5]

2. O campo político-parlamentar

Como se viu, a participação dos negros no campo político começou com a luta pela redemocratização, que se acelerou no final dos

5. Que o ideal de brancura ainda esteja ativo, entretanto, nos lembram outros indicadores, como o fato registado por Campos e Feres Júnior (2015) de que eram brancos 91,3% dos atores e das atrizes que atuaram em novelas da Rede Globo entre 1984 e 2014.

anos 1970. Duas correntes políticas foram particularmente importantes àquela altura: a esquerda marxista, que compreendia diversos partidos clandestinos, mais tarde reunidos no Partido dos Trabalhadores (PT), e a esquerda liberal, que atuava no Partido do Movimento Democrático Brasileiro (PMDB) e depois no Partido da Social-Democracia Brasileira (PSDB). Isso garantiu a presença de ativistas e secções negras em diversos partidos políticos brasileiros e sua influência sobre os governos civis do PMDB (Sarney), do PSDB (FHC) e do PT (Lula e Dilma), ainda que a eleição de parlamentares e de políticos negros fosse bem menor que a desejada (Oliveira, 1991; Johnson III, 2000). Significou também que a criminalização do racismo, a principal bandeira de luta do movimento desde os anos 1930, fosse incorporada à Carta Magna, quando da Assembleia Constituinte.[6]

No entanto, a partir de 1988, as dificuldades de se combater efetivamente o racismo pela via legal e, principalmente, a ineficácia desse combate para a melhoria efetiva das condições de vida da população negra fizeram com que o foco da luta antirracista se deslocasse paulatinamente, não sem zigue-zagues, das discriminações para as desigualdades raciais. Políticas que efetivamente reduzissem as desigualdades sociais (de renda, saúde, moradia, emprego, educação) entre brancos e negros passaram a ser vistas como prioritárias e conquistaram a preferência dos ativistas. O movimento social negro, portanto, concentrou-se, na segunda metade dos anos 1990, sobre esses dois focos: a diminuição das desigualdades raciais e o desenvolvimento cultural da consciência negra.

A implementação de políticas multiculturalistas e de ação afirmativa começara a ser discutida em nível governamental em 1996, com a implantação de um Grupo Interministerial de Trabalho, cujas atividades principais desenvolviam-se nos Ministérios da Justiça, da Educação, do Trabalho e da Saúde. Antes disso, porém, houvera razoável acúmulo de experiências políticas nos governos estaduais de São

---

6. Existem já muitos artigos e livros sobre a mobilização negra no Brasil. Uma boa história geral se encontra em Albuquerque e Fraga Filho (2006).

Paulo, nas gestões Franco Montoro e Mário Covas, e do Rio de Janeiro, no governo Brizola. Mas não se deve menosprezar a força cultural estimulada pelos governos de Antônio Carlos Magalhães (ACM) e de Sarney, na Bahia e no Maranhão respectivamente. De fato, embora os ativistas negros estivessem concentrados nos partidos de esquerda e centro-esquerda — PSDB, Partido Democrático Trabalhista (PDT) e PT —, não foi desprezível o apoio vindo de políticos de centro e centro-direita, tais como os já citados ACM e Sarney e o vice-presidente Marcos Maciel, que também militara na antiga Aliança Renovadora Nacional (Arena) e depois no Partido da Frente Liberal (PFL).

Por ironia, serão as forças políticas conservadoras ligadas a José Sarney que proporão a implementação de cotas raciais na educação superior brasileira. Isso esclarece o paradoxo de por que as ações afirmativas, que começaram a ser discutidas pelos ativistas agrupados em torno do PSDB e do PT, e vistas com muitas reservas pelas esquerdas tradicionais, todas elas críticas à política liberal norte-americana, acabaram por virar cotas raciais e não apenas "metas" ou "ações afirmativas".

De fato, já em 1999, a deputada Nice Lobão, do Partido Democratas do Maranhão (DEM-MA), apresentava o PL n. 73/99, aprovado em 2005 pelo Comitê de Educação e Cultura da Câmara dos Deputados e transformado no PL n. 180/2008, que previa cotas nas universidades públicas para estudantes da escola secundária pública, principalmente negros e indígenas. No mesmo ano, o PLS n. 650/1999 era apresentado ao Senado por José Sarney, estabelecendo cotas para negros no serviço público, nas universidades federais e nos empréstimos do Fundo de Financiamento Estudantil (Fies). Aprovado em 2002, o texto foi enviado à Câmara no mesmo ano, onde foi incorporado ao Estatuto da Igualdade Racial, apresentado por Paulo Paim (PT-RS) e aprovado em 2010, mas sem referência a cotas (Lei n. 12.288/2010).

A preparação para a Conferência de Durban sobre os Racismos e as Intolerâncias, realizada em 2001, proporcionou uma grande mobilização das forças antirracistas, que passaram a contar com generoso financiamento e apoio tanto do governo brasileiro quanto de agências filantrópicas internacionais, e pôs finalmente na pauta do governo federal as ações afirmativas para negros na educação. Esse movimento começara em 1996 com o Programa Nacional de Direitos Humanos, que, no 14º tópico do subtema "Povo Negro", estabelecia que o Estado brasileiro deveria desenvolver ações afirmativas para negros nos cursos profissionais, nas universidades e nas áreas de ensino tecnológico. Em 2001, entretanto, na declaração final de Durban, o Brasil "reconhecia a necessidade de medidas especiais ou ações positivas para as vítimas de racismo, discriminação racial, xenofobia e intolerâncias correlatas de modo a promover sua integração plena à sociedade".

O instrumento mais importante, como já aludi, veio em 2002 com a Lei n. 10.558, que estabeleceu o Programa Diversidade na Universidade. Para todos os efeitos, o governo do PSDB havia avançado muito mais nas propostas antirracistas que o PT, o principal partido da oposição. Mas o atraso do PT seria passageiro. No Plano de Governo de Lula, de 2002, o assunto entrava de forma diluída e tímida. Lia-se ali: "São necessárias ações positivas para que se ponha fim às formas de discriminação existentes contra mulheres, negros, índios, portadores de deficiências e pessoas que possuam distintas orientações sexuais, para só citar os casos mais notórios". Ainda em 2003, já no poder, o PT cedia às forças partidárias presentes na Associação Nacional dos Dirigentes das Instituições Federais de Ensino Superior (Andifes), que ofereciam resistência às ações afirmativas, mas que procuravam também preservar a autonomia universitária, evitando uma lei que viesse do Executivo ou do Parlamento. Segundo Newton Lima Neto, prefeito de São Carlos e ex-reitor da Universidade Federal de São Carlos (UFSCar), naquele momento haveria dois caminhos: "discutir com as instituições universitárias ou enviar ao Congresso um projeto de lei que as obrigue a adotá-la".[7]

---

7. Entrevista dada à *Folha de S.Paulo* em 3/11/2002. Disponível em: <http://www1.folha.uol.com.br/folha/educacao/ult305u11272.shtml>.

Prevaleceu o primeiro caminho. Resguardando a autonomia universitária, o Ministério da Educação petista — por meio de seus quadros — procurava incentivar os reitores a mobilizar seus conselhos universitários a estabelecer compromissos entre os movimentos negros, as associações de professores e de alunos.

3. O campo jurídico

A disputa jurídica suscitada pelas políticas de ação afirmativa deu-se evidentemente em torno de sua constitucionalidade. Mas é preciso não esquecer que uma série de instrumentos e de dispositivos legais teve que ser acionada para que a legalidade dessas políticas fosse reconhecida. Muitos desses dispositivos foram disponibilizados pelo fato de o Brasil ser signatário de acordos e declarações internacionais, firmados, por exemplo, no âmbito da Organização Internacional do Trabalho (OIT) ou de conferências especiais da ONU, como a Declaração de Durban antes referida.

Como efeito, a Constituição de 1988 foi escrita num momento internacional de grande abertura ao reconhecimento dos direitos das minorias e teve o objetivo explícito de substancializar a igualdade de oportunidades, que deixaria de ser meramente formal para incluir medidas que a concretizassem na prática social. Esse caráter substancialista e efetivo de seus dispositivos muito ajudou no reconhecimento da legalidade das ações afirmativas. Mas, sem dúvida, foi necessário um trabalho sistemático de formação de quadros jurídicos e de operadores do direito, assim como de divulgação de suas razões e argumentos, para que as ações afirmativas ganhassem legitimidade nos meios jurídicos. Sem dúvida, como nos outros campos, foi decisiva a atuação de órgãos estatais, como o Ministério Público e o Ministério da Justiça, e de organizações civis, como a Fundação Ford.

No que diz respeito ao ensino superior, foi necessário conciliar o ponto de vista jurídico com objetivos sociais nem sempre convergentes:

o valor último de excelência e mérito do ensino e da pesquisa para promover o desenvolvimento nacional teria que ser equacionado à autonomia universitária, para propor e gerenciar regras de ingresso e aproveitamento no ensino superior, e à justiça social que a Constituição encarnava e da qual os operadores do Direito eram os guardiões. Dispositivos como o Programa Diversidade na Universidade, primeiro, o Exame Nacional do Ensino Médio (Enem), depois, e finalmente o programa de Reestruturação Universitária (Reuni) foram decisivos para institucionalizar novas regras de ingresso e seleção de alunos. Esses dispositivos garantiram que disputas jurídicas sobre a possível preterição dos direitos de alunos reprovados no vestibular pela operação de cotas raciais fossem, na maioria das vezes, decididas a favor das universidades. Não cabe aqui prosseguir na demonstração exaustiva de como esses instrumentos serviram de mecanismos para rotinizar novas formas de direito. Suficiente dizer que o público brasileiro os considera, hoje, óbvios.

4. O campo acadêmico

Nesse campo, convém distinguir dois terrenos distintos: o da produção de conhecimentos sobre o que estava sendo disputado no âmbito político e o que se jogava na esfera institucional das universidades. Começo pelo primeiro.

Como dito antes, a agenda do movimento social centrou-se, no início dos anos 1970, na denúncia da democracia racial como mito ou farsa para, só nos anos 1990, focar-se sobre a denúncia das desigualdades sociais. A mudança pode parecer trivial, mas foi decisiva e implicou rupturas ideológicas importantes. Deixava-se de dar ênfase quase exclusiva à política de educação pública sobre a formação miscigenada da nação brasileira, algo que acontecera desde o abolicionismo; deixava-se de ressaltar a denúncia da permanência de preconceitos raciais no Brasil, algo que preocupara sobremodo às gerações dos anos 1950 e 1960, mas que avançara os anos 1980, para, finalmente, perceber-se que a situação e o destino social dos negros só seriam alterados por meio de políticas efetivas e diretas de promoção da igualdade. Até então, portanto, mesmo os rigorosos estudos de desigualdades raciais — ou seja, aqueles que demonstravam que as desigualdades sociais entre brancos e negros não poderiam ser explicadas exclusivamente pelo passado escravocrata, nem pela situação de classe — tinham como principal argumento moral e mecanismo explicativo central as discriminações. Isto é, seriam as discriminações, moralmente condenáveis, que causariam as desigualdades. Só a partir dos anos 1990, começou-se a formar o consenso entre ativistas e pesquisadores de que, independentemente das causas e dos mecanismos que geravam e reproduziam a desigualdade de oportunidades entre brancos e negros, esta era condenável em si e deveria ser combatida diretamente e de modo afirmativo.

Obviamente, na luta política, a demonstração do caráter racial e discriminatório das desigualdades foi central para a luta ideológica. Os estudos pioneiros de Florestan Fernandes firmaram-se na academia brasileira pela produção prolífica e internacionalmente reconhecida de Carlos Hasenbalg e Nelson do Valle Silva e, nos anos 1990, ganharam o reforço expressivo dos economistas do Instituto de Pesquisa Econômica Aplicada (Ipea), então sob a direção de Roberto Martins.

Mas, a par dessa, outras áreas temáticas no âmbito da produção científica floresceram e mostraram-se decisivas. Listo apenas algumas dentre as que ganharam maior proeminência: a discriminação nas escolas e no livro didático; as situações sociais onde ocorriam as discriminações; as desigualdades de acesso às universidades; o tratamento desigual no atendimento à saúde e a vulnerabilidade diferencial da população negra; a maternidade e a saúde reprodutiva da mulher negra; a violência a que está submetida a juventude negra; a discriminação e as chances dos negros no mercado de trabalho.

Ademais, em um dado momento, fez-se necessário retrabalhar teoricamente a própria noção de raça e de cor, revisitar e ampliar os estudos de classificação racial, discutir a noção de democracia racial, revisitar criticamente o conceito de racismo, definir e discutir o estatuto moral, social e constitucional das ações afirmativas.

Em quase todas as áreas das Ciências Humanas, principalmente na Sociologia, na Antropologia, na História Social, na Educação, no Direito e na Psicologia Social, uma grande produção de artigos e livros dialogou e ainda dialoga estreitamente com as posições políticas em torno dessa mudança do eixo do protesto negro. Deixo propositadamente de dar as referências bibliográficas por sua extensão.

No plano institucional, a disputa transcorreu quase sempre no âmbito interno das universidades, envolvendo conselhos universitários, associações docentes, de servidores e estudantis. Respeitando-se, portanto, a autonomia universitária. Constituíram-se em exceções as primeiras universidades a instituírem as cotas para negros. Nas estaduais cariocas, o processo foi praticamente decidido entre ativistas negros, deputados e o governador, tendo a comunidade universitária se envolvido apenas depois de tomada a medida. Já na Universidade do Estado da Bahia (UNEB), a reitoria parece ter agido em consonância com o governador, sem, entretanto, encontrar resistências do conselho universitário ou das associações de classe.

Observadas as mais de 70 universidades federais a terem adotado cotas ou bônus em 2012, o processo de tomada de decisões parece ter seguido um mesmo *script*. Até 2007, mais ou menos, os reitores mais próximos do Ministério da Educação e dos movimentos sociais negociaram com as associações de classe e os conselhos universitários algum tipo de flexibilização do exame vestibular de ingresso, no sentido de alinhar-se com a política do governo federal. A força e a organização local dos movimentos sociais e, em contrapartida, a força e a organização das classes médias tradicionais foram fatores que, em geral, pesaram bastante no resultado dessas negociações, afetando as chances de prevalecerem, ou não, as cotas para negros.

As condições para tal negociação viram-se facilitadas a partir de meados dos anos 2000, quando a política educacional brasileira para o ensino superior parece ter-se infletido. Começaram a ser implantadas novas universidades, e a nova feição dessa política se consolidou com a reorganização do Enem, a implantação da Secretaria de Educação Superior (Sesu) e do Reuni. O Ministério da Educação passou a contar, então, com instrumentos indutores mais poderosos do que os que tinha anteriormente e pôde, *grosso modo*, estimular a criação de cursos noturnos e a interiorização das instituições de ensino, assim como remunerar a adoção de políticas afirmativas.

A Tabela 2 e o Gráfico 2 ilustram o que eu digo. Ao passo que 62% das universidades estaduais adotaram ações afirmativas até 2006, 68% das universidades federais adoram cotas depois de 2006. Isso parece significar um decisivo empenho do governo petista de fazer face à popularidade de governadores como Antônio Garotinho do Rio de Janeiro, e Antônio Carlos Magalhães, da Bahia, que saíram na frente na adoção das recomendações de Durban. Essas, por sua vez, já haviam se tornado bastante populares em 2008, como se pode ver pelo resultado da enquete do DataFolha (Tabela 3).

GRÁFICO 2

Crescimento do número de Universidades Federais no Brasil, 2003-2010

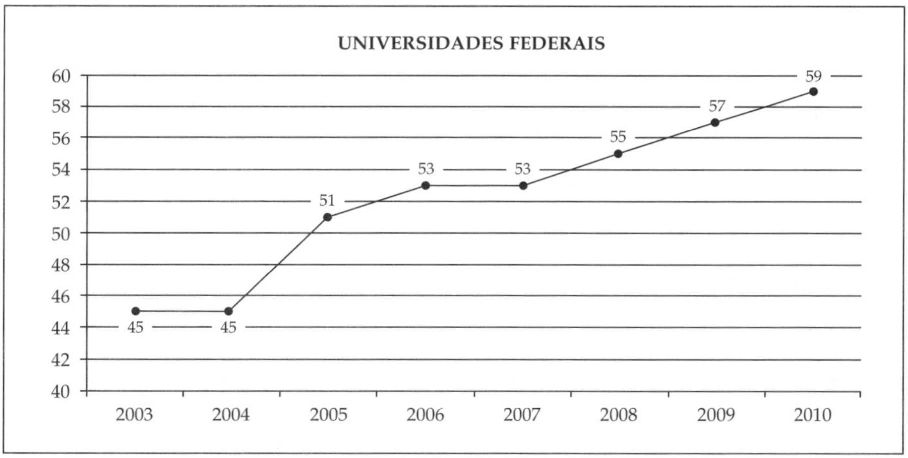

Fonte: Ministério da Educação.

TABELA 2

Adoção de ações afirmativas por universidades públicas

Ano	Estaduais	Federais
2002	2	0
2003	5	1
2004	7	2
2005	2	5
2006	4	4
2007	2	5
2008	5	12
2009	4	7
2010	1	2
Total	32	38

Fonte: Nirema, PUC-RJ.[8]

TABELA 3

"Você é contra ou a favor à adoção de cotas para negros e afrodescendentes nas universidades públicas"? Percentuais por faixas de renda

Opinião	Faixa de renda				Total
	Até 2 SM	2 a 5 SM	5 a 10 SM	11 ou +	
Favorável	70	67	522	39	65
Contrário	17	28	42	57	25
Indiferente	5	3	4	2	4
Não sabe	8	2	1	1	5
Amostra	**2680**	**2182**	**705**	**447**	**6264**

Fonte: *Folha de S.Paulo*, 23 jun. 2006, C4.

8. Dados coligidos a partir de Machado e Silva (2010).

5. A luta pela opinião pública

Como se pode deduzir do que acabei de afirmar, a luta pela opinião pública, na busca do convencimento da população sobre a justiça e a correção das medidas de ação afirmativa, foi um fator decisivo para o desfecho que se delineou nos campos social, político-parlamentar, jurídico-legal e acadêmico. No restante deste capítulo, apresentarei alguns resultados de uma análise ainda em andamento sobre como os grandes jornais brasileiros procuraram moldar a opinião pública sobre esse tema, principalmente de nossas classes médias estabelecidas.[9]

Como se pode observar na Tabela 2, a opinião favorável às cotas, em 2006, crescia de acordo com a faixa de renda dos respondentes. O mesmo acontecia em relação à escolaridade dos entrevistados: quanto mais escolarizados, maior o percentual de opinião contrária. Ou em relação a sua cor: os negros se mostrando mais favoráveis à adoção de medidas afirmativas. Ainda que essas três classificações estejam intimamente relacionadas — maior renda, maior escolaridade e brancura —, sem dúvida, parece que é a classe social, medida pela renda ou pela escolaridade, que constitui a chave para o entendimento do posicionamento valorativo. Mas não de uma maneira simples, que estivesse ligada a seus interesses materiais. Pelo contrário, todo o jogo de legitimação das opiniões contrárias à adoção de cotas vinha justamente do distanciamento de seus defensores de qualquer interesse material na questão. Era o interesse material dos que defendiam as cotas que se viam realçados pelo fato de que, na imprensa, se dava preferência à fala dos ativistas negros, às vozes favoráveis de acadêmicos.

De qualquer forma, o que moldou o debate foi a contraposição de dois jogos de valores. De um lado, os que defendiam a excelência do

9. Os dados utilizados foram coletados pelo projeto "Ação afirmativa na grande mídia brasileira", do Grupo de Estudos Multidisciplinares da Ação Afirmativa (Gemaa), do Instituto de Estudos Sociais e Políticos da Universidade do Estado do Rio de Janeiro (Iesp-UERJ). Agradeço a João Feres Júnior o acesso às informações.

ensino universitário para a formação das elites dirigentes e intelectuais do país, objetivo que deveria ser alcançado apenas pelo recrutamento por mérito em competição universalista, o que significava, naquela conjuntura, defender o vestibular tal como era aplicado. O vestibular, àquela altura, entretanto, já se tinha tornado um funil terrivelmente oneroso para as camadas médias emergentes. De outro, aqueles que esgrimiam argumentos de justiça social, afastando-se de justificativas mais coladas a interesses particulares, como os de reparação pela escravidão.[10] Assim, as classes sociais que concentravam maior renda e educação formal tendiam a defender a primeira posição; ao passo que as com menores recursos e educação tendiam para a segunda.

O argumento favorável fundava-se em elaborada análise da evolução do sistema escolar brasileiro desde a introdução dos exames vestibulares unificados em 1969, centrada em termos valorativos de justiça social. Ademais, contava em seu benefício com a expectativa de mudanças trazida pela eleição de governos de esquerda, que reconheciam a necessidade de atacar as desigualdades sociais e o racismo presentes na sociedade brasileira.

Vale lembrar que, em 1996, os defensores de ações afirmativas eram raros entre a esquerda e as vozes de defesa mais loquazes vinham dos políticos de centro-direita. Já os defensores de cotas eram inexistentes. À medida, porém, que cotas foram implantadas em universidades estaduais do Rio de Janeiro, da Bahia e do Mato Grosso, a esquerda viu-se sem alternativa a não ser discutir tais iniciativas e absorvê-las em seus programas. Isso levou à inflexão paulatina da posição da esquerda política — tanto a que chegava ao poder com o PT como a mais radical e revolucionária — no sentido de defender as cotas raciais.

Reproduzo nos próximos sete parágrafos a análise que fiz da situação em 2003, pois me parece refletir muito bem esses valores de justiça social que guiaram a inflexão da esquerda política.

---

10. Ver Graziela Silva (2006) sobre o modo como as ações afirmativas foram advogadas diferentemente no Brasil e na África do Sul.

O fato mais marcante na política educacional brasileira depois de 1964, ou seja, depois da derrota das forças nacionalistas que entretinham um projeto socialista para o país, foi a estagnação da rede de ensino público universitário, conjuntamente com a expansão do ensino privado em todos os níveis de educação — o elementar, o médio e o superior. Esse relativo abandono da educação por parte do estado brasileiro foi parcialmente responsável pelo fato de que apenas 7,8% da população brasileira de 18 a 24 anos estivesse nas universidades em 1998 (IBGE/PNAD apud Sampaio, Limongi e Torres, 2000).

Deve-se salientar, entretanto, que a solução dada pelos governos militares ao "problema educacional" do país não foi alterada pelos quatro governos democráticos depois de 1985 (as administrações Sarney, Collor, Itamar e FHC). A linha mestra continuou sendo a expansão do sistema superior de educação privada e a estagnação da rede pública. A rede privada de ensino superior, que já congregava 59% dos alunos, em 1985, passara a concentrar 62%, em 1998 (INEP-MEC, 1999). Na verdade, o ensino público superior se expandiu apenas através da criação de universidades estaduais ou municipais, mas em número insuficiente para contrabalançar a retirada de investimentos na expansão da rede pública federal. De fato, a presença do governo federal na educação superior, medida em termos de alunado, caiu de 40%, em 1985, para 19%, em 1998 (INEP-MEC 1999).

Ora, se o problema da escassez de vagas universitárias foi parcialmente compensado pela rede privada, formou-se, com o tempo, um novo problema, pois a expansão do ensino privado elementar e médio deu-se *pari passu* ao crescimento da "qualidade" do serviço ofertado, o mesmo não acontecendo com o nível superior, no qual a iniciativa privada demonstrou-se incapaz de ofertar um ensino equivalente, em termos de "qualidade", à rede pública já estabelecida. Isso por vários motivos, o principal deles o alto custo da formação acadêmica e da pesquisa científica, que exigem altos investimentos em recursos humanos e treinamento. No ensino elementar e médio, ao contrário, a iniciativa privada foi capaz não apenas de atrair os melhores professores, como alguns dos melhores professores tornaram-se eles mesmos, com o tempo, grandes empresários.

O resultado desses dois movimentos em direção oposta foi que a rede pública e gratuita de ensino médio e elementar se expandiu com baixa "qualidade" ou mesmo, no mais das vezes, com certa precariedade. Ora, o motivo para a melhoria do ensino fundamental e médio oferecido pela rede privada foi justamente a relativa estagnação do ensino superior, na rede pública. Isso porque, motivados pelo afunilamento da oferta de ensino superior de "qualidade", assegurado pelo mecanismo do vestibular, as famílias de classe média e alta demandaram em números crescentes a rede privada de ensino elementar e médio, permitindo não apenas a sua expansão física, mas a melhoria da oferta dos seus serviços, reforçada ainda mais pela concorrência entre as escolas particulares.

Quanto mais se acentuava a concorrência, entretanto, mais difícil ficava para os filhos das classes médias, situados na sua franja mais pobre, cursarem os melhores colégios e atingirem a universidade pública. Em meados dos anos 1970, algumas parcelas da sociedade brasileira, principalmente a classe média negra, já sentiam os efeitos dessa política. Como disse Joel Rufino Santos (1985), os jovens negros, para titularem-se, tinham de recorrer à rede particular de ensino superior, obtendo diplomas desvalorizados no mercado de trabalho, que acentuavam ainda mais a discriminação racial de que eram vítimas. Foram justamente os negros os primeiros a denunciarem, como discriminação, o relativo fechamento das universidades públicas brasileiras aos filhos das famílias mais pobres, que na concorrência pela melhor formação em escolas de primeiro e segundo graus, eram vencidas pelas classes média e alta. As provas de exame vestibular para o ingresso nas universidades públicas passaram a ser realizadas, portanto, num contexto de grande desigualdade de formação, motivada principalmente pela renda familiar. Jovens de classe média e alta, que podiam cursar as melhores e mais caras escolas elementares e de segundo grau, praticamente abocanhavam todas as vagas disponíveis nos cursos das universidades públicas e gratuitas. A perversão do sistema tornava-se clara.

O que havia de novo, portanto, era que, ao contrário dos anos 1960, não foram as classes médias "brancas", mobilizadas em torno de ideais socialistas e empenhadas numa política de alianças de classes, pretendendo-se, no mais das vezes, os porta-vozes de camponeses e operários, que tomaram a cena política. Quem empunhou a nova bandeira de luta por acesso às universidades públicas foram os jovens que se definiam

> como "negros" e se pretendiam porta-vozes da massa pobre, preta e mestiça, de descendentes dos escravos africanos, trazidos para o país durante mais de trezentos anos de escravidão.
>
> Essa juventude estudantil negra começara a realizar assim o ideal de luta socialista verbalizado por Florestan Fernandes (1972): o negro seria o mais oprimido e explorado de todos, e a sua luta a mais radical das lutas de emancipação. (Guimarães, 2003, p. 2-6)

Em contrapartida, o discurso contra as cotas viu-se encurralado em posição crescentemente conservadora. Acompanhemos os editorais da *Folha de S.Paulo* de 1999 a 2012. A *Folha*, como sabemos, tornou-se durante a frente ampla de luta pela redemocratização do país, nos anos 1980, o jornal diário de maior prestígio e maior circulação no país (atingiu 346.333 exemplares diários em 2002, número expressivo se considerarmos que, em 2014, mantinha-se com 341.553).

O primeiro editorial da *Folha* sobre ações afirmativas foi publicado em 5 de setembro de 1999, condenando a aprovação do Projeto de Lei do Senado n. 298, de 1999, da autoria de Antero Paes de Barros (PSDB-MT), que previa a reserva de 50% das vagas das universidades públicas para alunos que tivessem cursado o segundo grau em escolas públicas. O editorial procura caracterizar o projeto como demagógico, populista, inócuo e mal-informado, servindo apenas a fins eleitorais. Apesar de o editorial procurar demonstrar a inocuidade do projeto, pois se aumentaria apenas em 7.000 o número de alunos de escola pública em todas as universidades públicas do país, a linha editorial principal aparece desde o início: "A reação imediata diante desse tipo de iniciativa é lembrar aos parlamentares que universidade é centro de excelência, de formação dos melhores e mais capacitados quadros do país" (*Folha de S.Paulo*, 5 set. 1999, p. 2).

Só três anos depois, em 2002, a *Folha* voltou ao assunto em editorial. Foram quatro ao todo. O primeiro, comentando um artigo de Marcelo Paixão sobre as desigualdades raciais no Brasil, traça sua linha editorial no pós-Durban: favorável às ações afirmativas para negros, mas contra as cotas.[11] No segundo deles, argúi contra a factibilidade de cotas: como saber quem é negro?[12] No terceiro, a *Folha* elogia a criação pelo governo FHC do Programa Diversidade na Universidade como exemplo de ação afirmativa correta. Mas defende que o desejável seria mesmo a massificação da educação em todos os níveis. O último editorial desse ano, depois das eleições presidenciais, mostra apreensão com o plano de governo do PT, que preveria a instituição de cotas no ensino universitário, o que, como vimos, não era verdade.

Em 2003, a *Folha* também publicou quatro editoriais sobra as cotas. Acrescentou poucos argumentos: sempre alertando para o caráter mediático, "politicamente correto" e populista da medida, chamou a atenção para a evasão escolar e deficiência de aprendizagem que atingiriam os cotistas. A novidade ficou por conta do foco dado a decisões judiciais, fossem no Brasil ou nos Estados Unidos, que contrariavam a adoção de cotas. É novo, entretanto, no editorial de 18 de agosto, o argumento, tomado de seu articulista Demétrio Magnoli, de que as ações afirmativas eram próprias de uma sociedade liberal de consumidores, como os Estados Unidos. Era a *Folha*, e os opositores às cotas, querendo garantir a aliança com os intelectuais de esquerda, inclusive do próprio PT, para quem essas eram ainda consideradas ações neoliberais.

Em 2004, o único editorial da *Folha* concentrou-se na condenação veemente da verificação da declaração de cor/raça dos candidatos ao vestibular da UnB pelo alcunhado "Tribunal da Raça". Tratou-se, como sabemos, de medida que causou grande divisão entre os que apoiavam as cotas, pois, pela primeira vez, grupos antirracistas

---

11. "Ações afirmativas devem ser implementadas. O caminho é o da educação. É preciso garantir que negros tenham a oportunidade de estudar e frequentar universidades. Esta Folha se opõe à reserva de quotas em instituições públicas, o que apenas criaria novas injustiças, mas defende políticas ativas de inclusão" (*Folha de S.Paulo*, 8 jan. 2002, p. 2).

12. "O IBGE utiliza o critério da autodefinição, que, no fundo, é o único democrático. Se um branco disser ao recenseador que é negro, assim será considerado pelo instituto. O que impediria alguém de declarar-se negro para ter acesso às cotas? Mesmo que todos fossem absolutamente honestos, quão negro alguém precisaria ser para fazer jus às cotas?" (*Folha de S.Paulo*, 28 jan. 2002, p. 2).

abandonavam o princípio de que a cor ou a raça eram identidades sociais assumidas pelos sujeitos e que, portanto, seria inaceitável sua imputação por outrem, muito menos pelo Estado e seus aparelhos. O fato é que a oposição ao sistema de seleção da UnB deu força suficiente aos opositores das cotas raciais e que o caso gerou tanta controvérsia que a oposição se sentiu forte o bastante para entrar mais tarde no STF com uma Ação Direta de Inconstitucionalidade (ADIn n. 3.330) contra as cotas raciais da UnB. O argumento do jornal e de vários intelectuais foi o de que a UnB apenas desdobrava a lógica interna racialista (que significavam como antessala do racismo) da seleção por cotas raciais.

Em 2005, os editoriais trazem apenas uma novidade: a defesa explícita do caráter elitista das universidades paulistas. Vale citar: "Universidades que contemplam a pesquisa, como as paulistas e a maioria das federais, por sua própria natureza se reservam a uma pequena parcela da população. Por mais democratizadas que venham a ser, continuarão atendendo a uma elite intelectual" (*Folha de S.Paulo*, 17 maio 2005, p. 2).

O ano de 2006, como vimos, foi decisivo para o sistema federal de ensino superior. Foram seis editoriais. O primeiro noticia de modo bastante negativo os rumores que corriam de que o Ministério da Educação estudava reservar vagas para negros em concursos para professores. Os dois seguintes apoiavam as políticas de inclusão que vinham sendo experimentadas pela Universidade de São Paulo (USP), ainda que não surtissem os resultados esperados. O quarto foi escrito para se manifestar contra a aprovação do Estatuto da Igualdade Racial (PL n. 3.198/2000) e da Lei de Cotas (PL n. 73/1999), prestes a serem votados pelo Congresso Nacional. Esses mesmos projetos foram objeto do manifesto "Cento e treze cidadãos antirracistas contra as leis raciais", assinado por intelectuais, e de um contramanifesto de apoio às cotas, com muito mais assinaturas. Nos dois editoriais seguintes, a *Folha* revisou sua oposição intransigente contra as cotas para defender a autonomia universitária e, portanto, a liberdade para que cada universidade buscasse medidas de correção das desigualdades raciais, ainda que algumas se decidissem por cotas raciais ou socioeconômicas.[13]

Em 2008, a *Folha* voltou a defender que o Senado não aprovasse o PL n. 73/1999, que já passara pela Câmara. De 2009 a 2011, os editoriais repisam os mesmos caminhos já trilhados: posicionar-se contra projetos de lei de cotas que brotam em diversos cantos e defender a política de inclusão social da USP e das universidades paulistas. Finalmente, em 2012, a *Folha* lamentava o "equívoco" do STF ao considerar, por unanimidade, constitucionais as cotas raciais.

Ainda que rapidamente, podemos acompanhar pelos editoriais que, no correr dos anos, a *Folha* manteve-se na defensiva, incapaz de propor alternativas às cotas raciais além daquelas que eram experimentadas nas universidades paulistas sem muito sucesso. De fato, a armadilha conservadora consistiu em fechar-se na defesa ao vestibular como única porta de ingresso à universidade e apoiar, embora sem explicitar, a política dos anos 1970 de não expandir as vagas do sistema universitário público, preferindo que o aumento da demanda fosse suprido pelo ensino superior privado. A mesma incapacidade de encaminhar uma solução para a crise educacional que se complicava demonstrou o governo do presidente FHC e depois o PSDB. A aposta em políticas alternativas que favorecessem a inclusão social e desarmassem as desigualdades raciais sem recorrer a cotas revelou-se irrealista sem que se diversificassem as formas de ingresso no ensino superior e se ampliassem as vagas.

6. Os desafios do presente

Olhando essa história da perspectiva de hoje, 2016, alguns enigmas se esclarecem sem grande esforço. Primeiro, por que cotas se os

---

13. "Não há condições para impor, por meio de uma norma federal, mecanismos específicos para fomentar a inclusão na universidade. É impossível reconciliar o detalhismo da legislação em exame no Congresso com o princípio da autonomia acadêmica" (*Folha de S.Paulo*, 14 ago. 2006, p. 2).

principais agentes políticos eram críticos a essa solução e preferiam defender políticas internacionalmente aceitas de ação afirmativa? David Lehmann (2014), em manuscrito recente, sugere que a tradição corporativista do estado brasileiro pesou mais forte. É possível.

Minha hipótese é complementar a esta.

A democracia no Brasil não repousa sobre o credo da liberdade individual, ou seja, não tem origem liberal. Fundou-se, ao contrário, na crença de que a hierarquia e a riqueza deveriam sempre abrandar-se para incorporar grupos sociais subordinados a sua margem. Assentou-se, por assim dizer, menos no culto à inviolabilidade da vida individual, rica em direitos constitutivos, e mais na piedade e na caridade cristãs, que se fundamentam na crença de que todos viemos do pó e a ele retornaremos. Foi, assim, constante em nossa história acreditarmos na democracia preservando formas hierárquicas de convivência social e política, preservando a vida parlamentar e dos grupos sociais, ao tempo em que setores inteiros da população têm tolhidas suas liberdades e ameaçada sua reprodução física, seja pela miséria, seja pela violência.

Reconhecemos, no Brasil, com mais facilidade as linhas de cor, de etnia, de raça e de gênero do que reconhecemos indivíduos, suas diferenças, a conflitividade de seus interesses. Mais fácil, para nós, reconhecer a legitimidade de comunidades, instituindo cotas sócio-raciais, que reconhecer diferenças individuais introduzidas por tais pertencimentos. As cotas, no Brasil, se justificaram para corrigir condições sociais de desigualdade inaceitáveis; nesse sentido preciso, essas cotas são muito diferentes das ações afirmativas do mundo anglo-saxão, que instituem direitos coletivos para corrigir distorções na operação cotidiana da competição individual respaldadas em comunidades de interesse.

Não é minha intenção sugerir que estejamos hoje, *mutatis mutandis*, repetindo os anos 1930, a defender uma democracia autenticamente brasileira, como fizeram os modernistas conservadores. Longe disso. A retórica de que se valeram os ativistas sociais, o repertório discursivo utilizado para convencer a opinião pública, foram os direitos individuais universais. Essa linguagem, internacionalmente legítima, teve enorme poder de conversão. Acontece, todavia, que o resultado dos compromissos políticos a que se chegaram nos parlamentos e nos conselhos universitários — os espaços democráticos de decisão — guardaram os elementos gramaticais da estrutura social brasileira. Nesse plano, o da atualização concreta da retórica, foi a condição social, marcada pela renda, pela cor e pela origem, que se tornou objeto da política reparadora, a qual também não foi deixada para a implementação caso a caso, por ações afirmativas de teor diferente. O legislador impôs uma cota percentual para grupos, especificando os componentes da condição social que deveria ser reparada para que tais grupos pudessem ser incorporados à democracia brasileira.

Mas essas explicações são muito abstratas. Ademais, não explicitam mecanismos que nos permitam compreender a ação dos agentes sociais. Vejamos alguns deles.

Muitos argumentaram, em discussões acaloradas, inclusive em jornais como a *Folha*, que as cotas eram de custo zero, dispensando seus formuladores de pôr em pé políticas mais custosas de permanência e de preparação escolar. Certamente, a simplicidade da política ajudava seu êxito. Mas isso poderia ter criado, ao contrário, um grande problema, tivessem as cotas provocado grande evasão escolar, retenção ou baixo aproveitamento.

Se isso não aconteceu, como demonstraram muitos estudos, foi porque havia de fato uma grande demanda reprimida de estudantes negros preparados para a vida universitária. Do mesmo modo, as previsões catastróficas de acirramento do racismo no ambiente universitário certamente, se eram plausíveis, tornaram-se menos prováveis com a expansão geral do número de vagas universitárias.

E o que dizer do argumento prático de que a fluidez de nosso sistema de classificação racial faria das cotas raciais uma medida inócua, que todos poderiam burlar? De fato, em 2004, a decisão da UnB de estabelecer comissões para monitorar as autodeclarações de cor/raça parecia dar força a esse argumento. No entanto, porque a maioria das universidades acoplou o critério de beneficiamento racial com a origem escolar do candidato, as fraudes existentes deixaram de ser uma preocupação: sendo mais ou menos negros, mas vindos de escola pública, o que importava? A consequência mais importante, todavia, foi que as cotas raciais fortaleceram a mudança histórica de nosso sistema de classificação racial no sentido do enegrecimento, como vimos anteriormente.[14]

O principal, entretanto, é que as cotas foram implementadas numa conjuntura de crescimento econômico, de expansão da renda do trabalho, de otimismo geral no futuro do país. O que se passará agora com a retração da economia, com as dificuldades financeiras de sustentar a expansão grandiosa do ensino superior federal? Estaremos em face de uma perda geral na qualidade do ensino superior público, como temiam as associações docentes em 2003?

Poderão as cotas ser expandidas para a Pós-Graduação com as mesmas consequências virtuosas das cotas para a graduação dos anos anteriores? Embora a resposta pareça ser a mesma — há também hoje uma demanda qualificada e represada de negros buscando a Pós-Graduação —, o que sinaliza para um possível sucesso, as restrições orçamentárias do financiamento à educação pós-graduada, assim como uma possível reviravolta da política social perseguida pelos governos petistas, podem desmontar facilmente aquela equação. Esses são os desafios do presente que gostaria de deixar colocados.

Referências

ALBUQUERQUE, Wlamyra R. de; FRAGA FILHO, Walter. *Uma história do negro no Brasil*. Salvador: Centro de Estudos Afro-Orientais; Brasília: Fundação Cultural Palmares, 2006.

AZEVEDO, Thales de. *Classes sociais e grupos de prestígio*. Arquivos da Universidade Federal da Bahia, Faculdade de Filosofia, Salvador, n. 5, 1956.

---

14. Ver também Francis-Tan e Tannuri-Pianto (2015).

BRASIL. Câmara dos Deputados. *Projeto de Lei n. 1332/1983*. Dispõe sobre ação compensatória, visando à implementação do princípio da isonomia social do negro, em relação aos demais segmentos étnicos da população brasileira, conforme direito assegurado pelo artigo 153, parágrafo primeiro, da Constituição da República. Disponível em: <www.camara.gov.br/proposicoesWeb/fichadetramitacao?idProposicao=190742>. Acesso em: 7 jun. 2016.

BRASIL, Senado. *Constituição da República Federativa do Brasil*. Brasília: Senado, 1988.

CAMPOS, Luiz Augusto; FERES JÚNIOR, João. Televisão em cores? Raça e sexo nas telenovelas "globais" (1984-2014). *Textos para Discussão GEMAA*, IESP-UERJ, n. 10, p. 1-23, 2015.

CAMPOS, Maria José. *Arthur Ramos*: luz e sombra na Antropologia brasileira. Uma versão da democracia racial no Brasil nas décadas de 1930 e 1940. Dissertação (Mestrado em Antropologia Social) — Universidade de São Paulo, São Paulo, 2002.

______. Cassiano Ricardo e o mito da democracia racial: uma versão modernista em movimento. *Revista Usp*, São Paulo, n. 68, p. 140-155, dez. 2005/fev. 2006.

DAVILLA, Jerry. *Hotel Tropico:* Brazil and the challenge of African decolonization, 1950-1980. *Duhram*, Duke University Press, 2010.

FERNANDES, Florestan. Aspectos políticos do dilema racial brasileiro. In: ______. *O negro no mundo dos brancos*. São Paulo: Difusão Europeia do Livro, 1972.

FRANCIS-TAN, Andrew; TANNURI-PIANTO, Maria. Inside the black box: affirmative action and the social construction of race in Brazil. *Ethnic and Racial Studies*, n. 38, p. 2771-2790, 2015.

GOMES, Angela Castro. *História e historiadores*. Rio de Janeiro: FGV, 1995.

GUIMARÃES, Antonio Sérgio Alfredo. Acesso de negros às universidades públicas. *Cadernos de Pesquisa*, n. 118, p. 247-268, 2003.

______. Racial democracy. In: SOUZA, Jessé; SINDER, Valter (Orgs.). *Imagining Brazil (Global Encounters)*. Lanham, Md.: Lexington Books, 2005, p. 119-140.

______. The Brazilian system of racial classification. *Ethnic and Racial Studies*, v. 35, n. 7, p. 1157-1162, 2012.

HARRIS, Marvin; KOTAK, Conrad. The structural significance of Brazilian categories. *Sociologia*, v. XXV, n. 3, p. 203-208, 1963.

IBGE. Diretoria de Pesquisas, Coordenação de População e Indicadores Sociais. *Pesquisa das características étnico-raciais da População 2008*. Rio de Janeiro: IBGE, 2011.

INEP. MEC. *Evolução do ensino superior — Graduação 1980*-1998. Brasília: Inep/ MEC, 1999.

JOHNSON III, Ollie A. Representação racial e política no Brasil: parlamentares negros no Congresso Nacional (1983-99). *Estudos Afro-Asiáticos*, n. 38, p. 7-29, 2000.

LEHMANN, David. Social movement or pressure group? Corporatism and neoliberalism. manuscrito, 2014.

MACHADO, Elielma; SILVA, Fernando. "Ações afirmativas na universidades públicas: o que dizem os editais e manuais". PAIVA, Angela R. (Org.). *Entre dados e fatos*: Ação afirmativa nas universidades públicas brasileiras. Rio de Janeiro: Ed. da PUC-Rio/Pallas, 2010. p. 19-50.

OLIVEIRA, Clóves Luiz Pereira. O negro e o poder: os negros candidatos a vereador em Salvador em 1988. *Caderno CRH*, v. 4, p. 94-116, 1991.

PARK, Robert Erza. The carreer of the Africans in Brazil. In: ______. *Race and culture*. Edited by Everett Hughes. Chicago: University of Chicago Press, 1950.

SAMPAIO, Helena; LIMONGI, Fernando; TORRES, Haroldo. Equidade e heterogeneidade no ensino superior brasileiro. *Documento de Trabalho 1/00*. São Paulo: Universidade de São Paulo; Nupes, 2000.

SANTOS, Joel Rufino. O movimento negro e a crise brasileira. *Revista Política e Administração*, v. I, n. 2, p. 285-308, jul./set. 1985.

SILVA, Graziella. Acões afirmativas no Brasil e na África do Sul. *Tempo Social, Revista de Sociologia da USP*, v. 18, n. 2, p. 131-165, 2006.

SILVA JÚNIOR, Hédio. *Anti-racismo*. Coletânea das leis brasileiras (federais, estaduais, municipais). São Paulo: Oliveira Mendes, 1998.

WAGLEY, Charles. Comment les classes ont remplacé les castes dans le Brésil septentrional. In: ______ (Ed.). *Races et classes dans le Brésil rural*. Paris: Unesco, 1952.

Editoriais da Folha de S.Paulo:

5 de setembro de 1999. Escola pública e demagogia, p. 2.

8 de janeiro de 2002. Abismo racial, p. 2.

28 de janeiro de 2002. Racismo Executivo, p. 2.

17 de maio de 2005. Alternativa às cotas, p. 2.

14 de agosto de 2006. Avanço afirmativo, p. 2.

CAPÍTULO 4

Observatório da Lei de Cotas: proposta de avaliação da Lei n. 12.711/2012

André Lazaro

O estabelecimento de normas legais para a adoção de políticas de ação afirmativa na educação superior foi um passo decisivo para o acesso de populações historicamente excluídas a esse nível de ensino. Houve casos em que as normas resultaram de processos legislativos para as instituições estaduais: Paraná em 2001[1] e Rio de Janeiro em 2002.[2] Em outras instituições pioneiras, a Universidade do Estado da Bahia (UNEB — em 2002) e a Universidade de Brasília (UnB — em 2004), os conselhos superiores tomaram a decisão de estabelecer políticas

1. Lei Estadual n. 13.134/2001. Amaral et al., 2016.

2. Leis n. 3.542/2000 e n. 3.708/2001, com vigência a partir de 2002; cf. Machado, 2013.

sensíveis à necessidade de garantir o ingresso de estudantes de escola pública, negros e negras, povos indígenas, pessoas com deficiência e outros grupos historicamente sub-representados na graduação.

A luta pelas políticas afirmativas na educação centrou-se na defesa da legalidade e da legitimidade dessas iniciativas, reconhecidas pela decisão do Supremo Tribunal Federal (STF), de abril de 2012, ao julgar a Arguição de Descumprimento de Preceito Constitucional (ADPF) 186 proposta pelo partido Democratas (DEM) contra a adoção de cotas raciais pela UnB. Em sua argumentação, os ministros respaldaram as políticas baseadas em critérios raciais para a seleção dos estudantes. Segundo Maués e Almeida (2014, p. 6):

> [...] presente em todos os votos proferidos no decorrer do julgamento, o argumento de que as cotas são um exemplo de igualdade material [...] foi proposto pelo STF como fundamento do dever que o Estado brasileiro possui de superar as desigualdades reais baseadas nos elementos raciais da população.

Logo depois da decisão do STF, o Congresso brasileiro aprovou a Lei n. 12.711/2012, que estabelece cotas para ingresso em Instituições Federais de Educação. Amparada na decisão do STF, a Lei de Cotas, sancionada pela Presidenta Dilma Rousseff em agosto de 2012, universalizou para a rede federal de educação média e superior a política de reserva de vagas, somando-se a inúmeras iniciativas que, desde o início do século XXI, vinham conquistando espaço em diversas universidades públicas estaduais (Feres, 2013).

Assegurado o ingresso, colocam-se novos desafios tanto para as instituições que passam a receber um público que anteriormente frequentava, quando muito, os cursos de menor concorrência, como os de Pedagogia e Licenciatura, como para os próprios estudantes e os movimentos sociais, em especial o movimento negro, que desde meados do século XX havia apontado a educação como agenda prioritária para o enfrentamento das práticas de racismo e discriminação. Agora, esses estudantes estão presentes também nos cursos de alta concorrência, como os de Medicina, Odontologia, Arquitetura, Psicologia e outros.[3] Diante desse contexto, várias questões, de diferentes ordens, emergem: que políticas de acolhimento serão implantadas pelas instituições de ensino superior? Haverá condições de permanência para estudantes de baixa renda? Haverá apoio acadêmico para enfrentar deficiências de formação da escola pública? Haverá reconhecimento do direito ao ingresso na universidade por meio de ações afirmativas ou esses jovens e essas jovens continuarão sofrendo as múltiplas e nem sempre silenciosas expressões de preconceito e discriminação? Seus saberes serão reconhecidos? Seguirão esses novos ingressantes submetidos ao olhar segundo o qual as populações que vivem em condições de pobreza são apenas "carentes", sem que se reconheçam suas potências? Como será realizada a avaliação dessa política, prevista para dez anos após a adoção da reserva de vagas? Que critérios devem orientar essa avaliação?

A adoção de políticas de ação afirmativa para acesso a instituições de educação federal deu-se em meio a uma intensa disputa em que parte majoritária da mídia brasileira não apenas se colocou contrária à medida como militou contra as iniciativas anteriores à promulgação da Lei n. 12.711 (Campos; Feres, 2013a e 2013b).[4] Além da mídia, sistemas escolares privados, que tinham sua cota de acesso às universidades federais garantida, também atuaram contra as ações afirmativas. Ignorando as imensas desigualdades das condições de ingresso nesse nível educacional, as reações às políticas repetem argumentos relativos à ameaça à qualidade das universidades públicas, ao crescimento do racismo, à violação do princípio do mérito e outras razões, todas desqualificadas juridicamente pela decisão do STF e pelas evidências das experiências pioneiras. No entanto, mesmo após a implantação da lei, persistem argumentos, visões e preconceitos que questionam a iniciativa sem considerar os resultados educacionais e

3. Para o perfil social dos cursos de graduação, ver Ristoff (2013).

4. O Grupo de Estudos Multidisciplinares da Ação Afirmativa (Gemaa) do Instituto de Estudos Sociais e Políticos da Universidade do Estado do Rio de Janeiro (Iesp/UERJ) analisou o posicionamento da mídia em teses, dissertações e textos para debate. Disponível em: <gemaa.iesp.uerj.br>.

as consequências democratizantes dessa política. Desse modo, é possível antever que o debate sobre a avaliação da lei de reserva de vagas irá mobilizar os mesmos estratos sociais e os mesmos estigmas que anteriormente atacavam essas políticas. É preciso, portanto, estabelecer bases sólidas, social e cientificamente validadas, para garantir que a avaliação das políticas de ação afirmativa para ingresso nas Instituições Federais de Educação seja feita com critérios claros e informações atualizadas que só o acompanhamento sistemático dos distintos processos pode oferecer.

A avaliação de políticas públicas em educação impõe considerar diferentes variáveis, no tempo e no espaço, incorporar pontos de vista e experiências de diversos atores e responder a questões claramente estabelecidas: o que se pretende avaliar, com que instrumentos e com que objetivos. No caso das políticas de ação afirmativa para ingresso em Instituições Federais de Educação, há dados de natureza quantitativa, como a proporção de ingressos de pessoas dos grupos tradicionalmente excluídos, as condições de permanência desses e de outros jovens nas instituições, o rendimento acadêmico e as iniciativas que as próprias instituições adotam para apoiar essas políticas. Trata-se, portanto, de criar processos de avaliação que envolvam as instituições, as pessoas e os grupos de origem, visto que a finalidade última de legislação é reconhecer e valorizar a diversidade, promover equidade no acesso à educação e, desse modo, contribuir para a redução de desigualdades que se apoiam em critérios raciais.

O documento a seguir apresenta a proposta para a criação de uma política de monitoramento e avaliação da Lei n. 12.711/2012: o Observatório da Lei de Cotas. O texto (*Proposta de política pública para acompanhamento da Lei de Cotas e avaliação da democratização da educação superior*) foi formulado por solicitação do Ministério da Educação (MEC) e apresentado à Comissão Consultiva da sociedade civil para o acompanhamento da lei de cotas[5] em reunião realizada em Brasília

5. Ministério da Educação, Gabinete do Ministro, Portaria Interministerial n. 7, de 17 de julho de 2014.

nos dias 27 e 28 de julho de 2015,[6] que contou com a participação de representantes de organizações de movimentos sociais, secretarias do MEC, Seppir, Inep, entre outros.

A proposta de criação do Observatório da Lei de Cotas foi inspirada em um programa já desenvolvido pelo MEC, o Observatório da Educação,[7] um modelo de pesquisa que articula programas de Pós-Graduação, pesquisadores da universidade, professores das redes públicas de educação básica com amplo acesso às informações educacionais disponíveis. No tocante às ações afirmativas, pressionado pelo movimento social, o Ministério já havia constituído a comissão de acompanhamento[8] do Programa Universidade Para Todos (ProUni),[9] primeiro programa federal que adotou política de ação afirmativa para o ingresso na educação superior em instituições privadas para estudantes de escola pública, de baixa renda, definindo também cotas para negros e indígenas. A partir dessa modalidade de controle social — a comissão de acompanhamento — o MEC, em parceria com a Secretaria de Políticas de Promoção da Igualdade Racial (Seppir), constituiu a Comissão Consultiva da sociedade civil para o acompanhamento da Lei n. 12.711/2012.

O MEC realizou em setembro de 2014 de 1º Simpósio de Avaliação da Lei de Cotas com a participação da Comissão Consultiva e de pesquisadores que apresentaram estudos e sugestões para o acompanhamento da política e propostas para a seleção de indicadores que

---

6. Ministério da Educação, Programação da Reunião de Acompanhamento da Lei de Cotas, dias 27 e 28 de julho de 2015, Brasília. (Mimeo.)

7. Disponível em: <www.capes.gov.br/educacao-basica/observatorio-da-educacao>.

8. Comissão Nacional de Acompanhamento e Controle Social do Programa Universidade para Todos foi instituída pela Portaria n. 301 de 30 de janeiro de 2006. Disponível em: <http://prouniportal.mec.gov.br/conap>.

9. O Programa Universidade para Todos (ProUni) foi criado por medida provisória em 2004 e transformado na Lei n. 11.096/2005. Tem como finalidade a concessão de bolsas de estudos integrais e parciais a estudantes de cursos de graduação e de cursos sequenciais de formação específica, em instituições privadas de educação superior. As instituições que aderem ao programa recebem isenção de tributos. Disponível em: <http://portal.mec.gov.br/index.php?option=com_content&id=205&Itemid=298>.

devem orientar a avaliação da política em 2022, ou seja, dez anos após sua implementação, tal como estabelece a lei que a instituiu. Apesar da riqueza das contribuições, não se formalizou um procedimento para prosseguir o trabalho de monitoramento e avaliação.

Em julho de 2015, o MEC programou nova reunião pública da Comissão para acompanhamento da lei de cotas e convidou pesquisadores para que apresentassem contribuições.[10] A proposta a seguir foi apresentada nessa reunião de 2015. Ela procurou sistematizar conceitos e ideias que haviam sido tratados em 2014 por diversos pesquisadores e também incorporar a experiência do diálogo com gestores, movimentos sociais, redes públicas de ensino médio e estudantes realizada pelo projeto Grupo Estratégico de Análise da Educação Superior.[11] Uma versão inicial do documento para criação do Observatório da Lei de Cotas foi apresentada e distribuída nessa reunião. Após ser debatida, criticada e revista, a versão modificada foi enviada ao MEC e à Comissão. A proposta foi também encaminhada formalmente à Secretaria de Educação Superior do MEC em agosto de 2015, ao Instituto Nacional de Estudos e Pesquisas Educacionais Anísio Teixeira (Inep) e à Seppir, sem que tenha havido uma manifestação do governo federal.

Torna-se relevante publicar agora a proposta tanto para dar publicidade ao debate sobre a avaliação da política de ação afirmativa quanto para destacar a necessidade de atender ao que está proposto na lei que a institui. Por outro lado, a mudança de governo, decorrente do afastamento da Presidenta Dilma Rousseff em maio de 2016, levou ao comando do MEC representantes de partidos políticos que se opuseram às políticas afirmativas, como é o caso do Ministro de

10. Registro o empenho do professor Dilvo Ristoff, diretor de Políticas e Programas de Graduação da Secretaria de Educação Superior do MEC à época, que organizou os dois encontros (2014 e 2015) e mobilizou a comunidade acadêmica para o desenvolvimento da proposta de avaliação.

11. Este tem sido o grupo de diálogo dos Fóruns de Ação Afirmativa, realizado pelo projeto Grupo Estratégico de Análise da Educação Superior, da Flacso-Brasil, que conta com apoio do Laboratório de Políticas Públicas da UERJ e da Fundação Ford. As conclusões são apresentadas ao longo da proposta. Disponível em: <www.flacso.org.br/gea>.

Educação, integrante do Democratas, partido que impetrou a ADPF 186 contra as cotas. A Seppir, por sua vez, foi extinta e não está claro quais critérios e procedimentos serão adotados para avaliar uma política contra a qual os atuais responsáveis pela educação superior no país sempre resistiram. Se a adoção de políticas de ação afirmativa foi conquista de gerações, sua manutenção e aperfeiçoamento estarão em risco caso não haja o compromisso da academia, dos movimentos sociais e do governo no estabelecimento de processos e indicadores que permitam acompanhamento e avaliação, social e cientificamente validados, objetivo da proposta transcrita a seguir.

1. Proposta de política pública para acompanhamento da Lei de Cotas e avaliação da democratização da educação superior[12]

1.1 Introdução

A conquista de políticas de ação afirmativa para acesso à educação superior é resultado de muitos anos de luta de diferentes grupos da sociedade civil brasileira, do movimento negro, dos povos indígenas, dos movimentos em defesa da educação pública, e contou com decidido apoio de universidades, do parlamento, de governos regionais, do governo federal e do poder judiciário.

---

12. Proposta apresentada na Reunião de acompanhamento da Lei de Cotas (Brasília, dias 27 e 28 de julho de 2015) por André Lázaro, professor associado da UERJ e pesquisador da Faculdade Latino-Americana de Ciências Sociais (Flacso-Brasil), onde coordena o Grupo Estratégico de Análise Sobre a Educação Superior Brasileira (GEA-ES), que tem o apoio da Fundação Ford e parceria com o LPP/UERJ. A proposta contou com a colaboração de Renata Montechiare e Luciano Cerqueira (Flacso-Brasil). Agradeço a leitura e as sugestões dos professores Valter Silvério, da Universidade Federal de São Carlos (UFSCar), e Rodrigo Jesus, da Universidade Federal de Minas Gerais (UFMG), das professoras Ana Gomes (UFMG), Tatiane Alves Baptista (UERJ) e das pesquisadoras Amélia Artes e Sandra Unbehaum da Fundação Carlos Chagas. Agradeço e incorporo nesta versão críticas e contribuições enviadas por Sérgio Custódio, Paulino Cardoso e considerações dos demais integrantes da Comissão Consultiva, em reunião realizada no dia 28 de julho no MEC.

O processo foi lento, marcado por diversas resistências e reações negativas que demandaram maior articulação dos atores políticos e sociais, culminando com a aprovação do Projeto de Lei (PL) n. 73/99 (Projeto de Lei de Cotas) na Câmara dos Deputados em 20 de novembro de 2008; a manifestação do STF, em abril de 2012, a aprovação do Projeto de Lei da Câmara (PLC) n. 180/08 no plenário do Senado Federal em agosto e a sanção pela Presidenta Dilma da Lei n. 12.711/2012.[13]

No entanto, mesmo antes da aprovação pelo STF e da sanção pela Presidenta da Lei n. 12.711, que instituiu a reserva de vagas nas instituições federais de educação, o governo federal já havia tomado iniciativas, como a criação do ProUni, um marco da política de ação afirmativa. Em 2006, foi firmado um acordo entre o MEC, a Associação Nacional dos Dirigentes das Instituições Federais de Ensino Superior (Andifes) e os movimentos sociais, estabelecendo prazos para a aplicação da política nacional de ação afirmativa para o ensino superior e tecnológico federal, nos termos do Projeto de Lei em tramitação no Congresso naquela época. A política de ação afirmativa para acesso à educação também foi debatida, votada e aprovada em plenário na Conferência Nacional de Educação em 2010. Balanço realizado em 2011 constatava que diversas universidades comunitárias, estaduais e federais, já haviam adotado políticas de ação afirmativa para acesso à educação superior de estudantes oriundos de escolas públicas, negros, povos indígenas, pessoas com deficiência e outros grupos.[14]

As políticas de ação afirmativa são instituídas para superar a histórica exclusão desses segmentos do acesso à educação superior. São também uma forma concreta de combate ao racismo que estrutura a desigualdade brasileira. Um dos objetivos centrais das políticas é contribuir para que jovens e adultos que representam a diversidade da população ingressem na educação superior e alcancem postos de

---

13. Lei n. 12.711, artigos 6 e 7. Disponível em: <www.planalto.gov.br/ccivil_03/_ato2011-2014/2012/lei/l12711.htm>.

14. Ver os estudos do Grupo de Estudos Multidisciplinares de Ação Afirmativa: Gemaa/Iesp/UERJ. Disponível em: <http://gemaa.iesp.uerj.br>.

decisão e poder que só podem ser ocupados a partir desse nível de escolaridade. Com a ação afirmativa, ganha a sociedade brasileira: além de restituir direitos, incluindo negros, povos indígenas, quilombolas e estudantes de baixa renda na educação superior pública, até então privilégio de classes mais ricas, promove a necessária convivência entre grupos e classes tradicionalmente separados e hierarquizados na vida cotidiana. As políticas têm, a médio e longo prazo, o objetivo de contribuir para a superação de estigmas e preconceitos que ainda são mobilizados para justificar as desigualdades. No entanto, as políticas de ação afirmativa, mesmo após sua aprovação legal, ainda sofrem resistências dentro e fora das instituições educacionais.

Para acompanhar a implantação dos direitos conquistados e superar esses obstáculos, a legislação propôs a criação de comissão formada pelo MEC, pela Seppir e pela Fundação Nacional do Índio (Funai) com a responsabilidade de acompanhamento e avaliação da política. Além do Poder Público Federal, a sociedade civil e os movimentos sociais que participaram na longa luta pela aprovação da Lei de Cotas no Congresso Nacional foram convocadas pelo MEC e pela Seppir em 2012, quando foi instituída a Comissão de Acompanhamento da Lei de Cotas, como ocorre com o ProUni. Nesse sentido, o MEC, em parceria com a Seppir, publicou em julho de 2014 a Portaria Interministerial n. 7, que estabelece a Comissão Consultiva da Sociedade Civil, encarregada de "elaborar propostas de ações que promovam a concretização efetiva da reserva de vagas".[15]

A Comissão Consultiva, em sua reunião de setembro de 2014, aprovou uma agenda que propõe "estabelecer mapa de indicadores para acompanhamento da Lei, considerando as variáveis propostas no I Simpósio"[16] para subsidiar seu trabalho.

---

15. Ministério da Educação, Gabinete do Ministro, Portaria Interministerial n. 7, de 17 de julho de 2014.

16. "Encaminhamentos propostos pela Comissão Consultiva da Sociedade Civil sobre política de reserva de vagas na IES". Documento de trabalho elaborado em setembro de 2014 e distribuído pela DIPES/SESu/MEC na Reunião de acompanhamento da Lei de Cotas, de 27 e 28 julho de 2015.

A Comissão considerou necessário ter uma visão do conjunto das políticas em curso para situar o lugar e o papel da Lei de Cotas, com a indicação da criação de um Observatório específico responsável por produzir dados e sistematizar informações de natureza quantitativa e qualitativa. O país está vivendo um momento bastante profícuo na educação, em especial com a aprovação do Plano Nacional da Educação (PNE) 2014/2024. Além das metas estabelecidas para a educação superior,[17] houve iniciativas anteriores que ampliaram direitos e oportunidades como, por exemplo, a Emenda Constitucional n. 59, que determinou a escolaridade obrigatória para a faixa etária de 4 a 17 anos de nossas crianças e jovens a partir de 2016. Para o acesso à educação superior, a expansão das universidades federais e da rede de educação profissional e tecnológica tem desempenhado importante papel na ampliação das vagas públicas e na diversificação da oferta nos territórios.

Políticas de ampliação do acesso também alcançaram o setor privado, como é o caso do ProUni[18] e do Fundo de Financiamento Estudantil (Fies).[19] De acordo com dados do Censo da Educação Superior de 2013 (INEP, 2013), as instituições federais respondem por 15,6% das 7,3 milhões de matrículas registradas na graduação presencial, as estaduais atendem a 8,3% enquanto as municipais oferecem 2,6%. Cabe ao setor privado 73,5% daquele total, o que significa mais de 5 milhões de matrículas. No entanto, parte substantiva das instituições privadas recebe direta ou indiretamente financiamento público: de acordo com estudo do Instituto de Pesquisa Econômica Aplicada (Ipea), 54% das matrículas ingressantes em instituições do setor privado em 2013 recebiam financiamento público (ProUni e Fies). No total de matrículas de graduação presencial do setor privado em 2013,

---

17. PNE: Lei n. 13.005: "Meta 12: elevar a taxa bruta de matrícula na educação superior para 50% (cinquenta por cento) e a taxa líquida para 33% (trinta e três por cento) da população de 18 (dezoito) a 24 (vinte e quatro) anos, assegurada a qualidade da oferta e expansão para, pelo menos, 40% (quarenta por cento) das novas matrículas, no segmento público".

18. Disponível em: <http://prouniportal.mec.gov.br>.

19. Disponível em: <http://sisfiesportal.mec.gov.br>.

ao menos 32% recebem financiamento público (IPEA, 2015, p. 223-224).[20] E, não menos importante, "o total de bolsas ofertadas por intermédio do ProUni não corresponde ao contingente de beneficiários. De acordo com dados apresentados pelo MEC, a taxa de ocupação das bolsas no período 2005-2013 foi de 85,4%. Somente em 2013, cerca de 30% das bolsas ofertadas não foram ocupadas. Deste modo, 75 mil estudantes deixaram de ser beneficiados" (IPEA, 2015, p. 223).

Portanto, a Lei de Cotas, no âmbito federal, legislações estaduais do mesmo teor e políticas voltadas para o setor privado integram um conjunto de iniciativas que visam à democratização da educação superior. Por outro lado, além da existência de elevada proporção de financiamento público ao setor privado, o que justifica o acompanhamento das matrículas no setor, muitos estudantes de graduação tendem a migrar entre cursos, carreiras e instituições, de tal modo que não se pode falar em evasão, por exemplo, sem considerar a mobilidade que tem caracterizado o comportamento de parte do corpo discente.

Para que a Comissão Consultiva da sociedade civil cumpra o papel que lhe foi atribuído pela Portaria Interministerial, é necessário estabelecer grupos de trabalho específicos para dar conta da seleção de indicadores e desenvolver processos de produção de dados, informações e análises sobre o conjunto das matrículas, cursos e instituições da educação superior em cada um dos estados da federação. A proposta aqui apresentada reporta-se a uma política pública já desenvolvida com sucesso pelo MEC e a amplia para atender às particularidades do acompanhamento da Lei de Cotas.

2. Objetivos da Política Pública de acompanhamento da Lei de Cotas

A Política Pública para o acompanhamento da Lei de Cotas deve atender aos seguintes objetivos:

---

20. IPEA, 2015.

Objetivo geral

- Fornecer regularmente à Comissão Consultiva, ao MEC, à Seppir e à Funai dados, informações e análises sobre as políticas de ação afirmativa de acesso à educação superior para acompanhamento e avaliação da Lei n. 12.711.

Objetivos específicos

- Mobilizar a comunidade científica, com a participação de pesquisadores negros e indígenas, para o estudo, em diversas dimensões, dos impactos da Lei n. 12.711 no país e em cada unidade da federação.
- Articular as redes públicas de ensino médio no acompanhamento e na avaliação da política de modo a estimular a participação e acompanhar o desempenho dos estudantes das redes.
- Incluir a sociedade civil, em especial movimentos negro, indígena, quilombola, da juventude, entre outros, no acompanhamento das políticas por meio da participação em Fóruns Estaduais de Ação Afirmativa.
- Produzir informações para que a sociedade possa acompanhar a implantação das políticas, seus desafios e resultados.

3. A proposta do Observatório da Lei de Cotas

A criação do Observatório de Lei de Cotas ocorre a partir de uma experiência já bem-sucedida: o Observatório da Educação. Trata-se de um instrumento de política para pesquisa e estudos em educação criado pelo MEC,[21] pela Coordenação de Aperfeiçoamento de Pessoal

21. Disponível em: <http://portal.mec.gov.br/index.php/?id=12309&option=com_content&view=article>.

de Nível Superior (Capes)[22] e pelo Inep[23] em 2006. Em 2008 e 2009, foram feitas edições que contaram com a participação da Secretaria de Educação Continuada, Alfabetização e Diversidade (Secad),[24] ampliando os temas tratados. Seus objetivos originais são:

> O Programa Observatório da Educação, resultado da parceria entre a Capes, o INEP e a SECAD, foi instituído pelo Decreto Presidencial n. 5.803, de 8 de junho de 2006, com o objetivo de fomentar estudos e pesquisas em educação, que utilizem a infraestrutura disponível das Instituições de Educação Superior — IES e as bases de dados existentes no INEP. O programa visa, principalmente, proporcionar a articulação entre Pós-Graduação, licenciaturas e escolas de educação básica e estimular a produção acadêmica e a formação de recursos pós-graduados, em nível de Mestrado e Doutorado.[25]

O Programa, em seu formato inicial, convocava projetos de pesquisa, organizados em núcleos locais ou em rede, propostos por Programas de Pós-Graduação de instituições de educação superior, para pesquisas em educação. Previa despesas de custeio, capital e financiamento de bolsas para o coordenador do projeto, estudantes de Doutorado, Mestrado, graduação, professores e profissionais da educação básica.

Para atender às especificidades do acompanhamento da Lei e subsidiar a avaliação que cabe à Comissão Consultiva, o Observatório da Lei de Cotas deve cumprir os seguintes objetivos:

a) Financiar uma rede nacional de pesquisa formada por ao menos um núcleo em cada unidade da federação, com a

---

22. Disponível em: <www.capes.gov.br/educacao-basica/observatorio-da-educacao>.

23. Disponível em: <http://portal.inep.gov.br/web/observatorio-da-educacao/o-que-e>.

24. O uso da sigla SECAD justifica-se pois à época do edital não havia sido incorporado o tema da inclusão de pessoas com deficiência. O edital de 2008 tratava dos seguintes eixos temáticos: educação básica, educação superior, educação profissional e tecnológica, educação continuada, educação de jovens e adultos, educação especial, educação no campo, educação quilombola, educação integral, educação a distância. Disponível em: <http://portal.mec.gov.br/component/content/article?id=11624:sp-1237135168>.

25. Disponível em: <http://www.capes.gov.br/educacao-basica/observatorio-da-educacao>.

participação de pesquisadores convidados, em especial negros e indígenas que preencham requisitos acadêmicos e pesquisadores associados por afinidade de assunto.

b) Estabelecer, a partir de orientação da Comissão Consultiva, um conjunto de indicadores para o acompanhamento da lei.

c) Dar acesso a banco de dados do Inep, da Capes, do MEC, entre outros.

d) Definir cronograma de apresentação regular de resultados à Comissão Consultiva.

e) Incluir a rede pública de ensino médio, nos estados, no acesso às informações e no acompanhamento da lei.

f) Realizar, nos estados, apresentação pública dos dados no Fórum Estadual de Ação Afirmativa.

g) Estimular a criação de Pró-Reitorias de Ação Afirmativa nas instituições abrangidas pela Lei de Cotas, conforme resolução da reunião do Conselho de Acompanhamento da Lei de Cotas de julho de 2014, como espaços institucionais que indicam o combate ao racismo institucionalizado, ampliam a participação da sociedade civil e universitária na dinâmica histórica da Lei de Cotas e nucleiam comissões locais interligadas com a comissão consultiva nacional.

h) Identificar, nos territórios, questões específicas como a dos povos indígenas, comunidades quilombolas e outros grupos que integram, por seu perfil social, os beneficiários das ações afirmativas, mas que, por razões peculiares, necessitam de iniciativas específicas, como previsto no Decreto do MEC n. 7.824/2012.[26]

i) Publicar estudos sobre as diversas dimensões da política.

---

26. Decreto n. 7.824/2012, artigo 10, § 2: "Diante das peculiaridades da população do local de oferta das vagas, e desde que assegurado o número mínimo de vagas reservadas à soma dos pretos, pardos e povos indígenas da unidade da Federação do local de oferta de vagas, apurado na forma deste artigo, as instituições federais de ensino, no exercício de sua autonomia, poderão, em seus editais, assegurar reserva de vagas separadas para os povos indígenas".

3.1 Justificativa

A criação do Observatório da Lei de Cotas, por meio da parceria entre o Inep, a Capes, a Secretaria de Educação Superior (SESu), a Secretaria de Educação Profissional e Tecnológica (Setec) e a Secretaria de Educação Continuada, Alfabetização, Diversidade e Inclusão (Secadi), torna possível que a tarefa atribuída à Comissão Consultiva seja desenvolvida a partir de elementos empíricos e analíticos fornecidos por esse específico Grupo de Trabalho articulado com a Comissão Consultiva. Ela será subsidiada com dados objetivos, contando com a participação de pesquisadores de todo o país, qualificando simultaneamente a ação do Estado em parceria com a sociedade civil e a pesquisa acadêmica em área de relevância internacional. O formato também permite incluir pesquisadores convidados, envolver as redes públicas de ensino médio, criar espaços para o diálogo com as instituições que realizam a política e os movimentos sociais historicamente empenhados em promover a inclusão de estudantes negros, povos indígenas, quilombolas e populações de baixa renda na educação superior.

É necessário recordar que as políticas de ação afirmativa chegam ao Estado por meio da mobilização política e social desses grupos e que sua participação e protagonismo ainda são essenciais para alcançar os resultados projetados pela legislação, entre eles o enfrentamento e a superação do racismo em nossa sociedade. A resistência que essas políticas ainda sofrem nas instituições e na sociedade precisa ser combatida com diálogo e informação. A superação do racismo depende de iniciativas do Estado e da participação de segmentos da sociedade contra a violência simbólica e material que o racismo representa e promove. A participação dos movimentos sociais é reconhecidamente tão relevante que foi constituída a Comissão Consultiva com a tarefa intransferível de "elaborar propostas de ações que promovam a concretização efetiva da reserva de vagas", como está posto na portaria que a institui.

Para dar capilaridade e territorialidade à missão nacional da Comissão Consultiva da Lei n. 12.711/12, dadas as dimensões do país, a diversidade de instituições e de adesão à política em cada unidade da Federação, torna-se necessário constituir espaços de diálogo entre instituições responsáveis, pesquisadores e organizações comprometidas com as políticas de ação afirmativa.

Nesse sentido, propõe-se o Fórum Estadual de Ação Afirmativa como uma instância de diálogos, com coordenação participativa do Comissão Consultiva da Lei de Cotas. A articulação entre a Comissão e os Fóruns deve reforçar biunivocamente essas institucionalidades, onde, a partir da apresentação dos dados coletados nos estados da Federação, estabeleça-se o diálogo entre os públicos interessados no sucesso dessa política naquela unidade. São convidados a participar dos Fóruns os gestores das instituições de educação superior, as redes públicas de ensino médio, pesquisadores do Observatório, representantes da Comissão Consultiva, entidades do movimento estudantil e dos movimentos sociais de forma que o acompanhamento da lei seja também feito pela sociedade e por segmentos diretamente comprometidos com seus resultados.

Quanto às redes de ensino médio, em especial as redes públicas, seus estudantes são os principais beneficiários dos direitos adquiridos, mas pesquisas têm demonstrado que as informações relativas à Lei de Cotas não têm chegado aos coordenadores, supervisores, diretores dessas redes e, principalmente, nem aos próprios estudantes.[27] Há muitos desafios para as redes públicas de ensino médio: as instalações das unidades escolares, a estrutura curricular, a valorização dos profissionais e os próprios objetivos desse nível de ensino, que precisam ser revistos. Nenhuma política isolada será capaz de enfrentar a complexidade de temas hoje debatidos no ensino médio. A convocação das redes públicas de ensino médio para que participem do Fórum Estadual de Ação Afirmativa é uma proposta que se soma a outras com vistas ao fortalecimento dessas redes. Trata-se de uma iniciativa para difundir direitos, motivar estudantes a partir do conhecimento

27. Cf. Heringer (2013). Ver também a Carta do Fórum de Ação Afirmativa de Minas Gerais, julho de 2015.

desses direitos, oferecer às escolas informações sobre o desempenho de seus estudantes no Exame Nacional do Ensino Médio (Enem) e promover o acompanhamento de seu ingresso e percurso em instituições federais de educação técnica e superior.

3.2 Indicadores

No I Simpósio da Lei de Cotas, convocado pelo MEC em setembro de 2014, foram apresentados dados e informações sobre os processos seletivos e classificatórios (Enem e SiSU) pelo professor Dilvo Ristoff;[28] estudos sobre desempenho de cotistas e não cotistas nos exames do Enem pelo professor Luiz Campos[29] do Gemaa e uma proposta de "o que e como avaliar" a Lei de Cotas, pelo professor Marcelo Tragtenberg[30] do Instituto Nacional de Ciência e Tecnologia de Inclusão no Ensino e na Pesquisa (INCTI).

O conjunto desses trabalhos apresenta variáveis que devem ser levadas em conta nas análises de instituições, cursos e percurso de estudantes, os processos a serem monitorados e fontes de dados. A proposta do Observatório da Lei de Cotas aqui apresentada incorpora a maioria desses critérios e acrescenta a orientação de acompanhar o trabalho que vem sendo realizado pelo Observatório da Equidade,[31] que monitora as desigualdades no sistema educacional brasileiro, da

---

28. Ristoff, Dilvo. *Dois anos da lei de cotas:* impactos da inclusão. Apresentação em Power point.

29. Campos, Luiz; Daflon, Verônica Toste; Feres Jr., João. *Avaliando os impactos da Lei* n. *12.771/2012.* Vagas, beneficiários e desempenho. Apresentação no 1 Simpósio da Lei de Cotas, Brasília, setembro 2014.

30. Tragtenberg, Marcelo H. R. (FSC/UFSC). Monitoramento das ações afirmativas no Brasil: o que monitorar e como. In: *Simpósio de Avaliação da Lei de Cotas,* 1., 2014, Brasília. Apresentação em Power point.

31. O *Observatório da Equidade* é uma estrutura do Conselho de Desenvolvimento Econômico e Social — CDES, que tem por finalidade aportar capacidade e instrumentos ao Conselho e à sociedade brasileira para acompanhar o enfrentamento do problema das desigualdades no país, e para apoiar a formulação de políticas públicas e ações sociais que promovam maior

educação infantil à educação profissional, mas não alcança a educação superior. Para avaliar as desigualdades, o Observatório da Equidade utiliza critérios que mensuram as dimensões de renda, raça/cor, sexo, localização (rural/urbano) e regional.

A partir das contribuições feitas ao I Simpósio da Lei de Cotas e no trabalho consolidado pelo Observatório da Equidade, apresentamos a seguir as variáveis a serem consideradas no acompanhamento da Lei, os processos a serem acompanhados e os bancos de dados utilizados. Uma reunião técnica específica, como indicada a seguir, deve estabelecer com precisão cada tema a ser acompanhado, os indicadores que serão utilizados e os bancos de dados necessários e gerar modelos de relatórios a serem produzidos regularmente pelos grupos de pesquisa que atuam no Observatório da Lei de Cotas a serem apresentados nos Fóruns Estaduais e à Comissão Nacional. Há também análises a serem feitas a partir de estudos qualitativos, estudos longitudinais e informações que as instituições devem oferecer.

Variáveis

Das instituições

- Públicas (federais, estaduais e municipais) e privadas (sem fins lucrativos — confessionais, comunitárias, filantrópicas — e com fins lucrativos).

Das modalidades

- Presencial e a distância.

Da localização

- Capital e interior.

---

equidade no acesso aos direitos de cidadania. Disponível em: <www.cdes.gov.br/observatoriodaequidade>.

Da natureza acadêmica

- Universidade, centro universitário, faculdade e instituto.

Dos cursos

- Bacharelado, licenciatura e tecnólogo.

Dos turnos

- Matutino, vespertino, noturno e integral.

De estudantes

- Renda, raça-cor, sexo, localização (rural-urbano) e região (utilizados pelo Observatório da Equidade).
- Idade, origem escolar, escolaridade dos pais, condição do estudante trabalhador, local de residência (periferias urbanas, favelas, vilas, áreas de assentamento da reforma agrária).
- Para estudantes oriundos de povos indígenas e comunidades quilombolas, por suas características singulares, devem ser considerados, entre outros fatores, a língua, os territórios e as condições legais de sua ocupação.

Indicadores quantitativos

a) Percursos dos estudantes no nível médio (considerando tipo de escola frequentada, localização, turno, resultados do Sistema de Avaliação da Educação Básica — Saeb, jornada escolar).
b) Dados do Enem.
c) Dados relativos aos percursos acadêmicos de acordo com o perfil dos estudantes e o perfil dos cursos de graduação escolhidos.

d) Modificação do perfil discente das instituições a partir da adesão à Lei de Cotas.
e) Dados relativos à evasão de curso, de carreira, da instituição e do sistema de educação superior.
f) Períodos de conclusão de curso de acordo com perfis dos estudantes e cursos escolhidos.
g) Ingressos em cursos de Pós-Graduação.
h) Ingressos no mercado de trabalho.

Aspectos qualitativos

a) Percepção de estudantes sobre as motivações advindas das oportunidades criadas pela Lei de Cotas e pela adoção do Enem.
b) Impactos nas comunidades de origem das oportunidades criadas pela Lei e pelo ingresso de jovens e adultos de grupos historicamente excluídos na educação superior.
c) Percepções da comunidade universitária sobre alterações no cotidiano universitário sob os aspectos acadêmicos, sociais e culturais a partir da implantação da Lei de Cotas.
d) Percepções sobre conflitos raciais e discriminações (étnicas, de gênero, entre outras).
e) Pesquisa longitudinal com estudantes, comunidades e instituições.
f) Impactos nos povos indígenas e comunidades quilombolas.
g) Inovações nas estruturas acadêmicas — organizacionais, administrativas, orçamentárias, curriculares e culturais — a partir da implantação da Lei.
h) Políticas de permanência e iniciativas de apoio aos estudantes nas instituições.

Indicadores sintéticos

Além dos aspectos quantitativos e qualitativos, será necessário criar indicadores sintéticos que ofereçam uma visão ampla sobre os milhares de cursos existentes.[32] Tem sido destacado que as políticas de ação afirmativa para acesso à educação superior alcançam de modo distinto os cursos, quer sejam os denominados de alta concorrência, onde o ingresso de estudantes de escolas públicas, negros, indígenas e de baixa renda era praticamente inexistente até a criação das políticas, quer sejam os cursos que desde há muito acolhem estudantes com esse perfil econômico, social e cultural.

A criação de indicadores sintéticos para sinalizar a situação de cada curso pode tomar como exemplo alguns experimentos de monitoramento já desenvolvidos para políticas educacionais. É o caso do Índice de Paridade de Gênero (IPG),[33] que toma como premissa a divisão equitativa da população entre homens e mulheres. No Brasil, um Índice de Paridade Racial, como proposto por Artes e Ricoldi (no prelo) a partir de pesquisa coordenada por Fúlvia Rosemberg, pode ser criado para acompanhar equidade nos cursos.[34]

Considerando-se as demais dimensões das desigualdades que se pretende monitorar, seria possível estabelecer outros indicadores sintéticos de modo a acompanhar a distribuição territorial (população total, população na faixa etária 18 a 24 anos *vs.* população atendida na educação superior), presença de estudantes de acordo com quintos de renda, entre outras dimensões.

---

32. Segundo a Sinopse Estatística da Educação Superior 2013 (INEP), havia 32 mil cursos de graduação presencial, sendo quase 11 mil em instituições públicas e 21 mil em particulares. No SiSU em 2015/1 estavam disponíveis mais de 5 mil cursos e 205 mil vagas.

33. "Razão do valor mulher/homem de determinado indicador. Um IPG com valor 1 indica paridade entre os gêneros; um IPG que varia de 0 a 1 significa uma disparidade em favor de meninos; um IPG maior do que 1 indica disparidade em favor de meninas" (Unesco, p. 386 apud Artes, 2015).

34. O Programa Equidade, coordenado por Fúlvia Rosemberg até setembro de 2014, com apoio da Fundação Ford, e agora sob a coordenação de Sandra Unbehaum, tem estimulado a equipe de pesquisadoras da Fundação Carlos Chagas a dar continuidade a pesquisas e ações com foco nas políticas de ações afirmativas no ensino superior.

A questão do atendimento de estudantes oriundos de povos indígenas deve merecer atenção específica pois, como tem sido argumentado, a questão indígena não se resolve na dimensão demográfica, visto que os povos indígenas representam 0,43% da população brasileira, mas se caracterizam por grande diversidade étnica e linguística, além de uma distribuição territorial desigual. Por essa razão, é necessário acompanhar a participação de estudantes indígenas nos cursos, de acordo com o povo, o território e o pertencimento cultural, e não pela dimensão meramente demográfica.[35] Do mesmo modo, as comunidades quilombolas — populações negras do campo — necessitam de uma atenção particular e indicadores próprios que considerem territórios e aspectos apresentados nas Diretrizes Curriculares Nacionais da Educação Quilombola.[36]

3.3 Estratégias de implantação do Observatório da Lei de Cotas

Alcançar tamanha amplitude e complexidade de aspectos a serem analisados, considerando a grande diversidade da realidade educacional, territorial, social e cultural brasileira, demanda que a política pública adotada apresente as seguintes características:

a) Duração: ao ser adotada a forma de edital e/ou convocatória, é preciso considerar que o acompanhamento da Lei deve dispor de dados regulares atualizados ao menos anualmente e a avaliação em curto, médio e longo prazos, sistematizada no ano de 2022, data estabelecida pela lei para avaliação global do impacto. Portanto, nos próximos 7 anos o modelo de política pública escolhido deverá ser dotado de estratégias que possibilitem o acompanhamento de todo o período. A

35. Baniwa, Gersem. A Lei das Cotas e os povos indígenas: mais um desafio para a diversidade. *Revista Fórum*, setembro 19, 2013.

36. Parecer CEB/CNE n. 16/2012. *Diretrizes Curriculares Nacionais para a Educação Escolar Quilombola*. Brasília, 2012.

proposta é que sejam feitas duas convocatórias: a primeira (2015-2018) com duração de 3 anos e a segunda (2018-2022) com duração de 4 anos.

b) Territorialidade: para fortalecer as capacidades locais de sistematização e análise de dados, a política pública deverá fortalecer a capacidade de investigação em cada instituição, por meio de Comissões locais, e promover redes regionais de instituições e Programas de Pós-Graduação, abarcando todo o território brasileiro, preferencialmente com um polo em cada unidade da federação.

c) Composição: as pesquisas devem ser desenvolvidas por Programas de Pós-Graduação e grupos de pesquisa, incluindo professores orientadores, doutorandos, mestrandos, graduandos, professores, estudantes da rede de ensino médio e pesquisadores associados, em especial negros e povos indígenas com qualificação acadêmica.

d) Monitoramento, prestação de contas e difusão: cada rede deve informar regularmente, a cada ano, os dados ao Fórum Estadual de Ação Afirmativa com a finalidade de promover o acompanhamento da política nas unidades da Federação. O Fórum deve ter uma composição básica que conte com: representante da Comissão Consultiva, redes públicas de ensino médio, gestores de instituições federais de ensino médio e superior, de instituições públicas estaduais (institutos e universidades), além de outras instituições de educação superior beneficiadas por recursos públicos, movimentos sociais comprometidos com a agenda da Ação Afirmativa, movimento estudantil e pesquisadores. Também devem contribuir para a dinâmica dos Fóruns Estaduais integrantes do Fórum Estadual de Educação e do Fórum de Políticas de Promoção da Igualdade Racial. As considerações dos Fóruns Estaduais integrarão a reunião anual da Comissão Consultiva da Sociedade Civil e os procedimentos a serem adotados pelo MEC, pela Seppir e pela Funai. Sugere-se que o calendário seja fixado a cada semestre, após a finalização das edições do Sistema de Seleção Unificada (Sisu).

e) Orientação para troca de experiências: a partir dos relatórios, as redes podem sugerir e orientar a troca de experiências entre instituições e movimentos sociais com vistas ao aprimoramento das políticas.

f) Procedimentos para a constituição da rede de instituições participantes: de acordo com as regras, características, possibilidades e limitações da política pública adotada, propõe-se que a seleção das redes participantes seja estabelecida em duas etapas. Na primeira delas, uma chamada pública solicita a manifestação de interesse dos grupos acadêmicos que integrarão a rede, atendendo ao edital ou à convocatória. A segunda etapa reunirá as redes interessadas, após uma triagem inicial, em um Seminário Nacional de debates sobre metodologias e parâmetros conceituais, delimitação da cobertura geográfica, discussão sobre os indicadores a serem adotados e nivelamento de informações sobre a legislação vigente.

Bancos de dados

- Instituições: cadastro dos alunos e políticas adotadas.
- Inep: Censos da Educação Básica e Superior, Saeb, Enem e Sisu, Exame Nacional de Desempenho de Estudantes (Enade), Sistema Nacional de Avaliação da Educação Superior (Sinaes).
- Capes: programas de pós, Ciências sem Fronteiras, Programa Institucional de Bolsa de Iniciação à Docência (Pibid).
- Fundo Nacional de Desenvolvimento da Educação (FNDE): bolsa permanência.
- MEC: e-mec, ProUni, Fies.
- Instituto Brasileiro de Geografia e Estatística (IBGE): Censo e Pesquisa Nacional por Amostra de Domicílios (Pnad).

- Ministério do Trabalho: Relação Anual de Informações Sociais (Rais).
- Ministério do Desenvolvimento Social e Combate à Fome (MDS): cadastro único.

4. Etapas para a implantação e o funcionamento do Observatório da Lei de Cotas

4.1 Etapa 1

a) MEC, Seppir, Funai e Comissão Consultiva convidam pesquisadores e grupos de pesquisa que trabalham no acompanhamento de avaliação da Lei de Cotas (por exemplo, Laboratório de Análises Econômicas, Históricas, Sociais e Estatísticas das Relações Raciais (Laeser/UFRJ), Laboratório de Pesquisas em Etnicidade, Cultura e Desenvolvimento (Laced/UFRJ) Grupo de Estudos Multidisciplinares da Ação Afirmativa (Gemaa/IESP/UERJ), Instituto de Inclusão no Ensino Superior e na Pesquisa (INCTI), Rede Ação Afirmativa/UFBA, Observatório da Vida Estudantil/UFBA e UFRB, Fundação Carlos Chagas, Flacso-Brasil, técnicos do Ipea e do Observatório da Equidade/CDES, representante do Conselho Nacional de Secretários de Educação (Consed) para uma reunião técnica onde serão definidos os critérios de análise, indicadores e bancos de dados a serem utilizados e definido um padrão de relatório a ser regularmente fornecido à Comissão Consultiva da Sociedade Civil.

b) MEC, por meio da parceria Inep, Capes, SESu, Setec e Secadi, e com a colaboração da Comissão Consultiva da Sociedade Civil, publica edital convocando Programas de Pós-Graduação e grupos de pesquisa organizados em núcleos locais e redes regionais conforme edital, interessados em participar da rede do Observatório da Lei de Cotas. Nessa chamada pública, estarão definidos um conjunto mínimo de indicadores a serem utilizados nos estudos, os bancos de dados a serem consultados, a periodicidade dos relatórios, a participação no Fórum Estadual de Ação Afirmativa. Esses requisitos deverão constar do plano de trabalho proposto pelos interessados.

c) Publicação do edital, avaliação das propostas por Comissão integrada por representante da Comissão Consultiva e técnicos indicados selecionadas de acordo com critérios previamente definidos.

4.2 Etapa 2

a) Seminário coordenado pela Comissão Consultiva com as propostas aprovadas, para acordo sobre medição e acompanhamento de indicadores e definição de cronograma e colaboração entre pesquisadores e redes.
b) Definição de uma Coordenação Técnica, com responsabilidade de acompanhamento dos trabalhos e sistematização dos dados nacionais.
c) Composição do Fóruns Estaduais de Ação Afirmativa e cronograma de trabalho em diálogo com a rede de pesquisadores.

4.3 Etapa 3

a) Primeira reunião dos Fóruns nos Estados para demarcar o ponto de partida do acompanhamento, a troca de informações e experiências, o diálogo com as redes públicas de ensino médio.
b) Apresentação dos resultados da primeira avaliação nos Fóruns, de acordo com cronograma definido na reunião técnica (Etapa 1),

envio dos dados para sistematização na Coordenação Técnica que os apresenta na reunião da Comissão Consultiva.

5. Cronograma[37]

- Segundo semestre de 2015: reunião técnica com pesquisadores de Ação Afirmativa para consolidar a cesta de indicadores.
- Segundo semestre de 2015: chamada pública de instituições interessadas em integrar o Observatório da Lei de Cotas.
- Segundo semestre de 2015: lançamento do edital de criação do Observatório da Lei de Cotas.
- 2016 a 2018: início das atividades, prestações de contas anuais nos estados e para a Comissão Consultiva.
- 2018 a 2022: segunda edição do edital para renovação da Rede Nacional de Pesquisadores.
- 2022: seminário nacional de avaliação da política de reserva de vagas.

6. Coordenação e parcerias

O programa Observatório da Lei de Cotas será coordenado pela Comissão Consultiva com a participação do Inep, da Capes, da SESu, da Setec, da Secadi, da Seppir e da Funai e contará com parcerias tais como:

— Consed.

— Conselho Nacional de Educação.

---

37. Informação de agosto de 2016: a proposta não foi levada adiante e, portanto, nenhum prazo foi cumprido, não foi instituído o grupo de trabalho nem foi estabelecida a cesta de indicadores.

— Fórum Nacional e Fóruns Estaduais de Educação.

— Fórum Nacional de Políticas de Promoção da Igualdade Racial.

— Colégio de Graduação da Andifes.

— Pró-reitorias e outras instâncias de gestão das políticas de Ação Afirmativa de instituições públicas.

— Associação Brasileira de Pesquisadores Negros (ABPN).

— Entidades de movimentos sociais e da sociedade civil representantes do movimento estudantil (secundarista e universitário), movimento negro, quilombola, do campo, indígena, da juventude, entre outros.

— IPEA.

— Laeser/UFRJ, coordenado pelo professor Marcelo Paixão.

— Gemaa/iesp/UERJ, coordenado pelo professor João Feres Júnior.

— INCTI, coordenado pelos professores José Jorge (UnB) e Marcelo Tragtenberg (UFSC).

— Rede Ação Afirmativa/UFBA, coordenada pelo professor Jocélio Teles dos Santos.

— Observatório da Vida Estudantil/UFBA e UFRB, coordenado pelas professoras Sonia Sampaio e Georgina Gonçalves (UFRB).

— Fundação Carlos Chagas, coordenada por Sandra Unbehaum, Amélia Artes e assessoria de Valter Silvério (UFSCar).

— Flacso-Brasil, coordenada por André Lázaro.

— Unesco.

7. Conclusão

A proposta antes exposta foi apresentada em julho de 2015 na reunião da Comissão Consultiva da sociedade civil para o acompanhamento da Lei de Cotas realizada em Brasília no MEC. A comissão está encarregada de "elaborar propostas de ações que promovam a concretização efetiva da reserva de vagas", tal como previsto no ato normativo que a institui. O MEC e suas autarquias não levaram adiante as sugestões propostas nem foram sugeridas alternativas. O vazio que se cria com a ausência do acompanhamento e avaliação pode ser o sintoma da fragilidade dessa agenda no interior do Estado brasileiro e também a expressão das resistências que ainda hoje os temas do racismo, da desigualdade e da discriminação enfrentam em nossa sociedade. É preocupante que o monitoramento e a avaliação de política tão relevante seja esquecida. Não avaliar é o primeiro passo para desqualificar a política, ou, mais grave, atribuir aos beneficiários a responsabilidade por eventual fracasso em face de indicadores não conhecidos.

A proposta de criação do Observatório da Lei de Cotas é coerente com o trabalho que vinha sendo desenvolvido no MEC tanto no sentido de sensibilizar e mobilizar a sociedade para o acompanhamento de políticas públicas quanto de fomentar e financiar redes de pesquisa que contribuam para a avaliação dessas iniciativas, notadamente aqueles que articulam a educação superior e a educação básica, como é o caso da Lei n. 12.711/2012.

Resta agora que os movimentos sociais organizados, a Comissão Consultiva, as próprias universidades e os institutos tomem para si a iniciativa de articular uma rede nacional de avaliação que estabeleça critérios claros, social e cientificamente validados, para o monitoramento e a avaliação dos impactos da Lei n. 12.711 e das demais ações do Governo Federal no campo da democratização dos cursos de graduação. São processos complexos os que promovem o acesso à educação superior das populações de baixa renda, da escola pública, jovens negros e negras, populações quilombolas e do campo, a juventude da periferia, enfim dos que são a maioria da população brasileira. A educação é um bem comum e deve ser distribuído com justiça pela sociedade por meio de políticas que considerem tanto os méritos, no plural, como também por medidas que contribuam para superar a reprodução das desigualdades em nossa sociedade. É preciso ultrapassar os limites atuais impostos pelas hierarquias de renda, pelos desequilíbrios regionais, enfrentar e derrotar o racismo para que a educação cumpra o papel que lhe cabe nas sociedades democráticas. As políticas de ação afirmativa para acesso à educação superior têm importante papel a cumprir nessa agenda.

Referências

AMARAL, Wagner R.; FRAGA, Letícia; RODRIGUES, Isabel Cristina (Orgs.). *A experiência da Comissão Universidade para os Índios do Paraná*. Rio de Janeiro: Flacso, GEA/Uerj, LPP, 2016. (Col. Estudos Afirmativos; v. 8.)

ARTES, Amélia. Desigualdades de cor/raça e sexo entre pessoas que frequentam e titulados na Pós-Graduação brasileira, 2000 e 2010. *Relatório de pesquisa*. São Paulo: FCC, 2015. (Mimeo.)

ARTES, Amélia; RICOLDI, Arlene. Negros no ensino superior: mudanças no período entre 2000 e 2010. *Cadernos de Pesquisa*, 2015. [No prelo.]

BANIWA, Gersem. A Lei das Cotas e os povos indígenas: mais um desafio para a diversidade. *Revista Fórum*, São Paulo, n. 119, set. 2013. Disponível em: <http://www.revistaforum.com.br/2013/09/19/ok-a-lei-das-cotas-e-os-povos-indigenas-mais-um-desafio-para-a-diversidade/>.

BRASIL. Emenda Constitucional n. 59, de 11 de novembro de 2009. Disponível em: <http://www.planalto.gov.br/ccivil_03/constituicao/emendas/emc/emc59.htm>.

______. Lei n. 12.711/2012: Lei de Cotas. Disponível em: <http://portal.mec.gov.br/cotas/docs/lei_12711_2012.pdf>.

______. Lei n. 13.005/2014: Plano Nacional de Educação 2014/2024. Disponível em: <http://www.planalto.gov.br/ccivil_03/_ato2011-2014/2014/lei/l13005.htm>.

CAMPOS, Luiz Augusto; FERES Júnior, João. *O Globo e as ações afirmativas*: dez anos de cobertura (2001-2011). Rio de Janeiro, 2013a. p. 1-18. (Textos para discussão GEMAA (IESP-UERJ), n. 2.)

______. *A Folha de S.Paulo* e as ações afirmativas: dez anos de cobertura (2001-2011). 2013b, p. 1-19. (Textos para discussão GEMAA (IESP-UERJ); n. 3.)

Carta do Fórum de Ação Afirmativa de Minas Gerais, julho de 2015. Disponível em: <https://www.ufmg.br/meulugar/wp-content/uploads/2015/06/Carta-do-F%C3%B3rum-de-AA-de-Minas-Gerais..pdf>.

CAPES. Observatório da Educação. Disponível em: <www.capes.gov.br/educacao-basica/observatorio-da-educacao>.

CDES. Observatório da Equidade. Disponível em: <www.cdes.gov.br/observatoriodaequidade>.

DIPES/SESu/MEC. Encaminhamentos propostos pela Comissão Consultiva da Sociedade Civil sobre política de reserva de vagas na IES. *Documento-memória do 1 Simpósio de 2014*, distribuído para Reunião de acompanhamento da Lei de Cotas, Brasília 27 e 28 de julho de 2015. (Mimeo).

FERES Júnior, João; DAFLON, Verônica; BARBARELA, Eduardo; RAMOS, Pedro. Levantamento das políticas de ação afirmativa nas universidades estaduais (2013). *Levantamento das políticas de ação afirmativa (GEMAA)*, IESP-UERJ, 2013, p. 1-25.

FLACSO-Brasil. GEA. Grupo Estratégico de Análise da Educação Superior: Disponível em: <http://www.flacso.org.br/gea>.

GEMAA/IESP/UERJ. Grupo de Estudos Multidisciplinares de ação afirmativa. Disponível em: <http://gemaa.iesp.uerj.br>.

HERINGER, Rosana. Ainda um sonho distante: expectativas de ingresso na educação superior na Cidade de Deus, Rio de Janeiro. *Observatório da Vida Estudantil*, UFBA, p. 21-39, 2013.

INEP. Censo da Educação Superior 2013. Disponível em: <http://download.inep.gov.br/educacao_superior/censo_superior/apresentacao/2014/coletiva_censo_superior_2013.pdf>.

______. Sinopse Estatística da Educação Superior 2013. Disponível em: <http://portal.inep.gov.br/superior-censosuperior-sinopse>.

______. Observatório da Educação. Disponível em: <http://portal.inep.gov.br/web/observatorio-da-educacao/o-que-e>.

Instituto de Inclusão na Educação Superior e na Pesquisa. Disponível em: <http://www.inctinclusao.com.br>.

IPEA. Boletim de Políticas Sociais Políticas Sociais: acompanhamento e análise, n. 23, 2015, p. 223 e 224.

MACHADO, Elielma A. *Ação afirmativa, reserva de vagas e cotas na Universidade do Estado do Rio de Janeiro (2002-2012)*. Rio de Janeiro: Flacso, GEA/UERJ, LPP, 2013. (Col. Estudos Afirmativos; v. 2.)

MAUÉS, Antonio M.; ALMEIDA, Thaiana B. O. A decisão do STF na ADPF 186: cotas no ensino superior. *Cadernos do GEA*, Flacso, GEA/UERJ, LPP, n. 5, jan./jun. 2014.

MEC. Portaria n. 301 de 30 de janeiro de 2006. Disponível em: <http://prouniportal.mec.gov.br/images/pdf/portaria_nr_301_2006.pdf>.

______. Decreto n. 7.824, de 11 de outubro de 2012. Disponível em: <http://www.planalto.gov.br/ccivil_03/_ato2011-2014/2012/Decreto/D7824.htm>.

______. Portaria normativa n. 18, de 11 de outubro de 2012. Disponível em: <http://portal.mec.gov.br/cotas/docs/portaria_18.pdf>.

MEC. SEPPIR. Portaria Interministerial n. 7, de julho de 2014. <http://www.cmconsultoria.com.br/imagens/diretorios/diretorio16/arquivo4782.pdf>.

RISTOFF, Dilvo. Perfil socioeconômico dos estudantes de graduação. *Cadernos do GEA*, Flacso, GEA/UERJ, LPP, n. 4, jul./dez. 2013.

ROSEMBERG, Fúlvia. *Ação afirmativa no ensino superior brasileiro:* pontos para reflexão (s/d.). Disponível em: <http://www.geledes.org.br/wp-content/uploads/2014/09/AcaoO_AFIRMATIVA_NO_ENSINO.pdf>.

UNBEHAUM, Sandra; ARTES, Amélia. *Pré-projeto Equidade*. São Paulo: Fundação Carlos Chagas, 2015. Documento restrito.

TRAGTENBERG, Marcelo H. R. Monitoramento das ações afirmativas no Brasil: o que monitorar e como. In: SIMPÓSIO DE AVALIAÇÃO DA LEI DE COTAS, 1., Brasília, setembro 2014.

CAPÍTULO 5

Rumos e desafios das políticas de ações afirmativas no Instituto de Filosofia e Ciências Humanas da Universidade Estadual de Campinas*

Mário Augusto Medeiros da Silva

* Agradeço o convite da Fundação Carlos Chagas (FCC) para participar do Seminário "Novos Rumos e Desafios para as Políticas de Ação Afirmativa no Brasil", realizado em 21 de agosto de 2015, onde as reflexões que norteiam este texto foram apresentadas. A Amélia Artes e Sandra Unbehaum, da FCC, e a Válter Roberto Silvério, da Universidade Federal de São Carlos (UFSCar), pela oportunidade. Também a Michel Nicolau Netto, que me acompanhou ao evento e ajudou nos esclarecimentos; além do público ouvinte e seu interesse pela experiência narrada. Pela leitura e comentários desta versão do texto, sou grato aos colegas Antônio Guerreiro, Bárbara Castro, Gustavo Reis, Lucilene Reginaldo, Maíra Vale, Michel Nicolau, Roberto do Carmo e Rodrigo Ribeiro.

1. Introdução

A experiência de implantação de ações afirmativas no âmbito de cinco Programas de Pós-Graduação do Instituto de Filosofia e Ciências Humanas da Universidade Estadual de Campinas (IFCH-Unicamp),[1] em 2015, é o resultado da confluência de diferentes fatores que precisam ser analisados em perspectiva histórica.

É possível afirmar que se trata de um processo descontínuo e alargado no tempo, nem sempre coeso e articulado, em que houve interesse de indivíduos e grupos ao longo da experiência histórica de vivenciar o espaço universitário da Unicamp e entendê-lo como excludente, pouco aberto à diversidade étnica ou de origem de classe social. O que parece ser contraditório para uma universidade que, apesar de situada e ligada pelo nome a uma cidade do interior de São Paulo, concretamente, foi capaz de atrair, no decorrer de sua trajetória de cinco décadas, sujeitos das mais variadas regiões do país — mediante seu conhecido Vestibular Nacional — e do mundo, entre seu quadro de servidores públicos e estudantes.

Destarte, é justificável que mais de uma experiência, por exemplo, de coletivos de estudantes, servidores administrativos e, algumas vezes, docentes, tenham se associado sob uma legenda de "Coletivo", "Núcleo de Consciência", "Núcleo de Estudos" Negros.[2] Essas histórias,

---

1. São oito programas de pós atualmente: Ambiente e Sociedade, Antropologia Social, Ciência Política, Ciências Sociais, Demografia, Filosofia, História e Sociologia.

2. Posso relatar que, por volta de 2005 ou 2006, foi criado, por exemplo, o Núcleo de Estudos Negros (NEN), composto por estudantes e funcionários administrativos da Unicamp. No caso dos estudantes, majoritariamente da Pós-Graduação de Antropologia, Sociologia, História, Linguística e Educação, sendo que alguns hoje são docentes em universidades estaduais e federais — tais como Universidade Federal de Ouro Preto (Ufop), Universidade Federal do Recôncavo da Bahia (UFRB), Universidade do Estado do Rio de Janeiro (UERJ), Universidade do Estado da Bahia (UNEB), Universidade de Campinas — Unicamp — ou desenvolvem atividades de ensino e pesquisa, envolvidos com Núcleos de Ensino Afro-Brasileiros (Neabs) locais. Dentre os participantes de diferentes composições, recordo-me de Pedro Pereira, Raquel Honorato da Silva, Kassandra Muniz, Daniela Antonio Roberto Rosa, Silvia Cipriano, Janaína Damaceno Gomes, Wilson Rogério Penteado Júnior, Fabiana Mendes de Souza, Walker Douglas Pincerati, Mário Augusto Medeiros da Silva, Magali Mendes, Robério Souza, entre outros.

que em particular têm relação com o mote deste texto, ainda carecem ser contadas e analisadas. Sobre algo semelhante acerca de sujeitos de etnias indígenas ou pessoas deficientes, a narrativa de suas histórias e a pesquisa de suas trajetórias na universidade é ainda mais lacunar. Permanece desconhecida, ao menos para o autor deste artigo e suas fontes consultadas, a experiência de formação de coletivos ou de grupos de pressão entre aqueles sujeitos, semelhantes aos negros, para reivindicar direitos e visibilizar suas causas na Unicamp.[3]

Todavia, não se trata de coincidência que, entre alguns agentes do processo de implementação de ações afirmativas no IFCH, estivessem estudantes de graduação ou pós que, recentemente, haviam se associado a mais uma experiência, como o Núcleo de Consciência Negra da Unicamp (NCN)[4] e que vinham organizando eventos sobre

---

Também houve a participação de ao menos uma estudante estrangeira, de Guiné-Bissau, Cristina Mandau Ocuni, à ocasião na Pós-Graduação da Faculdade de Educação da Unicamp. Há grande possibilidade de esquecimento de outras pessoas. Os membros do NEN sabiam de experiências anteriores semelhantes a sua na história da universidade, mas isso não chegou a ser pesquisado e documentado.

3. No caso dos deficientes, é possível rastrear, pela memória pessoal, o conhecimento de indivíduos docentes e estudantes, bem como as experiências de atividades físicas vinculadas às disciplinas de esporte adaptado na Faculdade de Educação Física. O IFCH, por exemplo, teve ao menos três docentes com deficiência congênita ou adquirida, em sua história. Não citarei seus nomes por desconhecer se eles se sentiriam à vontade com essa identidade e por ao menos um deles já haver falecido.

4. "O Núcleo de Consciência Negra da UNICAMP foi fundado no final de 2012, a partir da iniciativa de estudantes que impulsionaram a organização das atividades no mês da Consciência Negra, realizadas em conjunto com outros setores da UNICAMP. A partir desta mobilização, foi possível articular vários grupos organizados da comunidade negra, dentro e fora da universidade, para promover a luta racial, a partir do acúmulo de uma série de conquistas do movimento negro e da necessidade de propiciar um espaço de politização das relações raciais no Brasil. Diante disso, firmamos como principal objetivo a construção de uma luta conjunta entre estudantes, professores e funcionários da UNICAMP e movimentos sociais contra opressão rumo à conquista das bandeiras históricas do movimento negro tais como: fim do genocídio da juventude negra, igualdade de oportunidades no mundo do trabalho, valorização das contribuições da cultura afro-brasileira para a formação da cultura nacional, reconhecimento da dívida histórica com o povo negro decorrente dos crimes cometidos no período da escravidão. Também buscamos criar espaços de sociabilidade para o estudante negro da UNICAMP, compreendendo que o racismo instituído na universidade segrega, hostiliza e ataca diariamente a autoestima destes estudantes" (cf. *Sobre o Núcleo de Consciência Negra*). Disponível em:

esse cenário — como o "Quem tem cor age" —, especialmente em datas como o 20 de novembro, em anos anteriores. Há, portanto, algo de incômodo ao longo do tempo para sujeitos com esses marcadores sociais, em particular, jovens, negros, pobres e do sexo feminino, em ser e estar como membro da comunidade universitária.[5]

2. A soma das forças

Visto de um ângulo mais recente, o biênio 2012-2014 permite o encontro de uma nova geração de docentes (contratados por meio de uma política de reposição de vagas) e um conjunto de estudantes de graduação e Pós-Graduação organizados em torno de uma Frente Pró-Cotas,[6] alguns deles participantes de seu coetâneo Núcleo de Consciência Negra da Unicamp, mencionado antes. Entre os professores, encontravam-se alguns que já haviam lecionado em instituições

---

<www.facebook.com/NucleoDeConscienciaNegraUnicamp/info/?tab=page_info> e <http://nucleodeconsciencianegraunicamp.blogspot.com.br/p/sobre.html>. Acesso em: 31 jan. 2016.

5. Esse argumento não será aprofundado aqui, mas suas bases podem ser consultadas nas dissertações produzidas por Mendes (2006) e Gomes (2008), ambas disponíveis na Biblioteca Digital de Teses da Unicamp.

6. A Frente surgiu "entre o final de 2013 e fim de 2014, quando um novo grupo de alunos e alunas, majoritariamente da pós, decidiu se reunir para pensar uma proposta para o IFCH. [...] A frente sempre foi um grupo formado por alunas e alunos da UNICAMP. Professores e funcionários participaram como apoiadores, algumas vezes com grande importância. Os professores que se dispuseram a nos auxiliar deram apoio no âmbito institucional do IFCH, abrindo espaços, por exemplo, para nossa participação nas reuniões de departamentos e na congregação. Alguns professores também participaram de rodas de conversas e debates que organizamos" (Informação de Rodrigo Ribeiro, membro da Frente). De acordo com as informações de Rodrigo Ribeiro e Gustavo Reis, os estudantes que ajudaram a formular o debate interno e acompanharam o processo de construção da Proposta de Cotas Étnico-Raciais e para Pessoas com Deficiência em 2014 foram os seguintes: Adriana Dias, Anderson Eslie, Anna Varani, Bruna Mendonça, Bruno Ribeiro, Fernando Bee, Giorgia Carolina Nascimento, Gustavo Angelo Di Reis, Ianca Almeida, João Paulo Mendonça, Juliana Berger Valente, Márcia Nóbrega, Maíra Vale, Mariana Pimentel, Maurício Gabriel dos Santos, Raphael Concli, Rodrigo Bulamah, Rodrigo Ribeiro, Taína Silva Santos, Tayná Mesquita, Teófilo Reis, Willians Santos. Sou grato a Gustavo Reis, Maíra Vale e Rodrigo Ribeiro pela ajuda prestada sobre as informações relacionadas à Frente.

com ações afirmativas (especialmente na graduação) ou que haviam se formado em instituições públicas com aquela política. No caso dos alunos de pós, uma parte era oriunda de instituições em que cotas para negros e indígenas na graduação já vigoravam há algum tempo.

Os dois grupos, docentes recém-contratados e estudantes, conversavam em paralelo sobre o tema, tendo em comum o desconforto mútuo com o cenário de composição étnica homogênea do IFCH, formado majoritariamente por estudantes, servidores administrativos e docentes brancos. No caso dos docentes, também houve iniciativas de pautar o assunto publicamente em debates, antes de 2015.[7] É necessário também destacar o protagonismo dos estudantes da Frente Pró-Cotas. Eles organizaram, naquele intervalo de tempo, ao menos dois eventos públicos, visando debater e chamar a atenção ao cenário

7. Em 28 de junho de 2013, os docentes do IFCH Lucilene Reginaldo (História), José Maurício Arruti (Antropologia) e Sílvia Lara (História) organizaram no Centro de Convenções da Unicamp o I Fórum Permanente Inclusão e Diversidade: Políticas Atuais e Desafios para o Futuro, contando com a presença de Luiza Bairros, então ministra da Secretaria de Políticas de Promoção da Igualdade Racial (Seppir), Jocélio Teles, da Universidade Federal da Bahia (UFBA), Bruno Ferreira, da Universidade Federal do Rio Grande do Sul (UFRGS), Maria Walburga dos Santos da Universidade Federal de São Carlos (UFSCar), Benedito Prezia, da Pontifícia Universidade Católica de São Paulo (PUC-SP), Francisco N. Paresi, da Secretaria de Educação do Mato Grosso, Álvaro Pereira do Nascimento, da Universidade Federal do Rio de Janeiro (UFRJ). Em 21 de novembro de 2013, Lucilene Reginaldo também foi organizadora da Mesa-redonda Ações Afirmativas e Cotas na Universidade: Novas Propostas e Iniciativas de Inclusão, tendo como expositores Ana Flávia Magalhães Pinto, da Unicamp, Gabriel Banaggia, do Museu Nacional-UFRJ, e Givânia Maria da Silva, coordenadora geral de Regularização dos Territórios de Quilombos do Instituto Nacional de Colonização e Reforma Agrária (Incra). De acordo com Reginaldo, "a proposta do I Fórum surgiu no final de 2012 numa conversa com o John Monteiro (1956-2013), quando ele assumiu a direção do IFCH. A conversa começou com nossa indignação diante do Pimesp. Acho que a apresentação do documento e seu debate público foi um importante estímulo para o avanço das discussões na USP e na Unicamp [...] os dois fóruns permanentes realizados em 2013 e 2014 foram iniciativa de professores, mas também contou com a efetiva participação do Núcleo [de Consciência Negra] (1º e 2º fórum) e da Frente [Pró-Cotas] (no 2º)". Correspondência eletrônica de Lucilene Reginaldo a Mário Augusto Medeiros da Silva, 15 fev. 2016. Colchetes meus. Lembra ainda Antônio Guerreiro que, por influência dos docentes John Monteiro, Mauro Almeida e Vanessa Lea, o PPGAS "já pôde receber dois alunos Mapuche do Chile. Um é o José Quidel, liderança mapuche importante e intelectual indígena bastante reconhecido fora do Brasil. A outra aluna foi Jimena Huenchuleo, que defendeu o mestrado mas não seguiu para o doutorado". Correspondência eletrônica de Antônio Guerreiro a Mário Augusto Medeiros da Silva, 19 fev. 2016.

de ações afirmativas na Pós-Graduação, ao qual a Unicamp e o IFCH se mantinham alheios. Em ambos os eventos, houve baixa adesão de público docente, mas ali compareceram os recém-contratados junto de outros professores mais antigos sensíveis e engajados no debate.

Esses eventos permitiram que se conhecessem, do ponto de vista discente, as experiências de ações afirmativas na Pós-Graduação do Museu Nacional da Universidade Federal do Rio de Janeiro (UFRJ), da Universidade Federal do Amazonas (UFAM), da Universidade de Brasília (UnB) e a então mais recente proposta de ações afirmativas do Programa de Pós-Graduação em Antropologia da Universidade de São Paulo (USP). Os eventos organizados pelos estudantes puderam congregar perspectivas concretas e também suas dificuldades, narradas por protagonistas discentes dos processos de implementação. Além disso, foram particularmente importantes para aqueles que desconheciam o cenário da Pós-Graduação e os significados da possibilidade de se ter, talvez, outras formas de observar e produzir o conhecimento, assumidas como um compromisso político, através de outras histórias de vida e trajetórias, diferentes da regra geral até então.

Necessário destacar que alguns docentes de estadia mais antiga no IFCH desempenharam um papel fundamental. Os meandros administrativos da universidade são pouco conhecidos daqueles que recém-ingressam nela como servidores públicos. Inicialmente, entre os professores novatos, havia uma ideia difusa de tentar pautar a discussão de implementar ações afirmativas na graduação. Medida urgente, porém, apontada pelos mais experientes — em particular, o historiador Sidney Chalhoub —, como fadada a fracassar, pois dependeria de debate e aprovação no Conselho Universitário (Consu), a mais alta instância deliberativa da universidade e potencialmente reativa às ações afirmativas como debatidas no IFCH. Chalhoub foi uma chave mestra desse processo, tanto por seu conhecimento invulgar da universidade como pela sua combativa militância pelas ações afirmativas, especialmente as cotas para pretos e pardos, a que pôs sua notoriedade intelectual a serviço da causa.

O ano de 2014 foi decisivo para essa história. Unidos os esforços dos docentes[8] e discentes (reunidos na Frente Pró-Cotas), começou a existir uma solidariedade entre grupos de professores e estudantes, visando organizar debates públicos (por exemplo, em meio à greve das universidades estaduais paulistas em 2014, com os trabalhadores da Unicamp), discutir o sentido político das ações afirmativas, as dificuldades e as estratégias necessárias para se conseguir pautar amplamente o assunto no IFCH. Também em 2014, promovido por e com a participação ativa de docentes do IFCH, ocorreu o II Fórum de Inclusão e Diversidade[9] para debater, de maneira ampla, a questão.

Embora a própria Congregação do Instituto já houvesse indicado em outubro de 2014 a criação de um grupo de trabalho para discutir ações afirmativas, os meses determinantes para esse percurso foram

---

8. Alguns deles participaram pública e ativamente das discussões e ações, em diferentes etapas e comissões, que culminaram na implementação das ações afirmativas: Departamento de Antropologia: Antonio Roberto Guerreiro Júnior, Omar Ribeiro Thomaz, José Maurício Arruti; Departamento de Ciência Política: Andréia Galvão, Armando Boito Júnior, Frederico Normanha Ribeiro de Almeida, Oswaldo Martins Amaral, Wagner de Melo Romão; Departamento de História: Sidney Chalhoub, Sílvia Lara e Lucilene Reginaldo; Departamento de Demografia: Roberto Luiz do Carmo e Joice Melo Vieira; Departamento de Filosofia: Yara Adario Frateschi; Departamento de Sociologia: Bárbara Geraldo Castro, Mariana Miggiolaro Chaguri, Mário Augusto Medeiros da Silva, Michel Nicolau Netto, Sávio Machado Cavalcante, Sílvio César Camargo. No departamento de Sociologia, cujas circunstâncias são mais bem conhecidas por mim, é necessário destacar a colaboração do conjunto de docentes na tomada de decisão do *desenho final*, proposto pela comissão nominada anteriormente, da política assumida pelo Programa de Pós-Graduação, nas reuniões em que isso foi deliberado. O que pode ser estendido aos outros departamentos, uma vez que a decisão final, favorável ou contrária às ações afirmativas, foi coletivamente assumida em reunião como *decisão do departamento* ou *do Programa de Pós-Graduação*.

9. Fórum de Inclusão e Diversidade, realizado em 13 de novembro de 2014, no Centro de Convenções da Unicamp. Participaram como expositores dele os docentes Ângela Soligo (Unicamp), Edmundo Capela (Unicamp), Júlio C. Hadler Neto (Unicamp — organizador), Laura Ward (Unicamp), Lucilene Reginaldo (Unicamp — organizadora), Luiz Felipe de Alencastro (Fundação Getúlio Vargas — FGV), Maria Helena Machado (USP), Patrícia Teixeira Santos (Universidade Federal de São Paulo — Unifesp), Petronilha B. Gonçalves e Silva (Universidade Federal de São Carlos — UFSCar), Wilmar Rocha D'Angelis (Unicamp). Contou também com a colaboração de Sílvia Hunold Lara e Sidney Chalhoub, ambos da Unicamp. Disponível em: <http://www.unicamp.br/unicamp/noticias/2014/11/14/forum-defende-efetividade-das-acoes-afirmativas-na-universidade>. Acesso em: 11 fev. 2016.

novembro e dezembro.[10] Na congregação do IFCH do último mês do ano, o debate acumulado sobre uma ideia geral de necessidade de implementação das ações afirmativas na Pós-Graduação do Instituto retornou e foi levado ao conhecimento da instância deliberativa máxima da unidade. Dali se retiraram resoluções importantes: 1) em linhas gerais, foi aprovado o princípio amplo das ações afirmativas como uma necessidade para promover a diversidade no IFCH e discutir a desigualdade no acesso à Pós-Graduação e à produção de conhecimento; 2) constituir-se-ia uma comissão formada livre e voluntariamente por docentes de cada departamento e Programa de Pós-Graduação para estudar, em cada âmbito, as possibilidades e dificuldades de implementação das ações afirmativas como cotas — reserva de um certo número de vagas nas seleções de Mestrado e Doutorado; 3) essa comissão de docentes deveria apresentar resultados à Congregação marcada para o mês de março de 2015, que seriam discutidos para uma tomada de decisão coletiva.

3. Entre novembro e março, uma proposta

Entre fins de 2014 e começo de 2015, foi formatado, majoritariamente pelos estudantes da Frente Pró-Cotas e com apoio e discussão de docentes do IFCH, o documento denominado *Proposta de cotas étnico-raciais e de pessoas com deficiência para Programas de Pós-Graduação.* Seu texto foi apresentado ao colegiado da Congregação do IFCH em março de 2015, tendo sido compreendido como ponto norteador para que os Programas de Pós-Graduação adotassem cotas étnico-raciais e para deficientes em seus processos seletivos. Em suas 39 páginas, o documento apresentava, de maneira clara e acessível, os tópicos listados no Quadro 1.

---

10. Cf. IFCH (2015c, fls. 21-22).

QUADRO 1
Sumário da Proposta

1. Introdução

1.1 Ação afirmativa no Brasil.

1.2 Quais são as ações afirmativas existentes na Unicamp?

1.3 Perfil étnico-racial do IFCH/Unicamp.

2. A necessidade de cotas étnico-raciais e ações afirmativas de modo geral

2.1 Resolvida a questão de classe, estaria solucionada a questão racial?

2.2 Ações afirmativas com foco na raça não racializariam nossa sociedade?

2.3 O ingresso de alunos cotistas não implicaria uma queda da qualidade na produção acadêmica do programa?

2.4 As cotas não colocariam em risco ideais republicanos como a igualdade e a meritocracia?

2.5 O que é um sistema de cotas? Quais as diferenças básicas entre cotas para graduação e cotas para a Pós-Graduação?

3. Sistemática

3.1 Solidariedade e inserção social

3.2 Implementação e duração

3.3 Adicional de vagas e Aprovação Afirmativa como políticas de ação afirmativa

3.4 Especificidades

3.4.1 Indígenas

3.4.2 Pessoas com deficiência

4. Síntese da sistemática com adicional de vagas

5. Garantias

6. Considerações finais: a importância da implementação de cotas étnico-raciais

7. Bibliografia

Anexo I — Sistemática
Anexo II — Proposta de ação afirmativa para pessoas com deficiência do Instituto de Filosofia e Ciências Humanas
Anexo III — Sobre a política de permanência: programas de auxílio já existentes na Unicamp

Fonte: Arquivo Frente Pró-Cotas da Unicamp.

O documento enfatizava que:

> [...] propomos aqui uma política de curto e médio prazo que busque dirimir [...] formas de exclusão nos espaços da universidade. A especificidade de uma ação afirmativa nos programas de pós-graduação da Universidade Estadual de Campinas é o tema principal desta proposta. Esta tem por objetivo não só apresentar uma política de seleção para um programa de pós-graduação ou instituto específico, mas fundamentar e promover uma discussão ampla e permanente sobre as diferentes formas de racismo na Unicamp. (Frente Pró-Cotas da Unicamp, 2015, p. 3-4)

Para tanto, começava com um balanço do debate teórico acerca de ações afirmativas no ensino superior e das experiências conhecidas no Brasil, no tocante à Pós-Graduação — citando nominalmente programas da UFBA, do Museu Nacional/UFRJ, da Universidade Federal de Pernambuco (UFPE), da UnB, da UNEB, da Universidade Federal do Pará (UFPA) e da USP, incluindo o cenário geral no contexto da década de 2000, estimulado pela Conferência de Durban (Conferência Mundial de Combate ao Racismo, Discriminação Racial, Xenofobia e Intolerância Correlata, 2001) —; à decisão da Assembleia Legislativa do Estado do Rio de Janeiro, que aprovou, em 2003, um sistema de cotas étnico-raciais para as universidades públicas daquele estado; e ao fato de que, no "ano de 2012, agora em um plano nacional, o Supremo Tribunal Federal (STF) aprovou a constitucionalidade das cotas étnico-raciais com a promulgação da Lei Federal n. 12.711, determinando que as 59 universidades federais e os 38 institutos federais de educação reservassem 50% do total de vagas para estudantes de escolas públicas" (Frente Pró-Cotas da Unicamp, 2015, p. 4-5).

Vale mencionar que o documento não desconhecia as políticas de ações afirmativas e de inclusão praticadas na Unicamp e no âmbito da política educacional do estado de São Paulo. Contudo, para os fins que se propunha, foram consideradas insuficientes[11] para implementar as cotas nos Programas de Pós-Graduação do IFCH, tendo sido analisados e espelhados os modelos dos outros programas de pós nas universidades citadas.

Para justificar, então, seus argumentos e o foco de sua política, a *Proposta de cotas étnico-raciais e de pessoas com deficiência para programas de Pós-Graduação* apresentava diferentes quadros de perfis de composição étnico-racial elaborados pelos levantamentos feitos pelos membros da Frente Pró-Cotas e debatidos com os docentes apoiadores da ação. Os dados foram coletados em fontes oficiais da universidade ou compilados em pesquisas elaboradas pelos estudantes. Algumas dessas informações serão reproduzidas a seguir.

---

11. Sobre isso, afirma: "*Atualmente, a Unicamp possui duas formas de ação afirmativa: o Programa de Formação Interdisciplinar Superior (Profis) e o Programa de Ação Afirmativa e Inclusão Social (PAAIS). O Profis* seleciona um estudante, considerado o melhor, segundo o aproveitamento no ENEM, de cada escola pública de Campinas. Os estudantes que adentram a universidade por este programa fazem um curso de quatro semestres (podendo se estender a seis), com disciplinas das áreas de ciências humanas, biológicas, exatas e tecnológicas, ministradas por professores da Unicamp. Concluído esse curso, os estudantes competem entre si a partir de sua classificação geral na turma a fim de ingressar em um curso de graduação, sem a necessidade de fazer o vestibular. Entretanto, o Profis destina um número restrito de vagas nos cursos da universidade. [...] Já *o PAAIS* foi implantado em 2004 visando estimular a diversidade étnica e cultural na universidade. Trata-se, atualmente, de um sistema de adição de pontos à nota da segunda fase do vestibular para estudantes vindos de escolas públicas e autodeclarados pretos, pardos e indígenas. *A Unicamp define o PAAIS como 'o primeiro programa de ação afirmativa sem cotas implantado em uma universidade brasileira'*. Se tomarmos os dados da Comvest do vestibular de 2014, do total de alunos matriculados, 16% são negros, 0,2% são indígenas e 36% fizeram todo o ensino médio em escola pública. Em 2004, primeiro ano de vigência do PAAIS, do total de matriculados, 12% eram negros, 0,3% indígenas e 28% vindos de escola pública. A comparação dos dados revela um avanço pouco significativo na composição étnico-racial da Unicamp, quando não um retrocesso, como no caso indígena" (Frente Pró-Cotas da Unicamp, 2015, p. 5-6, grifos meus). A citação do PAAIS foi retirada, segundo o documento, do site da Comissão Permanente para os Vestibulares da Unicamp (Comvest), disponível em: <www.comvest.unicamp.br/paais/paais.html>. Acesso em: 13 fev. 2015.

GRÁFICO 1

Perfil étnico-racial da graduação na Unicamp — 2014

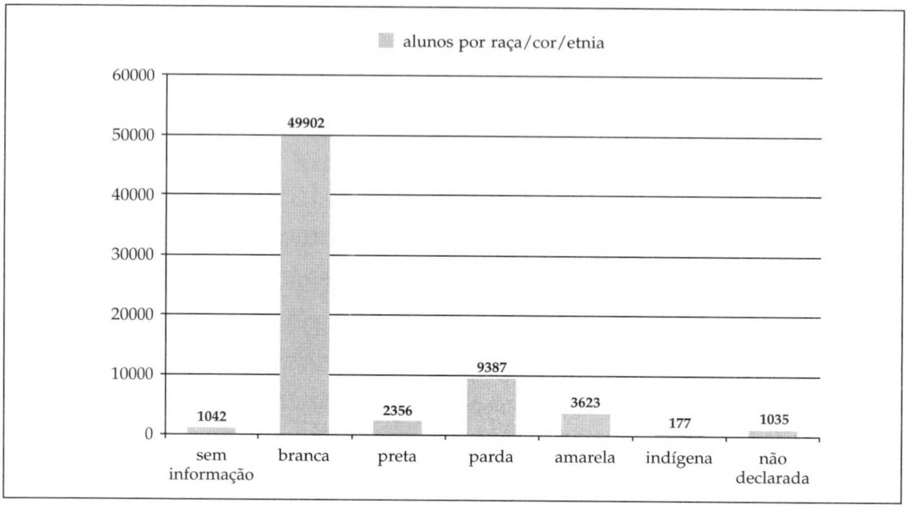

Fonte: Frente pró-cotas da Unicamp, 2015.

GRÁFICO 2

Perfil étnico-racial da graduação do IFCH — 2014

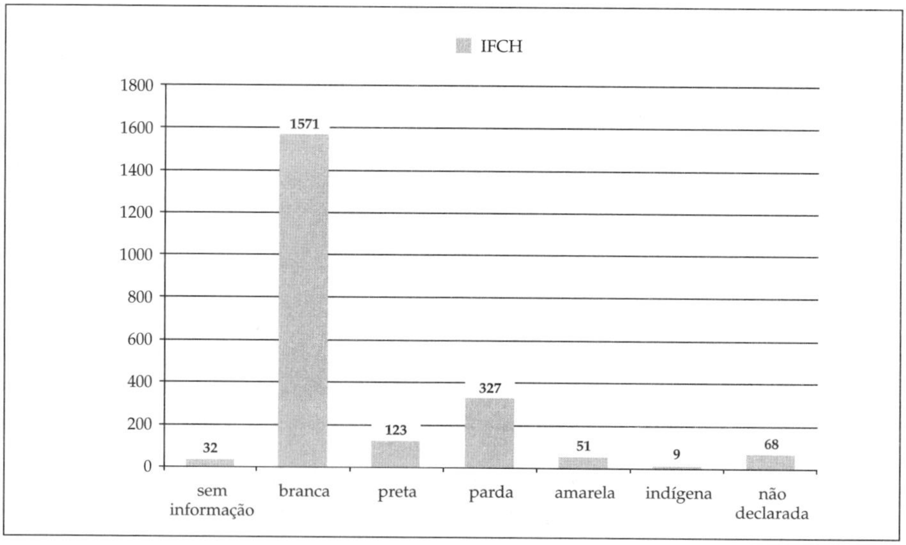

Fonte: Frente pró-cotas da Unicamp, 2015.

GRÁFICO 3

Questionário de autodeclaração étnico-racial — 2014. Distribuição por Programa e Respostas.

Como você se autodeclara quanto ao seu perfil étnico-racial?		
Opções de Resposta	**Porcentagem**	**Contagem Numérica**
Preto	9,1 %	20
Pardo	17,3%	38
Indígena	0,5%	1
Branco	60,5%	133
Amarelo	3,6%	8
Não Declarado	9,1%	20
Total de Respostas		220**
Não informados		0

** São 986 alunos matriculados na pós do IFCH (325 no mestrado e 661 no doutorado), além de 28 alunos fazendo pós-doutorado. A amostra que coletamos equivale a 20% do total de alunos. (Explicação do Documento — Dados de 2014). Fonte: Dados gerados pela Frente Pró-Cotas da Unicamp através do sistema de coleta e tratamento de dados Survey Monkey (https://pt.surveymonkey.com/). FRENTE PRÓ-COTAS DA UNICAMP, 2015

Fonte: Frente Pró-Cotas da UNICAMP, 2015

GRÁFICO 4

Distribuição dos alunos pelos cursos de pós-graduação do IFCH — 2014

Se da pós-graduação, qual o seu curso		
Opções de Resposta	**Porcentagem**	**Contagem Numérica**
Ambiente e Sociedade	0,0%	0
Antropologia	27,3%	60
Ciência Política	5,9%	13
Ciências Sociais	15,0%	33
Demografia	2,3%	5
Filosofia	3,6%	8
História	36,4%	80
Sociologia	9,1%	20
Total de Respostas		**220**
Não informados		**0**

Fonte: Frente pró-cotas da Unicamp, 2015.

Além de fornecer também quadros sobre a composição étnica do quadro de funcionários públicos (administrativos e docentes) na Unicamp em geral e no IFCH em particular, demonstrando igual ausência de diversidade,[12] o documento enfrentava ainda outras questões, que são geralmente tratadas no âmbito de uma ação afirmativa, sobre se as cotas étnicas seriam suficientes para *resolver* ou um *paliativo* ao problema da desigualdade de classe; se racializariam o debate sobre a sociedade brasileira e, por fim e mais polêmico, se a implementação de cotas nos Programas de Pós-Graduação não colocaria em risco a excelência acadêmica, a meritocracia e a democracia republicana igualitária e competitiva, valorativos das ideias de qualidade do ensino e da pesquisa na universidade. Num balanço final, expunha seus argumentos favoráveis à política defendida:

> Deve-se ressaltar que esta é uma proposta de caráter geral, que poderá e deverá ser rediscutida por cada programa de Pós-Graduação de acordo com suas especificidades. Considerando que nossa proposta busca a criação de cotas étnico-raciais para negros, indígenas e pessoas com deficiência, tal feito alcançaria um importante impacto social na Pós-Graduação do instituto. Ao mesmo tempo, almeja-se o fortalecimento de áreas de conhecimento através da promoção de uma maior diversidade e uma maior circulação de pessoas entre diferentes programas. [...] é mais fácil um negro estrangeiro ter acesso a essas pós-graduações do que um negro brasileiro. Isso é percebido também pelos próprios estudantes negros de nacionalidade brasileira dentro

12. Entre 2005 e 2013, o número de funcionários autoidentificados como "brancos" cresceu, em números absolutos, de 5.418 para 6.031 (aumento de 11,4%); no mesmo período, o número de "pretos" e "pardos" praticamente não oscilou, passando de 1.635 para 1.643. No caso do IFCH, o número de servidores "brancos" em 2005 era de 53, passando a 74 em 2013 (aumento de 39,6%); pessoas autoidentificadas como "pretas" ou "pardas" passaram de 27 para 24 (diminuição de 11%). No caso dos docentes, em 2013, havendo quase 2000 professores em seu quadro funcional, ao menos 1925 deles foram classificados como "brancos"; 38 "amarelos"; 2 "indígenas"; 21 "pardos" e 11 "pretos" (Frente Pró-Cotas da Unicamp, 2015, p. 10-11).

> da universidade, muitos sendo confundidos com estrangeiros/as, seguranças do campus e prestadores/as de serviços [...]. Como toda política de ação afirmativa, ela deve ter caráter *emergencial, temporário e experimental. Emergencial* porque não há indícios de que a situação de exclusão virá a modificar-se somente a partir de políticas educacionais globais e universalistas. [...] *Temporário* porque a função de políticas dessa natureza é justamente a de deixar de ser necessária: ao atuar na correção da desigualdade, esta, ao deixar de existir, permite que em condições de igualdade os critérios possam ser avaliados, enfim, no âmbito das políticas universalistas. [...] Assim sendo, propõe-se fazer um balanço anual da aprovação afirmativa e de seu impacto através de seminários e da criação de um Fórum Permanente. *Ao término de 10 anos de aplicação, após a conclusão de duas turmas de Doutorado e de aproximadamente quatro de Mestrado, deve-se realizar uma avaliação da pertinência dessa política e de seus critérios. Por isso, ela é também experimental, uma vez que não há nada que impeça que esta política específica seja alterada, refinada* ou mesmo suprimida nos anos posteriores, desde que exista um acompanhamento preciso de seus efeitos, carências e acertos. (Frente Pró-Cotas da Unicamp, 2015, p. 19-20, grifos do original)

O documento fazia, afinal, uma indicação propositiva de que entendia a possibilidade das ações afirmativas nos Programas de Pós-Graduação. Considerando que cada um deles possuía seu próprio histórico e regras internas — bem como antevendo resistências a qualquer medida que pudesse ser vista como uma forma de intervenção na dinâmica própria dos departamentos —, o texto sugeria um formato geral, passível de adaptação, desde que respeitado um percentual mínimo adicional de 25% de vagas para cotistas negros (pretos e pardos autoidentificados) nas seleções de admissão aos cursos de Mestrado e Doutorado do IFCH. Recomendava ainda adicionais de uma vaga para indígenas e deficientes optantes e autodeclarados candidatos a mestres e doutores. No caso dos indígenas, entendia também a necessidade de pensar em processos específicos.[13] Em se tratando das pessoas com deficiência, apresentava um dos itens menos elaborados em sua redação, restrito ao princípio geral da necessidade de uma política pela invisibilidade e acompanhando a proposição aos indígenas.

> Por essas razões e pelo que foi aqui discutido, sugere-se que os distintos programas do IFCH estabeleçam um *adicional de vagas mínimo de 25% para negros/as, um adicional de vagas para pessoas com deficiência de no mínimo 1 (uma) vaga no Mestrado e de 1 (uma) vaga no Doutorado e o adicional de vagas para indígenas de no mínimo 1 (uma) vaga no Mestrado e de 1 (uma) vaga no Doutorado* do total oferecido a cada ano em seus processos seletivos. Cabe ressaltar que o adicional de vagas deve ser levado em conta desde o início do processo seletivo, contribuindo para a maior coesão da seleção e da turma a ser formada. [...] Finalmente, cabe notar que estas distinções entre optantes e não-optantes devem ser levadas em conta somente durante o processo seletivo. Após tal período, ao longo da formação e do percurso de pós-graduando/a, nenhuma distinção deve ser feita entre os/as alunos/as. (Frente Pró-Cotas da Unicamp, 2015, p. 21, grifos do original)

---

13. "A reserva de vagas responde a uma parcela das reivindicações dos povos indígenas no campo educacional e, ao mesmo tempo, evidencia o esforço institucional que a Unicamp deveria adotar a fim de dar um passo no sentido de alterar a situação de vulnerabilidade de determinados grupos sociais. Além disso, tal política deve ser vista como um esforço da Unicamp em contribuir para o cumprimento do direito constitucional dos povos indígenas à educação intercultural e bilíngue em todos os níveis do ensino. Ainda que não se saiba com precisão qual a demanda de alunos indígenas na pós-graduação, estima-se que com as mudanças recentes no quadro da educação indígena (ações afirmativas na graduação e cursos universitários dedicados à formação de professores indígenas), haverá um contingente desses estudantes interessados em especializar-se em ciências humanas. Diante disso, sugere-se que o processo seletivo por adicional de vagas para indígenas seja feito em edital separado, com um calendário que contemple e preveja as dificuldades de comunicação e de deslocamento que tais populações vivenciam. A quantidade de vagas a serem ocupadas será estipulada conforme a demanda em cada seleção. No entanto, propomos como diretriz a disponibilização mínima de uma vaga por seleção, variando de acordo com a demanda" (Frente Pró-Cotas da Unicamp, 2015, p. 22-23).

4. De março em diante, os desafios da realidade

Aprovado o texto no âmbito da Congregação de março de 2015, entendia-se necessário o trabalho de concretização da proposta para sua efetivação no interior dos programas de um lado e, de outro, a manutenção do debate aceso, por meio de seminário ou pressão política mais ou menos incisiva para que as cotas nas pós-graduações do instituto se tornassem realidade ainda nas seleções de Mestrado e Doutorado de 2015. A Congregação havia tomado uma decisão política sobre as cotas. Quanto aos procedimentos técnicos, caberia a cada programa decidir.

É importante esclarecer que não foi um processo simples, tampouco foram tranquilos os meses de discussões. Diferentes fatores levaram a tensão e embates entre março e outubro/novembro/dezembro (meses em que ocorreram a maior parte dos processos seletivos de pós). Da ânsia pela realização da política de ação afirmativa às resistências às mudanças; do desconhecimento e das incertezas ao descrédito, ao mal-estar (por uma decisão que não havia sido tomada na base dos departamentos) e potenciais reveses;[14] dos estudantes, que passaram a operar como grupo de pressão, relegando um pouco seu papel protagonista até então de formuladores da proposta; doutro lado, dos docentes, em particular aqueles que haviam aderido à ideia desde o princípio, estava colocada a responsabilidade de tentar convencer seus pares indecisos e desenhar concretamente a política de cotas, negociá-la e criá-la pelo consenso, no interior dos departamentos do IFCH.

Cada um dos programas e seus docentes envolvidos seguiu uma agenda de reuniões e debates que não podem ser enumerados e resu-

14. Parte desse debate, entre docentes, se encontra à Ata da 211ª Sessão Ordinária da Congregação do Instituto de Filosofia e Ciências Humanas da Universidade Estadual de Campinas, realizada em 6 de maio de 2015 e aprovada na 212ª Sessão Ordinária de 3 de junho de 2015, fls. 11-12. (*Fonte*: Arquivo IFCH.)

midos aqui. Por vezes, aconteceram encontros entre representantes de todos os Programas de Pós-Graduação, para compartilhar dificuldades e soluções, algumas delas comuns a todos, como as dúvidas acerca das especificidades de um processo seletivo para indígenas ou os desenlaces em relação à acessibilidade para deficientes no IFCH. Fato é que ao menos dois eventos foram ainda tentados ao longo do ano[15] e a discussão se manteve na ordem do dia, mesmo com dificuldades.[16]

Dos oito Programas de Pós-Graduação do IFCH, cinco conseguiram implementar ações afirmativas em seus processos seletivos ainda no ano de 2015. Apesar das dificuldades para viabilizações internas, os programas de Demografia e Filosofia mantêm esforços para discussão em 2016, havendo intensa mobilização e pressão dos estudantes para que isto se concretize. Num balanço geral realizado em dezembro de 2015,[17] teve-se que:

---

15. A saber: Prosa Sociológica: Por que Ações Afirmativas?, organizado pelos docentes Mariana Chaguri e Mário Medeiros e promovido pelo Departamento de Sociologia, convidando o Prof. Dr. Válter Silvério (UFSCar), em 20 de maio de 2015; e Deficiência na Pós-Graduação, organizado pela docente Bárbara Castro, promovido pelo Departamento de Sociologia, convidando a Profa. Dra. Adriana Dias (Coordenadora do Comitê "Deficiência e Acessibilidade" da Associação Brasileira de Antropologia), ocorrido em 5 de agosto de 2015. Apesar de o evento com Silvério ter sido cancelado por motivos urgentes e o de Dias ter tido uma baixa adesão de público, seus agendamentos ajudaram a manter o debate em dia. Em particular, o debate sobre deficiência, cujo desconhecimento geral, de ordem variada, entre os membros do IFCH, se mostra ainda um entrave.

16. "O Prof. Marcos Tognon [coordenador geral da Pós-Graduação do IFCH] fez um informe sobre as cotas na Pós-Graduação. Segundo ele, a maior parte dos programas pretende reservar vagas a cotistas já no próximo processo seletivo" (IFCH, 2015a, fl. 6). Cf. Ata da 212ª. Sessão Ordinária da Congregação do Instituto de Filosofia e Ciências Humanas da Universidade Estadual de Campinas, realizada em 03 de junho de 2015 e aprovada na 213ª Sessão Ordinária de 05 de agosto de 2015, fl. 06. (Colchetes meus. *Fonte*: Arquivo IFCH.)

17. Os dados da tabela foram montados pelos docentes Bárbara Castro, Lucilene Reginaldo, Mariana Chaguri, Michel Nicolau Netto e Mário Medeiros em reunião ocorrida em 10 de dezembro de 2015, sendo suplementados por informações dos outros programas posteriormente. Cabe assinalar também o debate da 215ª Sessão Ordinária da Congregação do Instituto de Filosofia e Ciências Humanas da Universidade Estadual de Campinas, realizada em 07 de outubro de 2015 e aprovada na 217ª Sessão Ordinária de 02 de dezembro de 2015, fls. 07-08. (*Fonte*: Arquivo IFCH.)

TABELA 1

Resultados de processos seletivos dos Programas de Pós-Graduação 2015/2016 — IFCH Unicamp

Processos seletivos 2015/2016	Antropologia	Ciência Política		Ciências Sociais	História		Sociologia	
	Doutorado	Mestrado	Doutorado	Doutorado	Mestrado	Doutorado	Mestrado	Doutorado
Inscritos não optantes	89	78	45	82	91	59	77	63
Inscritos optantes	**14**	**9**	**6**	**10**	**5**	**8**	**12**	**13**
Total de inscritos	103	87	51	92	96	67	89	76
Aprovados não optantes	13	10	11	24	15	21	12	09
Aprovados optantes	**5***	**2**	**3**	**4**	**3**	**1**	**4**	**3**
Total aprovados	18	12	14	28	18	22	16	12
%Optantes aprovados	**27,77%**	**16,67%**	21,43%	14,29%	16,67%	4,55%	25%	25%

*No caso da Antropologia, foram 4 optantes negros e 1 indígena; o Programa de Pós em Antropologia Social teve quatro candidatos indígenas para a seleção de doutorado [Informações do Prof. Antônio Guerreiro]. Nos demais, todos os optantes são autodeclarados negros.

Fonte: Resultados de processos seletivos dos Programas de Pós-Graduação 2015/2016 — IFCH Unicamp

5. Balanços, gargalos e desafios

Quando fomos convidados a participar do seminário na FCC, em 21 de agosto de 2015, Michel Nicolau e eu tínhamos em mente que a experiência em andamento do processo de implementação das ações afirmativas no IFCH carecia de muitos apoios. Notadamente, no que dizia respeito a um *mecanismo suplementar de bolsas de estudo* para além dos já disponíveis da Coordenação de Aperfeiçoamento de Pessoal de Nível Superior (Capes), do Conselho Nacional de Desenvolvimento Científico e Tecnológico (CNPq) e da Fundação de Amparo à Pesquisa do Estado de São Paulo (Fapesp) e dos quais todos os programas do Instituto acessam com suas especificidades. As reuniões com os colegas dos outros departamentos indicavam também que alternativas do passado — como os Programas de Fomento das Fundações Ford, South-South Exchange Program for Research on the History of Development (Sephis) e outras instituições internacionais) — se encontravam temporariamente fechadas ou encerradas. Isso se confirmou no seminário da FCC, que tratava justamente de um balanço de dez anos do Programa Ford.

O aumento do número de bolsas de estudos que contemplem todos os cotistas no âmbito dos Programas de Mestrado e Doutorado do IFCH é uma necessidade. Um programa de ações afirmativas está alicerçado no círculo do princípio político (a assunção das ações afirmativas como mecanismo de entrada), das condições de acesso, da técnica (como fazer acontecer) e das condições de permanência aos beneficiados, além da análise de seus resultados concretos e acompanhamento das trajetórias dos partícipes.

Sobre as condições iniciais de acesso (uma ação afirmativa, de fato), não a fazemos totalmente enquanto uma discriminação positiva por igualdade de oportunidades, uma vez que a dimensão meritocrática se mantém, sendo exigidos dos estudantes cotistas o mesmo capital cultural e científico que seus pares não cotistas, não se questionando se seria necessário que a instituição fornecesse ferramentas para nivelar eventuais desequilíbrios de condição de competição. Escolhem-se, por ora, nestes termos, os melhores entre os candidatos cotistas (ou seja, os que possuem as mesmas condições, de partida, que seus pares não cotistas, mantendo-se o mérito como um valor). No que tange às condições de permanência, para além das bolsas, é também uma discussão a necessidade de acompanhamento de eventuais necessidades dos ingressantes cotistas. Algo como uma comissão que se responsabilize por acompanhar a eficácia do programa de ações afirmativas em sua política e prática cotidianas e no alcance de suas metas.

Houve um diagnóstico geral de que os processos seletivos com cotas para negros e indígenas em 2015 atraiu um perfil de estudantes — com temas de investigação — que não se via antes em alguns dos programas. Não sabemos ainda se o perfil social é distinto, carecendo de pesquisas a respeito. Além disso, espera-se, a tendência é que haja crescimento de interesse de novos estudantes pelos Programas de Pós-Graduação do IFCH. O que implica a *exogenia* de origem desses alunos, que também já foi perceptível nos processos de 2015. Vindos de outras instituições, cidades e estados da federação (porventura de outros países), será necessário pensar nas condições de permanência, inclusive, relacionadas ao programa de moradia estudantil no cenário maior da Universidade.

O conjunto de optantes pelas cotas e partícipes dos processos seletivos foram candidatos autodeclarados pretos e pardos. Todavia, todo o debate e as ações narrados anteriormente visavam também sujeitos indígenas e deficientes. Quais fatores impediram a atração de candidatos com esses perfis em 2015? Isso ainda é algo que precisa ser analisado coletivamente. Com relação aos deficientes, novamente se tem uma questão que ultrapassa os esforços dos programas e diz respeito à política de recepção e condição da Universidade. Obras de acessibilidade em todas as dependências do IFCH (como rampas, elevadores, banheiros adaptados etc.) ou instrumentos de equalização de condições (programas e impressoras em Braile, mobiliário adaptado, profissionais capacitados em Libras e corpo docente e administrativo treinado etc.) ainda são lacunas. Há lugares específicos onde as condições físicas existem (como a Biblioteca Octávio Ianni), mas são exíguos em face da demanda legal, cidadã e crescente na sociedade. Cabem à administração da universidade e ao governo do estado de São Paulo responderem às razões da ausência da implementação irrestrita de tais obras, como órgãos públicos que são e em se tratando de uma universidade estadual pública.

Algo pode ser dito ainda, acerca dos desafios, à *divulgação* dos processos seletivos que adotaram as ações afirmativas. O ano de 2015 foi, sem exageros, assemelhado a um *redemoinho* de ações, debates, tensões e realizações. O que implica arejamento, mas também que a pressa da passagem para o concreto possa ter deixado algo passar. Os editais circularam por associações profissionais, redes sociais, entre colegas e nos meios tradicionais. A novidade do fato, no IFCH, elevara nossas expectativas quanto à procura das cotas nos programas. Feitas as contas, haveria outras redes a acessar que deixamos de considerar? É algo ainda em ponderação e de que carecemos de ajuda também para aprimorar.

Fato é que *o Processo de Implementação de Ações Afirmativas nos Programas de Pós-Graduação do IFCH, em 2015, foi um ato de vontade coletiva ilhado no campus da Unicamp*. Basta recordar que, de fato, a Universidade foi informada pelos jornais do que acontecia no Instituto.[18] Se de um lado isso implicou a independência e a autonomia

18. Como foi amplamente divulgado na imprensa, por exemplo, em 16 de março 2015: "A Reitoria da Unicamp foi procurada na quinta-feira (12/03) para falar sobre a adoção das cotas, mas informou por e-mail 'que o assunto tramita internamente no IFCH e ainda não foi encaminhado às instâncias superiores da Universidade, razão pela qual a reitoria não pode, nesse momento, fazer uma avaliação do caso' (Belfort, 2015). Em 12 de abril de 2015, no *Portal G1*: "Questionado sobre a decisão do IFCH aplicar cotas, o reitor da universidade, José Tadeu Jorge, informou que cada instituto tem independência para formatar o regimento da pós-graduação. 'Os critérios de seleção da pós-graduação são estabelecidos com base no que cada programa entende mais adequado para selecionar os alunos que gostaria de ter', disse. Por nota, a universidade informou que a Unicamp não adota o sistema de cotas para ingresso nos cursos de graduação e pós-graduação, já que outros dois programas de ação afirmativa são implantados para a seleção de estudantes. 'A Unicamp mantém dois programas para promover a inclusão social de estudantes em situação de vulnerabilidade socioeconômica em seus cursos de graduação: o Programa de Ação Afirmativa e Inclusão Social (PAAIS), instituído em 2004,

do processo, doutro, não criou relações e obrigações da instituição com a ação afirmativa.

De ilha a arquipélago, a expansão geográfica do debate parece promissora. No final de 2015, os estudantes da Faculdade de Educação (FE) começaram um processo semelhante, constituindo uma Frente Pró-Cotas em seu espaço e começando articulações para incentivar o debate sobre cotas na Pós-Graduação em Educação da Unicamp, convidando colegas do IFCH para historiar o processo vivido do outro lado da avenida.[19] Há notícias de que algo semelhante ocorre no Instituto de Estudos da Linguagem (IEL), onde alguns docentes e estudantes da área de Teoria Literária vêm discutindo, ademais, a criação de disciplinas e áreas de pesquisas voltadas para literaturas africanas e afro-brasileiras, também com o protagonismo dos estudantes organizados em torno do Grupo de Estudos de Culturas e Literaturas Africanas (GELCA).

Este texto historia e informa um processo, sem a pretensão de analisá-lo de maneira sociologicamente mais rigorosa. Caberá, com maior distanciamento temporal e pessoal, um balanço no futuro sobre seus alcances e limites, especialmente após as primeiras turmas

---

e o Programa de Formação Interdisciplinar Superior (ProFIS), em atividade desde 2011', informou." (Portal G1, 2015). Disponível em: http://g1.globo.com/sp/campinas-regiao/noticia/2015/04/com-1-vitoria-grupo-quer-pressao-para-unicamp-ter-cotas-na-graduacao.html. Acesso em: 11/02/2016). Ou mesmo o debate na 211ª. Sessão Ordinária da Congregação do IFCH retrata isso: "[...] o programa de cotas ainda não foi apresentado às instâncias superiores e que a universidade formalmente desconhece o que foi aprovado no Instituto [...] isso tem de aparecer e virar uma questão institucional, seja na CCPG, seja no CONSU. [...]" (IFCH, 2015b, fl. 06). CCPG é a Comissão Central de Pós-Graduação da Unicamp.

19. "A Associação dos Pós-graduandos da Faculdade de Educação (APG-FE), a Frente Pró-Cotas e o Núcleo de Consciência Negra da Unicamp organizam evento para discutir as cotas étnico-raciais na Pós-Graduação da FE. O encontro ocorre nesta sexta-feira (27), às 14 horas, na Sala da Congregação da unidade. É aberto à participação de professores, estudantes e pesquisadores. Participam os professores Lucilene Reginaldo, do Instituto de Filosofia e Ciências Humanas (IFCH) e Salvador Sandoval (FE)" (Unicamp, 2015) (cf. Encontro debate cotas étnico-raciais). Disponível em: <http://www.unicamp.br/unicamp/eventos/2015/11/26/encontro-debate-cotas-etnico-raciais>. Acesso em: 11/ fev./2016. O evento ocorreu em 27 de novembro de 2015 nas dependências da FE. Antes, Lucilene e eu já havíamos sido convidados para discutir com os estudantes sobre o que havia acontecido no IFCH em 2015.

de estudantes compostas por pós-graduandos cotistas terem experienciado as condições da política descrita aqui, bem como a superação dos obstáculos vislumbrados e tantos outros imprevistos. Oxalá haja sucesso.

6. *Post-scriptum* (julho de 2016)

O texto original fora escrito em fevereiro de 2016. Entre fevereiro e julho deste ano, o debate sobre cotas em diferentes pós-graduações da Unicamp ou no acesso à graduação tem ganho adesão cada vez maior. Além dos casos mencionados na Faculdade de Educação (que aprovou a política de cotas na Pós-Graduação) e do departamento de Teoria Literária (que, com a atuação do GELCA, realizou concurso para o tema de Literatura Africana de Expressão Portuguesa), discussões sobre cotas como ação afirmativa foram ou têm sido assunto na Faculdade de Arquitetura e Urbanismo, Faculdade de Ciências Aplicadas, Faculdade de Engenharia de Alimentos, Faculdade de Engenharia Mecânica, Faculdade de Medicina, Faculdade de Farmácia, Instituto de Artes, Instituto de Biologia, Instituto de Economia, Instituto de Estudos da Linguagem, entre outros espaços na Unicamp[20], tornando-se parte de uma agenda de discussões, em que os estudantes são os protagonistas dos questionamentos e têm convidado os colegas do IFCH (discentes e docentes) a debater sobre o tema.

Em 13 de junho de 2016, a Comissão de Pós-Graduação do IFCH e os cinco programas que aprovaram as cotas em 2015 realizaram o evento *Política de Cotas na Pós-Graduação do IFCH: resultado e reflexões*, em que foram apresentados dados sobre a experiência iniciada no instituto, além de discutir a política de ações afirmativas em outros

---

20. Reuniões e debates sobre o assunto. Algumas informações coletadas e confirmadas junto a Gabriela Nascimento Ananias, do Núcleo de Consciência Negra da Unicamp.

instituições acadêmicas, visando contrastar os alcances e limites locais. Foi possível também ouvir publicamente a percepção dos primeiros estudantes cotistas do IFCH, numa mesa formada exclusivamente por alunas, em que fizeram balanço de suas experiências pregressas e atuais nesta seara[21]. Além disso, a greve iniciada pelos estudantes de graduação em maio de 2016 (e ainda não encerrada) teve como seu ponto de pauta central as cotas como ações afirmativas, levando à reitoria da universidade assumir, entre outros pontos, compromisso público de realizar audiências públicas sobre o tema ainda este ano, visando o debate sobre a viabilidade da implementação das políticas cotas e ações afirmativas nos cursos de graduação da Unicamp. Oxalá, novamente, haja sucesso.

Referências

BELFORT, Claudia. Unicamp começa a adotar sistema de reserva de cotas. *Geledés*, 16 mar. 2015. Disponível em: <www.geledes.org.br/unicamp-comeca-a-adotar-sistema-de-reserva-de-cotas/>. Acesso em: 11 fev. 2016.

FRENTE PRÓ-COTAS DA UNICAMP. *Proposta de cotas étnico-raciais e de pessoas com deficiência para Programas de Pós-Graduação*. Campinas, 2015, p. 3-4. Arquivo Frente Pró-Cotas da Unicamp.

---

21. Participaram os docentes representantes de instâncias administrativas da universidade: Rachel Meneguello (Pró-Reitoria de Pós-Graduação — PRPG), Jorge Coli (Diretor do IFCH), Marcos Tognon (Comissão de Pós-Graduação — CPG/IFCH); os coordenadores dos programas de Pós-Graduação, professores: Antonio Roberto Guerreiro Junior (Antropologia Social), Oswaldo Martins Estanislau do Amaral (Ciência Política), José Maurício Paiva Andion Arruti (Ciências Sociais), José Alves de Freitas Neto (História), Michel Nicolau Netto (Sociologia). As estudantes Júlia da Silva (Antropologia Social), Sílvia Castro (Sociologia) e Stephanie Lima (Doutorado em Ciências Sociais) na mesa dos estudantes cotistas coordenada pelo prof. Mário Medeiros (Sociologia); os docentes Nilcea Freire (UERJ), Márcia Lima (USP), João Feres (IESP, UERJ) e Débora Jeffrey (Unicamp/FE), que trataram das experiências brasileiras em políticas de ação afirmativa; e as pesquisadoras Sandra G. Unbehaum (Fundação Carlos Chagas) e Amélia Artes (Fundação Carlos Chagas), para discutir as políticas de cotas e novos desafios da Unicamp.

GOMES, Janaína Damaceno. *Elas são pretas*: cotidiano e sociabilidade de estudantes negras na Unicamp. Dissertação (Mestrado em Educação) — Faculdade de Educação, Universidade Estadual de Campinas, Campinas, 2008.

INSTITUTO DE FILOSOFIA E CIÊNCIAS HUMANAS (IFCH). *Ata da 212ª Sessão Ordinária da Congregação do Instituto de Filosofia e Ciências Humanas da Universidade Estadual de Campinas, realizada em 03/06/2015 e aprovada na 213ª* Sessão Ordinária de 05/08/2015a. fl. 06.

______. *Ata da 211ª Sessão Ordinária da Congregação do Instituto de Filosofia e Ciências Humanas da Universidade Estadual de Campinas, realizada em 06/05/2015b e aprovada na 212ª* Sessão Ordinária de 03/06/2015. fl. 06.

______. *Ata da 208ª Sessão Ordinária da Congregação do Instituto de Filosofia e Ciências Humanas da Universidade Estadual de Campinas aprovada na 209ª* Sessão Ordinária, 11 mar. 2015c. fls. 21-22.

MENDES, Fabiana. *Anônimos e invisíveis*: os alunos negros na Unicamp. Dissertação (Mestrado em Antropologia Social) — Instituto de Filosofia e Ciências Humanas, Universidade Estadual de Campinas, Campinas, 2006.

PORTAL G1. Com 1ª "vitória", grupo quer pressão para Unicamp ter cotas na graduação. *Portal G1*, 12 abr. 2015. Disponível em: <http://g1.globo.com/sp/campinas-regiao/noticia/2015/04/com-1-vitoria-grupo-quer-pressao-para-unicamp-ter-cotas-na-graduacao.html>. Acesso em: 11 fev. 2016.

UNICAMP. *Encontro debate cotas étnico-raciais*. Disponível em: <www.unicamp.br/unicamp/eventos/2015/11/26/encontro-debate-cotas-etnico-raciais>. Acesso em: 2 fev. 2016.

CAPÍTULO 6

Cotas étnico-raciais na pós-graduação:

a experiência da Universidade Federal de Goiás

José Alexandre Felizola Diniz Filho
Maria Clorinda Soares Fioravanti
Luiz Mello
Fabiana de Souza Fredrigo
Maria Helena de Paula
Luciene de Oliveira Dias
Gabriel Omar Alvarez
Roberto Cunha Alves de Lima
Francisco Mata Machado Tavares
Dijaci David de Oliveira

1. Introdução

O conceito de "raça" é uma construção social, uma vez que não há evidências de divisões "naturais" dentro da espécie humana. Sabe-se hoje que, em termos de diferenciação entre indivíduos e populações, os principais padrões de variação em nível genético-molecular, fenotípico e mesmo cultural estão estruturados continuamente no espaço geográfico (Cavalli-Sforza, Menozzi; Piazza, 1994; Barbujani, 2007). A Biologia e a Antropologia têm realizado, desde o século XIX, um longo debate acerca da diversidade biológica e étnico-racial da espécie humana, chegando à impossibilidade de estabelecer critérios que permitam a alocação da diversidade sociocultural em grupos bem diferenciados. Apesar disso, os processos históricos de ocupação do planeta e o estabelecimento de padrões sociais e econômicos desencadearam uma desigualdade ancorada em estereótipos raciais, nacionais e étnico-culturais, negadores da diferença como valor. A questão é consideravelmente complexa, mas, em geral, o reconhecimento dessas desigualdades como intrinsecamente injustas tem contribuído para a produção de reflexões sobre como combater o racismo, a xenofobia e outras formas de discriminação mediadas por variações étnico-raciais.

A discussão sobre a noção de raça na Antropologia se intensificou nos Estados Unidos no século XX, nas décadas de 1930 a 1950, quando o país enfrentava fortes tensões raciais, com uma legislação segregacionista, produto do passado escravocrata. No contexto do pós-guerra, quando a situação estadunidense era comparável à da África do Sul nos anos 1980, a Organização das Nações Unidas para a Educação, a Ciência e a Cultura (Unesco) direcionou sua atenção ao Brasil, onde se estabeleceu o conceito de "democracia racial" como um suposto contraponto de convivência inter-racial pacífica em oposição a estruturas sociais marcadas pelo conflito aberto entre grupos étnico-raciais distintos e pela opressão social, cultural e politicamente legitimada de negros por brancos. Com esse propósito, a Unesco, em 1950, financiou uma série de estudos coordenados por Arthur

Ramos e dos quais participaram Gilberto Freyre, Florestan Fernandes, Oracy Nogueira, Roger Bastide, entre outros.

Nogueira (1985) comparou o racismo estadunidense com o racismo brasileiro, sugerindo que nos Estados Unidos existia um "racismo de origem", em contraponto com o que ocorreria no Brasil, onde haveria um "racismo de marca". Para os estadunidenses, aquele que tem uma gota de sangue negro é considerado negro. No Brasil, onde há certamente uma intensa miscigenação racial (variando geograficamente), existiria um "branqueamento" à medida que se produzem mudanças no *status* social, levando algumas pessoas inclusive a negarem sua ascendência racial. Ainda segundo Nogueira (1985), o preconceito de marca estaria relacionado com a aparência, os gestos, o sotaque, as "regras de etiqueta". Esse preconceito se associaria, portanto, com as classes sociais. As pessoas dos estratos mais baixos são consideradas "negras" e, conforme ascendem na estratificação social, tendem a deixar de se identificar como "negras" e se consideram "morenas" ou mestiças.

Fernandes (1972) assinalou a existência de um "racismo à brasileira", que consiste em "invisibilizar" a diferença, um "racismo cordial" que nega a diferença, mas reproduz a hierarquia e a desigualdade. Este se caracteriza pelo "branqueamento" no trato interpessoal. O racismo fica "invisibilizado" tanto pelo trato "gentil", que evita se referir ao interlocutor como "negro", como pela introjeção do preconceito. Os negros que conseguiam certa ascensão social pagavam o preço de negar sua cultura pela introjeção dos parâmetros dos brancos. Esse racismo "invisibilizado" se põe em evidência nas ocasiões de conflito quando se expressam todas as hierarquias.

Ao analisar a relação dos índios Tikuna com a população regional, em seu livro *O índio e o mundo dos brancos*, Oliveira (1996) assinala também que a estrutura de classes da sociedade regional tem uma clivagem mais profunda, de caráter étnico. Os indígenas estão entre os grupos mais excluídos e explorados ao longo da história brasileira. O autor assinala que, nesse grupo, a identidade indígena implica uma construção ideológica e uma posição subordinada na estrutura social. Como construção ideológica, se constitui todo um sistema de acusações que, por meio de estereótipos, tende a reforçar esta posição. Os grupos discriminados, independentemente de seu tamanho, operam como uma minoria social, que não tem acesso aos recursos econômicos, simbólicos ou políticos.

O contexto antes descrito demonstra que há no Brasil racismo e discriminação a partir de marcadores étnico-raciais, desencadeando desigualdades socioeconômicas. Estigmas são reforçados, obstaculizando a ascensão social dos grupos excluídos das posições privilegiadas na sociedade, criando, assim, uma correlação entre renda e componentes étnico-raciais. Essas desigualdades refletem-se em outros indicadores de ascensão social, como o acesso à educação em geral e a cursos universitários em particular, tanto em nível de graduação quanto de Pós-Graduação.

Com a redemocratização brasileira em meados da década de 1980 e, mais especificamente, a partir da Constituição de 1988, diversas políticas relacionadas a diferenças étnico-raciais foram incipientemente estabelecidas, a exemplo do direito a uma educação diferenciada e o reconhecimento de territórios tradicionais. Nesse novo contexto democrático e de liberdade de expressão, seria possível partir do pressuposto de que uma efetiva democracia racial seria estabelecida, sem haver necessidade de criar mecanismos formais e coercitivos (programas sociais, leis e normas, entre outros) que incidissem em favor de algum agrupamento social. Todavia, não foi isso o que se observou nas últimas décadas. Segundo Andrews (1997), a "partir de 1940 até o presente, os censos nacionais vêm documentando disparidades persistentes entre as populações branca e não-branca em educação, realização vocacional, ganhos e expectativa de vida". Isso foi evidenciado no campo da segurança (Oliveira; Lima; Santos, 1998), na distribuição de renda (Theodoro, 2008) e também no acesso ao ensino superior (Carvalho, 2006).

Nesse cenário de racismo estrutural e estruturante, políticas públicas relativas às questões étnico-raciais começaram a ser estabelecidas e vêm ganhando um espaço crescente com a criação de órgãos específicos para tratar dessas demandas, como a Fundação Palmares, no Ministério da Cultura, e a Secretaria de Políticas de Promoção da Igualdade Racial (Seppir) — que foi extinta recentemente e incorporada pelo Ministério das Mulheres, Igualdade Racial e Direitos Humanos —, com instâncias específicas para as políticas de redução de desigualdade social, ancoradas em marcadores étnico-raciais. Ao mesmo tempo, as ações afirmativas nas instituições de ensino superior (IES) passaram gradualmente, a partir de meados dos anos 1990, a visibilizar as desigualdades existentes e a tentar ampliar o acesso de negros e indígenas ao ensino superior. Ao equalizar o ingresso na universidade por meio de uma série de políticas de ações afirmativas, incluindo cotas étnico-raciais, estabelece-se o direito à educação para grupos menos favorecidos, que continuariam excluídos sem essas ações.

De acordo com Carvalho (2006, p. 20), "96% de estudantes universitários brasileiros são brancos, 3% negros e 1% amarelos". Ainda de acordo com o Instituto Nacional de Estudos e Pesquisas Educacionais Anísio Teixeira (Inep), em 2009 os jovens brancos possuíam 10,2 anos de estudos, ao passo que os jovens negros tinham, comparativamente, 1,5 ano a menos (Alvarez; Santos, 2006). A disparidade se torna mais evidente quando são analisados os dados do Censo Demográfico de 2010 do Instituto Brasileiro de Geografia e Estatística (IBGE), que revelam que mais da metade da população (50,7%) declara-se como preta ou parda. A adoção das políticas de ação afirmativa nos últimos anos ampliou a inserção de negros e indígenas nos níveis mais elevados de educação, mas essa proporção certamente ainda não se adequa aos parâmetros demográficos da população — tendo chegado próximo a 35% de pretos ou pardos em 2010 (Artes, 2013).

Ações afirmativas em relação a "cotas na Pós-Graduação" foram implementadas por algumas instituições brasileiras, mas, em sua maioria, de maneira não institucionalizada. Cerqueira e Roberto (2014) citam alguns exemplos: a Universidade do Estado da Bahia (UNEB), desde 2007, destina 40% das vagas para negros e 5% para indígenas;

a Pós-Graduação em Direitos Humanos da Universidade de São Paulo (USP), desde 2006, reserva um terço das vagas para negros, indígenas, pobres e deficientes físicos; a Universidade de Brasília (UnB) e a Universidade Federal do Rio de Janeiro (UFRJ) adotam o sistema de cotas para alguns de seus cursos de Mestrado e Doutorado. O Estado do Rio de Janeiro recentemente aprovou legislação sobre ações afirmativas e programas de inclusão a serem implementados nas universidades estaduais. Por outro lado, algumas instituições brasileiras posicionam-se contra o sistema de cotas na Pós-Graduação, alicerçadas nos argumentos de mérito e na constatação (ainda não comprovada) de que o desempenho dos cotistas seria similar ou mesmo superior aos dos não cotistas (Cerqueira; Roberto, 2014). Essa aparente contradição deixa evidente que é imperativa a produção de informações mais acuradas sobre a situação, bem como a necessidade de estabelecer políticas institucionais sólidas que busquem a real inclusão dos negros e indígenas no sistema de Pós-Graduação no Brasil.

2. As ações afirmativas na UFG: breves notas

A Universidade Federal de Goiás (UFG), na segunda metade dos anos 2000, iniciou um programa de ações afirmativas de promoção do acesso a cursos de graduação de estudantes negros, quilombolas e indígenas que tivessem cursado o ensino médio integralmente em escolas públicas. Trata-se do programa UFGInclui, criado pela Resolução do Conselho Universitário da UFG (Consuni n. 29/2008), com previsão de vigência por 10 anos, o qual reservava 10% das vagas de cursos de graduação para estudantes que tivessem cursado o ensino médio em escola pública e outros 10% para estudantes negros egressos de escolas públicas, além de uma vaga extra em cada curso de graduação, onde houvesse demanda, para candidatos indígenas e outra para quilombolas, bem como 15 vagas para candidatos surdos no curso de Letras-Libras, quando oriundos de escola pública (Gonçalves, 2014). A partir da Lei n. 12.711, de 29 de agosto de

2012 (Brasil, Lei n. 12.711/2012), que "dispõe sobre o ingresso nas universidades federais e nas instituições federais de ensino técnico de nível médio", o UFGInclui passou a contemplar apenas as vagas extras para candidatos indígenas e quilombolas, além das vagas para surdos, uma vez que a lei federal passou a definir, para todas as instituições federais de ensino superior, a reserva de 50% das vagas para candidatos egressos da escola pública, com recortes ainda previstos para candidatos com renda *per capita* familiar de até um salário mínimo e meio e para candidatos pretos, pardos e indígenas (PPI, entendendo-se negros como a soma de pretos e pardos).

Estudantes indígenas e quilombolas que ingressarem pelo UFGInclui ou por meio de outras modalidades de ações afirmativas desfrutam de uma bolsa permanência do Ministério da Educação (MEC) e também de acompanhamento acadêmico por parte da UFG. Vale também ressaltar que a existência de programas de ações afirmativas tem permitido que ocorram na UFG diversas iniciativas pioneiras, tais como a criação de duas turmas do curso de Direito para beneficiários da reforma agrária e agricultores familiares (2007 e 2015) e uma de Pedagogia da Terra (2007), a partir de convênios com o Instituto Nacional de Colonização e Reforma Agrária (Incra), por meio do Programa Nacional de Educação na Reforma Agrária (Pronera). Também cabe destacar a criação, a partir de 2006, do curso de Educação Intercultural, voltado à formação de professores indígenas, sob coordenação do Núcleo de Formação Superior Taknahary (Faculdade de Letras, UFG).

Outras ações afirmativas também tentaram garantir a permanência de estudantes negros e negras da graduação, diminuindo a evasão, a exemplo do projeto Passagem do Meio, realizado em 2002, com apoio da Fundação Ford. Mais ainda, o Projeto vislumbrava inserir esses estudantes em atividades de pesquisa, preparando-os para a Pós-Graduação. A iniciativa pode ser sintetizada em seus anseios como algo que representava a "ampliação das oportunidades de permanência de universitários negros de baixa renda em uma instituição de ensino superior pública", sendo de seu interesse também construir "um caminho de acesso à Pós-Graduação" (Santos, 2005). Essa "Passagem do Meio" insere-se no contexto mais amplo de iniciativas semelhantes que ocorreram, em escala nacional, como a promovida pela Fundação Ford/Fundação Carlos Chagas no Brasil, um programa de apoio a estudantes negros e indígenas que permitiu a titulação de mais de 250 alunos de Mestrado e Doutorado entre 2001 e 2013 (Rosemberg, 2013; Artes; Unbehaum, 2015).

Em certo sentido, uma institucionalização integrada de todos esses programas se dá na UFG, em 2014, com a criação da Coordenadoria de Ações Afirmativas (Caaf), nos termos da Resolução Consuni n. 0015/2014, aprovada por unanimidade pelo Consuni da UFG, que está vinculada diretamente ao Gabinete da Reitoria. Entre outras, são atribuições da Caaf, conforme previsto no Art. 1º da mencionada resolução:

> [...] articular ações que garantam o direito à diversidade, promovam a pluralidade de ideias, ampliem a inclusão e contribuam para o fortalecimento de uma política universitária comprometida com a superação das desigualdades e o respeito às diferenças; acompanhar as políticas institucionais de estímulo à permanência e assistência a estudantes integrantes de grupos socialmente discriminados; fomentar interlocução com os movimentos sociais organizados, com vistas à construção de políticas afirmativas na universidade.

A trajetória de ações afirmativas na UFG relacionadas a marcadores étnico-raciais permite afirmar que a adoção de cotas para candidatos pretos, pardos e indígenas (PPI) na Pós-Graduação *stricto sensu*, discutida neste capítulo, é consequência de um caminho que começa a ser trilhado há pelo menos 15 anos. Tais iniciativas fundamentam-se no entendimento de que as ações afirmativas geram um impacto positivo no que diz respeito ao enfrentamento das desigualdades sociais, econômicas, políticas e culturais alicerçadas em valores e práticas racistas e eurocêntricas, gerando um movimento crescente e irreversível de conquista de cidadania e de consciência quanto à existência de direitos humanos fundamentais, como acesso à educação, que historicamente foram negados a negros e indígenas no Brasil.

3. As cotas étnico-raciais na pós-graduação da UFG

3.1 Histórico

No início de agosto de 2014, a Pró-Reitoria de Pós-Graduação (PRPG) recebeu, para aprovação final, a minuta do Edital de Seleção do Programa de Pós-Graduação em Antropologia Social (PPGAS) da UFG, que normatizava, em mais de um de seus itens, a reserva de vagas, utilizando-se de critério étnico-racial. Em documento protocolado, o PPGAS asseverava seu interesse em propor uma política de ação afirmativa para estudantes de Pós-Graduação e informava que ações análogas já vinham sendo praticadas em programas de Pós-Graduação no Brasil, na área da Antropologia, a exemplo dos cursos de Antropologia Social da Universidade Federal de Santa Catarina (UFSC), da Universidade de Brasília (UnB) e do Museu Nacional (Universidade Federal do Rio de Janeiro — UFRJ). Além desse argumento, os docentes da Antropologia preocuparam-se em encaminhar pressupostos jurídicos para sustentar sua proposta.

Àquela circunstância, não havia na UFG um marco legal acerca do tema, não no sentido exato em que propunha o Edital do PPGAS. Do relatado anteriormente, conclui-se que a política de ações afirmativas integrava de maneira consistente a prática institucional na UFG há algum tempo. Ainda assim, duas eram as novidades instadas pelo Edital: a adoção de uma política afirmativa no âmbito da Pós-Graduação *stricto sensu* e a utilização do critério étnico-racial, desvinculado de outros marcadores sociais, a exemplo de nível de renda. Embora a UFG já tivesse criado o UFGInclui, um programa de sucesso, ressalta-se que sua política afirmativa estava, sobretudo, voltada aos estudantes de escola pública. Para a Pós-Graduação, tendo em vista seu caráter diferenciado do da graduação, não fazia sentido mencionar, restritivamente, a escola ou a universidade pública. A despeito disso, o UFGInclui serviu como um amparo institucional — era um programa que apresentava dados positivos, tendo, portanto, sua experiência bem avaliada e reconhecida.

Das novidades mencionadas, imediatamente, advieram questionamentos da própria equipe gestora da UFG: por que apenas um dos programas adotaria a reserva de vagas se, à época, a instituição contabilizava 69 programas de Pós-Graduação (incluindo programas em cooperação interinstitucional ou em rede)? Como a adoção de reserva de vagas, no PPGAS, impactaria os outros programas da UFG? Diante dessas duas principais perguntas — que, porém, não foram as únicas —, ficou patente para a equipe que a discussão ultrapassava o âmbito do PPGAS e exigia a adoção de uma política institucional para a Pós-Graduação da UFG. Nesse sentido, tal política deveria ser capaz de efetivar a inclusão e refletir sobre a permanência dos estudantes negros e indígenas nos cursos de Pós-Graduação. Por sua vez, esses dois objetivos, mais adiante, significariam discutir a prática acadêmica nessa etapa de ensino, reelaborando a resolução geral da Pós-Graduação na UFG.

Simultaneamente ao debate na PRPG e na Pró-Reitoria de Pesquisa e Inovação (PRPI) da UFG, o tema da política afirmativa para negros e indígenas na Pós-Graduação foi levado ao Gabinete da Reitoria. O passo seguinte foi a apresentação do tema em uma das reuniões da Câmara de Pesquisa e Pós-Graduação (CPPG), quando, no dia 18 de setembro de 2014, compôs-se uma Comissão para elaborar uma minuta. Essa Comissão foi constituída por representantes da PRPG, da Caaf, das Coordenações de Pesquisa e Pós-Graduação das Regionais da UFG e dos cursos de Pós-Graduação. No dia 13 de novembro de 2014, após debates e mudanças no texto da minuta elaborada pela Comissão, a respectiva foi aprovada com apenas duas abstenções (de um total de 70 conselheiros) na CPPG, sendo, em seguida, publicada na página eletrônica da PRPG. À publicação da minuta seguiu o convite da PRPG e da PRPI à comunidade universitária (docentes, técnico-administrativos e estudantes) para uma audiência pública. A minuta foi discutida e aprovada por ampla maioria em outras duas instâncias superiores, a saber: o Conselho de Ensino, Pesquisa, Extensão e Cultura (Cepec) e o Consuni, sendo, por fim, aprovada e publicada no dia 24 de abril de 2015 como Resolução n. 07/2015.

3.2 Bases conceituais e marcos legais

Segundo o histórico apresentado anteriormente, a adoção de cotas para a Pós-Graduação *stricto sensu* (mestrados e doutorados) na UFG considerou principalmente dois componentes para discussão e posterior elaboração da minuta. Em primeiro lugar, foi preciso examinar os aspectos conceituais que subsidiassem, sob um ponto de vista acadêmico, a adoção de cotas nos programas de Pós-Graduação e suas implicações. Em seguida, foi preciso analisar e definir os marcos legais para a implementação das cotas, que seriam utilizados para embasar a resolução e funcionariam como pressupostos.

Em relação aos aspectos conceituais, as discussões foram centradas na convergência das trajetórias acadêmicas de diferentes grupos étnico-raciais, seguindo o modelo apresentado graficamente na Figura 1. O pressuposto básico é que, à medida que se aumenta o nível acadêmico, desde o ensino fundamental até a Pós-Graduação, aumenta-se o nível de conhecimento e a qualificação profissional. Há, certamente, uma grande variação individual em torno da tendência geral de aumento, mas o aspecto importante é que uma parte da variação individual está estruturada por questões históricas, étnico-raciais e culturais. Na prática, o ingresso na graduação por meio de um vestibular ou do Exame Nacional do Ensino Médio (ENEM)/Sistema de Seleção Unificada (SiSU) exige um nível mínimo "crítico" de conhecimento, mensurado principalmente pela concorrência entre os indivíduos (variando, portanto, entre os diferentes cursos de graduação). Isso tende a desfavorecer os grupos que possuem os passivos históricos e desvantagens nas condições iniciais, como o grupo PPI. Assim, em função da concorrência, a trajetória crescente de estudantes do grupo PPI na graduação tende a se estabilizar em patamares inferiores ao da representatividade do grupo no conjunto da população, quando se considera a Pós-Graduação, desencadeando uma série de problemas de qualificação profissional que, por sua vez, reforçam os quadros de discriminação socioeconômica associada à variação étnico-racial, especialmente no conjunto das profissões de maior prestígio social e melhor remuneração.

FIGURA 1

Modelo conceitual simples demonstrando a necessidade das cotas na Pós-Graduação

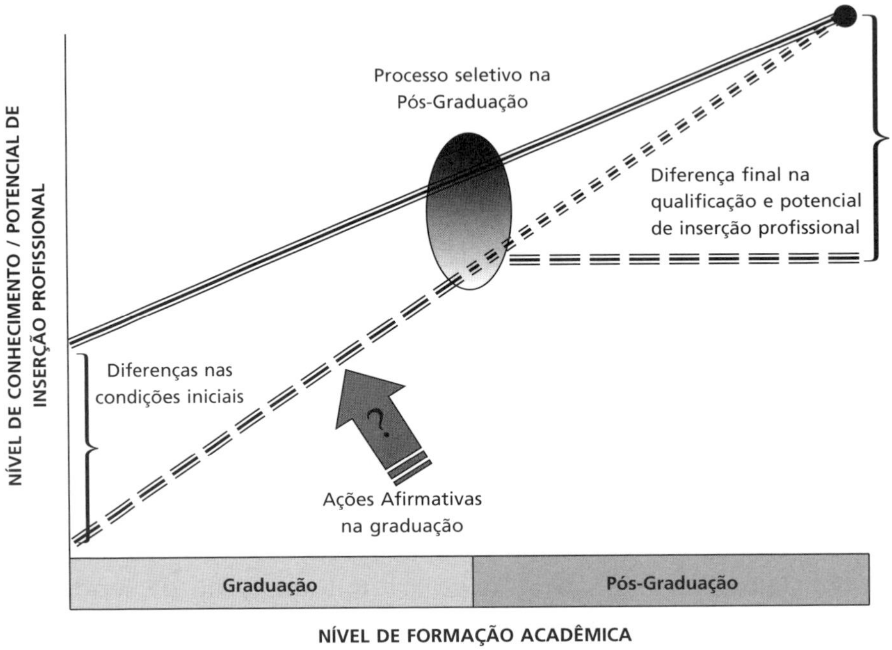

Fonte: Elaboração dos autores

Legenda: O modelo parte do princípio de que as trajetórias acadêmicas dos candidatos PPI (linha tracejada) inicia-se em um ponto inferior quando comparada à trajetória de outros candidatos. Apesar das diferenças nas condições iniciais, as cotas nos processos de ingresso na graduação e as ações afirmativas durante a graduação (seta) tendem a forçar as trajetórias a convergir, mas não há uma definição precisa de quando isso ocorrerá. Quanto mais intensas forem as ações, mais rápida seria a convergência. Entretanto, há limites para a capacidade das ações de corrigirem todos os problemas, de modo que a trajetória dos candidatos PPI tende a ser "quebrada" quando do ingresso na Pós-Graduação ou no seu potencial de inserção no mercado de trabalho. Os processos seletivos tradicionais para a Pós-Graduação (elipse) definem um nível mínimo para ingresso na Pós-Graduação, mas por efeito da concorrência, a chance de os candidatos PPI serem bem-sucedidos no processo é menor (efeito de gradiente na elipse). As cotas podem, sem distorcer o mínimo, quebrar o efeito do gradiente e permitir que os candidatos PPI continuem sua trajetória acadêmica (linha tracejada fina) até que, em algum momento no futuro, haja a convergência final das trajetórias (círculo preto).

Em princípio, a introdução do sistema de cotas na graduação amplia a possibilidade de que os integrantes do grupo PPI ingressem no sistema, e essa inserção oportuniza-lhes a continuidade da trajetória acadêmica esperada. Em um segundo momento, a convergência das trajetórias (entre grupos PPI e demais) resultaria na inserção mais equitativa no mercado de trabalho, contribuindo, assim, para a transformação da relação entre critério étnico-racial e estratificação social, como apontado na primeira parte deste capítulo. Todavia, é preciso ter ações afirmativas vigorosas para compensar as diferenças nas condições iniciais que favoreçam essa convergência de trajetórias em algum momento do futuro. O problema é que, quanto menor for a intensidade das ações afirmativas, maior o tempo para convergência e, com poucas ações, na melhor das hipóteses, a diferença, em função das condições iniciais, se mantém (eventualmente, a situação do grupo PPI pode se tornar mais difícil por problemas relacionados à permanência na universidade e ao preconceito, que podem causar o aumento da evasão).

Uma questão importante a ser considerada no modelo da Figura 1 é se as ações afirmativas adotadas na graduação já não seriam plenamente suficientes para que o ponto de convergência fosse alcançado ao final desse nível educativo, sem necessidade de novas cotas para ingresso na Pós-Graduação. Esse é o cenário assumido por vários detratores de políticas de ações afirmativas na Pós-Graduação e, de certo modo, pode ser reforçado por evidências de que o desempenho acadêmico de cotistas PPI basicamente não difere dos não cotistas (mesmo que se demonstre esse equilíbrio de modo geral, isso não necessariamente se reflete na chance de ingresso na Pós-Graduação, como será discutido posteriormente na análise de alguns processos seletivos na UFG).

Paradoxalmente, embora não haja dados precisos ou atualizados, sabe-se que a proporção de alunos PPI nos cursos de Mestrado e Doutorado no Brasil e na UFG é baixa e que há uma série de problemas de desigualdade étnico-racial no mercado de trabalho. De fato, o Governo Federal, ao expandir a política de inserção social e cotas em concursos públicos, por meio da Lei n. 12.990/2014, que "reserva aos negros 20% (vinte por cento) das vagas oferecidas nos concursos públicos para provimento de cargos efetivos e empregos públicos no âmbito da administração pública federal, das autarquias, das fundações públicas, das empresas públicas e das sociedades de economia mista controladas pela União" (Brasil, 2014a), deixa explícito que a desigualdade das condições iniciais continua se refletindo em um ponto mais alto, na entrada no mercado de trabalho, profissional e acadêmico. Assim, uma vez que a Pós-Graduação está situada em uma posição intermediária entre o final da graduação e a inserção laboral (especialmente considerando um mercado mais especializado e qualificado), fica evidente que ações afirmativas na Pós-Graduação são necessárias.

A Lei n. 12.990/2014 sugere, portanto, que as trajetórias acadêmicas dos PPI não tendem a convergir plenamente com a dos autodeclarados brancos logo após o final da graduação. Esse aspecto se reforça, pelo menos em tese, pela criação, no final de 2015, de um Grupo de Trabalho (GT), liderado pela Coordenação para Aperfeiçoamento de Pessoal de Ensino Superior (Capes), para discutir as ações afirmativas no contexto da Pós-Graduação, cujo fundamento se encontra na Lei n. 13.005/2014, que "aprova o Plano Nacional de Educação", o qual contempla, em sua Meta 14, relativa à elevação do número de matrículas na Pós-Graduação *stricto sensu*, a seguinte Estratégia 5, entre outras relevantes no que diz respeito a ações afirmativas: "implementar ações para reduzir as desigualdades étnico-raciais e regionais e para favorecer o acesso das populações do campo e das comunidades indígenas e quilombolas a programas de Mestrado e Doutorado".

Um último aspecto importante a ser discutido é a questão da "qualidade" na Pós-Graduação. Sem dúvida, do mesmo modo que ocorre na graduação, é preciso esclarecer e divulgar qual o nível de conhecimento mínimo necessário para que um aluno ingresse na Pós-Graduação e consiga desenvolver suas atividades de pesquisa com sucesso. Nesse sentido, a adoção da política de cotas na Pós-Graduação pode partir de diferentes pressupostos, a despeito de ser seguida por diferentes programas em diferentes áreas do conhecimento. Ao adotarem um nível mínimo crítico muito elevado, alguns programas podem estar de fato bloqueando o acesso de candidatos PPI, o que exige uma intensificação das ações afirmativas ainda durante a graduação. Essa política, entretanto, também pode criar problemas de fluxo de alunos para o programa — isto é, poucos alunos alcançarão o nível mínimo para admissão e, não havendo ingresso, não há titulação. Ao reavaliar de forma crítica os níveis mínimos exigidos, o programa permite que a competição pelas vagas disponíveis e não o nível mínimo de ingresso elimine a possibilidade de acesso à Pós-Graduação. Criam-se, assim, mais oportunidade para candidatos PPI que possuam as condições mínimas de ingresso, mas que, por um efeito de competição, não conseguiriam ingressar no programa sem as cotas. Mais importante, a própria existência das cotas leva a uma discussão das ações afirmativas na graduação e na Pós-Graduação, o que possui certamente um efeito positivo. Cada vez mais, observando o sistema de forma integrada, os envolvidos dão-se conta de que formar implica atuar tanto na graduação quanto na Pós-Graduação, aliando ensino e pesquisa e utilizando os meios que se têm à disposição, como o Programa Institucional de Bolsas de Iniciação Científica (Pibic) e o Programa Institucional de Bolsa de Iniciação à Docência (Pibid), além da necessidade de inserção dos estudantes nos grupos e núcleos de pesquisa. Integrar graduação e Pós-Graduação não pode ser visto apenas como uma exigência burocrática da Capes, mas como a expressão de uma experiência que funciona e forma melhor, diminuindo a evasão e permitindo que os formandos e formados escolham, com mais certeza, os caminhos que pretendem seguir, sejam eles os da vida acadêmica ou os do mercado de trabalho.

Esclarecidas as condições gerais para o estabelecimento das cotas PPI na Pós-Graduação, vale ressaltar os marcos legais que embasariam a adoção de uma política de cotas para toda a universidade. Partiu-se da concepção de que as políticas de ações afirmativas no Brasil têm como escopo a reparação ou a compensação da desigualdade social e econômica relacionadas à discriminação étnico-racial. Por conseguinte, não são concessões do Estado, mas deveres que se extraem dos princípios constitucionais, incluindo o objetivo de "erradicar a pobreza e a marginalização e reduzir as desigualdades sociais e regionais" e "promover o bem de todos, sem preconceitos de origem, raça, sexo, cor, idade e quaisquer outras formas de discriminação" (Brasil, 1988, art. 3º, incisos III e IV), a igualdade material (Brasil, 1988, art. 5º, *caput*) e a igualdade de condições para o acesso e permanência na escola (Brasil, 1988, art. 206, inciso I). Dessa forma, à concepção das políticas afirmativas se aliam os princípios republicanos constitucionais.

Aqui cabe destacar que o Plenário do Supremo Tribunal Federal (STF), em abril de 2012, por unanimidade, julgou "totalmente improcedente" a Arguição de Descumprimento de Preceito Fundamental (ADPF) n. 186, ajuizada pelo Partido Democratas (DEM), em 2009, considerando, em consequência, constitucional a política de cotas étnico-raciais para seleção de estudantes de graduação da UnB, uma das pioneiras do país. Nos termos do parecer do Relator, Ministro Ricardo Lewandowski:

> Não contraria — ao contrário, prestigia — o princípio da igualdade material, previsto no *caput* do art. 5 da Carta da República, a possibilidade de o Estado lançar mão seja de políticas de cunho universalista, que abrangem um número indeterminado de indivíduos, mediante ações de natureza estrutural, seja de ações afirmativas, que atingem grupos sociais determinados, de maneira pontual, atribuindo a estes certas vantagens, por um tempo limitado, de modo a permitir-lhes a superação de desigualdades decorrentes de situações históricas particulares (Supremo Tribunal Federal, 2012).

Nesse cenário de jurisprudência definida pelo STF, observa-se que ainda em 2012 foi aprovada, no âmbito federal, uma política de ações afirmativas e de reserva de vagas para os cursos de graduação, por meio da Lei n. 12.711/2012, regulamentada pelo Decreto n. 7.824/2012, cujo art. 5º, § 3º, estabelece que "as instituições federais de educação poderão, por meio de políticas específicas de ações afirmativas, instituir reservas de vagas suplementares ou de outra modalidade" (Brasil, 2012), respeitando assim um princípio constitucional mais amplo que assegura que "as universidades gozam de autonomia didático-científica, administrativa e de gestão financeira e patrimonial, e obedecerão ao princípio de indissociabilidade entre ensino, pesquisa e extensão" (Brasil, 1988, art. 207, *caput*).

4. A Resolução Consuni n. 07/2015

4.1 Principais características da Resolução

A minuta da resolução sobre as cotas PPI na Pós-Graduação *stricto sensu* foi discutida em diversas instâncias da UFG e aprovada pelo Consuni, gerando a Resolução Consuni n. 07, de 24 de abril de 2015 (UFG, 2015). De acordo com as bases conceituais discutidas na seção anterior e com os marcos legais estabelecidos, as principais características da resolução são:

1) manutenção de autonomia dos programas na definição dos critérios de seleção;
2) definição da porcentagem a ser destinada às cotas em cada processo seletivo: mínimo de 20% das vagas reservadas a candidatos pretos, pardos e indígenas, que devem se autodeclarar (e, no caso de indígenas, Registro Administrativo de Nascimento e Óbito de Índios — RANI ou declaração de pertencimento emitida pelo grupo indígena assinada por liderança local);
3) conversão de vagas de cotistas em vagas de livre concorrência caso as vagas reservadas não sejam utilizadas por candidatos PPI;
4) aplicação de diferentes modelos de distribuição de vagas reservadas (geral, por linha de pesquisa ou área de concentração; ou seleção por orientador, que prevê a criação de um "banco de vagas PPI", conforme será explicado no próximo item);
5) normatização de atividades complementares para auxiliar candidatos PPI, caso o programa julgue necessário;
6) indicação às comissões de bolsas dos Programas de Pós-Graduação para que, a seu critério e observando as normatizações das agências de fomento, incorporem aos critérios de distribuição de bolsa a questão das cotas e das ações afirmativas;

7) manutenção das cotas na Pós-Graduação por dez anos, com prazo renovável dependendo da avaliação e da necessidade de prorrogar o programa de ações afirmativas;
8) aplicação não obrigatória da Resolução para Programas de Pós-Graduação em cooperação ou associação com outras instituições como os em rede ou multicêntricos.

Dada a heterogeneidade de modelos de processos seletivos utilizados pelos diferentes Programas de Pós-Graduação nas várias áreas do conhecimento, a aplicação da resolução de cotas na Pós-Graduação, mediada pelos princípios descritos antes, é complexa. Assim, a PRPG/UFG lançou uma instrução técnica a fim de auxiliar os programas na aplicação da resolução nos processos seletivos, cujos principais aspectos são apresentados a seguir.

5. A aplicação da Resolução Consuni n. 07/2015

5.1. A condução dos processos seletivos na Pós-Graduação da UFG

Para um processo seletivo em que o Programa de Pós-graduação (PPG) define o número total de vagas disponíveis (de forma análoga ao que ocorre nos cursos de graduação), ou separando a inscrição por área de concentração ou por linha de pesquisa, a aplicação da Resolução Consuni n. 07/2015 é direta. Do total de vagas oferecidas, pelo menos 20% devem ser reservadas para candidatos que se autodeclararem PPI, considerando dois aspectos importantes:

1) um candidato que se autodeclara PPI pode ter uma nota que o aprove e classifique entre os 80% dos candidatos com melhores notas; portanto, a vaga PPI é direcionada para o próximo candidato autodeclarado com a melhor nota;
2) as vagas reservadas para os candidatos PPI podem não ser preenchidas e, portanto, ser revertidas para a livre concorrência.

A fim de facilitar a compreensão da aplicação da Resolução n. 07/2015, foram criados exemplos hipotéticos de resultados de processos seletivos, simulando-se diferentes situações.

No primeiro exemplo hipotético (Tabela 1), que trata de um processo seletivo geral, um PPG abriu um total de 10 vagas. Do total de 22 candidatos que realizaram o processo seletivo, 15 foram aprovados, considerando a definição de uma "nota de corte" igual a 7,0. Há, entretanto, apenas 10 vagas, das quais duas devem ser alocadas para candidatos que se autodeclararam PPI (pelo menos 20% das vagas).

Na situação 1 da Tabela 1, dos oito primeiros candidatos, por ordem de classificação, dois candidatos se autodeclararam PPI, mas eles não usam as vagas reservadas para PPI em função de sua classificação geral (ou seja, eles foram classificados dentro dos 80% dos candidatos com melhor desempenho). Por outro lado, os candidatos 9 e 10 não se autodeclararam PPI e perdem a prioridade para os candidatos 12 e 14, que são os dois primeiros candidatos PPI da lista. Note-se que o candidato 15, embora tenha se autodeclarado PPI, não ingressa no PPG, uma vez que as duas vagas para PPI já foram preenchidas por candidatos mais bem classificados. Na situação 2 da Tabela 1, apenas um candidato PPI foi aprovado, o candidato 14 (além dos PPI classificados dentre os oito primeiros colocados que compõem o subconjunto de 80% das vagas), de modo que a vaga PPI ociosa é revertida para a ampla concorrência, sendo então ocupada pelo candidato 9.

Assim, os passos para a aplicação da Resolução Consuni n. 07/2015, no caso de oferta geral de vagas por PPG, área de concentração ou linha de pesquisa, são:

1) do total de vagas, são classificados 80% dos candidatos com melhor nota, independentemente de esses candidatos terem se autodeclarado ou não PPI;
2) as vagas restantes (20%) devem ser ocupadas pelos candidatos que se autodeclararam PPI, seguindo a ordem de classificação;
3) caso as vagas reservadas não sejam preenchidas, tal como indicado no passo 2, retorna-se à lista original, ocupando a vaga ociosa o candidato na sequência.

TABELA 1

Processo seletivo hipotético, com seleção por classificação geral, com duas situações diferentes de autodeclaração como PPI

Candidatos	Nota final	Aprovação	Sem cotas	Situação 1		Situação 2	
			Classificação inicial (10 vagas)	PPI	Classificação final	PPI	Classificação final
1	9,5	Aprovado	Classificado	Não	Classificado	Não	Classificado
2	9	Aprovado	Classificado	Não	Classificado	Não	Classificado
3	9	Aprovado	Classificado	Sim	Classificado	Sim	Classificado
4	8,75	Aprovado	Classificado	Não	Classificado	Não	Classificado
5	8,5	Aprovado	Classificado	Não	Classificado	Não	Classificado
6	8,5	Aprovado	Classificado	Não	Classificado	Sim	Classificado
7	8,5	Aprovado	Classificado	Sim	Classificado	Sim	Classificado
8	8	Aprovado	Classificado	Não	Classificado	Não	Classificado
9	8	Aprovado	Classificado	Não	Não classificado	Não	Classificado
10	8	Aprovado	Classificado	Não	Não classificado	Não	Não classificado
11	8	Aprovado	Não classificado	Não	Não classificado	Não	Não classificado
12	8	Aprovado	Não classificado	Sim	Classificado	Não	Não classificado
13	8	Aprovado	Não classificado	Não	Não classificado	Não	Não classificado
14	7,5	Aprovado	Não classificado	Sim	Classificado	Sim	Classificado
15	7	Aprovado	Não classificado	Sim	Não classificado	Não	Não classificado
16	6,5	Reprovado					
17	6	Reprovado					
18	5,5	Reprovado					
19	5	Reprovado					
20	4,5	Reprovado					
21	4,5	Reprovado					
22	4	Reprovado					

Fonte: Elaboração dos autores.

Por outro lado, em diversos PPGs, na UFG e no Brasil, as vagas de processos seletivos são definidas por orientador. Isso significa que cada um dos orientadores pode oferecer vagas (1, 2, 3 ou mais), e os candidatos concorrem, de fato, a essas vagas. Nesse modelo, se cada orientador oferece apenas uma vaga, seria, em princípio, impossível implementar uma política de cotas (já que não é factível aplicar uma percentagem a apenas uma vaga). Nesse cenário, a UFG adotou um modelo que exige criar um "banco de vagas PPI" para a aplicação da política de cotas, no caso de a opção do PPG ser pela seleção por orientador.

Para processos seletivos baseados em vagas por orientador, a lógica que definirá o cálculo é distinta da de uma seleção geral (por linha ou por área de concentração ou por programa). No caso do cálculo de vagas para seleção por orientador, o total somente será conhecido após o acréscimo de vagas de cotas, o que ocorrerá mediante a criação de um banco de vagas PPI. O número de vagas disponibilizado pelos vários orientadores pode ser muito variável, inclusive comparando-se os editais de um mesmo PPG. Assim, é preciso aplicar uma fórmula geral para estabelecer o número de vagas PPI do "banco" (*B*), considerando a proporção de vagas PPI a ser adotada (a) e a soma do número de vagas disponibilizadas pelos orientadores (*OR*), que de fato são as vagas de livre concorrência. Esse valor de *B* é dado por:

$$B = \mathrm{a}OR \ / \ (1 - \mathrm{a})$$

Por exemplo, se a soma das vagas dos orientadores (vagas de livre concorrência) é igual a 10 e o PPG decide usar o valor mínimo de a igual a 20%, o resultado (vagas reservadas no banco PPI) é:

$$B = 0{,}2 \times 10 \ / \ (1 - 0{,}2) = 2{,}4 \sim 3 \text{ vagas}$$

Nesse segundo exemplo, o número de vagas a serem oferecidas pelo PPG é, portanto, igual a 10 + 3 = 13, o que significa um total efetivo de 23% de vagas PPI, por aproximação (arredondamento "para cima"). Se, por outro lado, a soma *OR* for igual a 22 e o programa decidir adotar uma proporção de 30%, o número de vagas do banco PPI é dado por:

$$B = 0{,}3 \times 22 \;/\; (1 - 0{,}3) = 9{,}4 \sim 10 \text{ vagas}$$

Com o banco PPI tendo 10 vagas, o resultado total é igual a 32 vagas (alcançando, assim, 31,2% de vagas PPI por aproximação — arredondamento "para cima").

Uma vez constituído o banco PPI, os passos para definir os candidatos aprovados, no caso de processo seletivo por orientador, são os seguintes:

1) seguindo a ordem de classificação, alocar os candidatos, independentemente da autodeclaração, nas vagas dos orientadores escolhidos até que as mesmas estejam esgotadas, como nos processos seletivos sem a adoção de vagas PPI;
2) os candidatos PPI que não tiveram suas vagas definidas na primeira distribuição (passo 1) devem ser alocados, conforme a ordem de classificação, nas vagas adicionais dos orientadores por eles escolhidos, até que as vagas do banco PPI estejam esgotadas.

Na Tabela 2, aparecem várias situações ilustrativas do procedimento descrito antes. Inscreveram-se no processo seletivo e realizaram as provas 22 candidatos, que disputavam um total de 10 vagas, distribuídas entre seis orientadores (número de vagas por orientador variando entre um e três vagas). Pela resolução e aplicando-se a fórmula anteriormente mencionada, o banco de vagas PPI deve conter pelo menos 2,5 vagas, de modo que as três vagas (por arredondamento) passam a representar 23% do total de 13, atendendo ao mínimo estabelecido pela Resolução Consuni n. 07/2015.

Dos 22 candidatos inscritos, 19 foram aprovados, assumindo mais uma vez uma "nota de corte" igual a 7,0. Os candidatos aprovados

TABELA 2

Exemplo hipotético de processo seletivo por orientador em um PPG, considerando o efeito de candidatos autodeclarados como PPI

Orientador	Vagas	Candidatos	Nota final	Aprovação	PPI	Orientador escolhido	Classificado por orientador	Banco de vagas	Classificação final	Orientador	Vagas finais
Orientador 1	2	1	9,5	Aprovado	Sim	2	Sim	Não usa banco	Sim	Orientador 1	2
Orientador 2	1	2	9	Aprovado	Não	2	Não		Não	Orientador 2	1
Orientador 3	1	3	9	Aprovado	Sim	3	Sim	Não usa banco	Sim	Orientador 3	3
Orientador 4	1	4	8,75	Aprovado	Não	5	Sim		Sim	Orientador 4	2
Orientador 5	3	5	8,5	Aprovado	Não	5	Sim		Sim	Orientador 5	2
Orientador 6	2	6	8,5	Aprovado	Não	4	Sim		Sim	Orientador 6	1
		7	8,5	Aprovado	Sim	4	Não	Sim (Orientador 4 ganha vaga)	Sim		11
Vagas disponibilizadas	10	8	8,5	Aprovado	Não	4	Não		Não		
		9	8	Aprovado	Sim	3	Não	Sim (Orientador 3 ganha vaga)	Sim		
Banco de vagas (cotas)	2,5 3	10	8	Aprovado	Não	3	Não		Não		
		11	8	Aprovado	Não	2	Não		Não		
Total de vagas	13	12	7,5	Aprovado	Não	2	Não		Não		
		13	7,5	Aprovado	Não	3	Não		Não		
		14	7	Aprovado	Não	3	Não		Não		
		15	7	Aprovado	Sim	3	Não	Sim (Orientador 3 ganha vaga)	Sim		
		16	7	Aprovado	Sim	1	Sim	Não usa banco	Sim		
		17	7	Aprovado	Não	1	Sim		Sim		
		18	7	Aprovado	Sim	1	Não	Banco esgotado	Não		
		19	7	Aprovado	Sim	6	Sim	Não usa banco	Sim		
		20	6,5	Reprovado							
		21	5,5	Reprovado							
		22	4,5	Reprovado							

Fonte: Elaboração dos autores.

tinham escolhido seus orientadores dentre os seis disponíveis. O candidato mais bem classificado escolheu o orientador 2, que havia disponibilizado apenas uma vaga. Embora esse primeiro candidato tenha se autodeclarado PPI, ele foi aprovado em primeiro lugar para seu orientador e, seguindo a lógica mencionada anteriormente, esse candidato não usa o banco de vagas PPI. Por outro lado, o segundo candidato escolheu o mesmo orientador 2, que já usou todas as suas vagas, mas como ele não se autodeclarou PPI, é desclassificado. O candidato 7, por sua vez, se autodeclarou PPI, de modo que, apesar de o orientador escolhido por ele (o orientador 4) já ter ocupado sua única vaga com o candidato 6, ele é classificado, pois pode usar a primeira vaga do banco PPI. Assim, o banco PPI soma vagas adicionais aos orientadores 4 e 3 (sendo que este último recebeu duas vagas adicionais). O candidato 18, autodeclarado PPI, é desclassificado, pois escolheu o orientador 1, mas a vaga deste orientador já havia sido ocupada pelo candidato 16 e as três vagas do banco PPI já tinham sido ocupadas pelos candidatos 7, 9 e 15.

É importante ressaltar que esse modelo de processo seletivo por orientador, como já apontado, é de gestão um pouco mais complexa, além de ocasionar novos cenários, no que diz respeito à relação entre o resultado final e a nota de corte e à distribuição das vagas. Vale destacar que o segundo candidato classificado no processo, com uma excelente nota, é eliminado do PPG, uma vez que ele escolheu o orientador 2, que já havia preenchido suas vagas (e isso ocorreu independentemente de o primeiro colocado para esse orientador ter ou não se autodeclarado como PPI). Uma segunda observação é que, em função da alta demanda para o orientador 3, este recebeu duas das vagas do banco PPI e terminou o processo com três orientandos. A Resolução Consuni n. 07/2015 prevê que, se o orientador 3 julgar esse número excessivo, a Comissão de Seleção e/ou a Coordenação do PPG deverão redistribuir os candidatos para orientadores com vagas ociosas.

Também é relevante notar que, ainda em relação ao segundo exemplo, o PPG termina o processo seletivo com duas vagas ociosas por orientador (lembrando que o banco PPI acrescentou mais 3 vagas ao total das 10 ofertadas por orientador). Uma solução para esse problema é inserir, no edital de seleção, um item que regulamenta a redistribuição das vagas ociosas para os candidatos aprovados, segundo a ordem de classificação, desde que tais candidatos sejam aceitos por orientadores diferentes dos originalmente escolhidos pelos candidatos. O preenchimento de vagas ociosas poderá ocorrer independentemente da autodeclaração dos candidatos PPI, na circunstância em que o banco de vagas PPI já tenha se esgotado e o PPG tenha alcançado a cota definida em edital, seja essa cota de 20% ou mais.

Finalmente, a previsão de vagas reservadas para PPI nos editais dos processos seletivos dos PPGs *stricto sensu* da UFG é obrigatória, segundo a Resolução Consuni n. 07/2015, e a normativa técnica da PRPG sugere alguns artigos/parágrafos a serem incorporados nos editais, contemplando os aspectos mais importantes da resolução. A redação pode ficar a cargo de cada PPG, mas a inserção desses tópicos não é facultativa.

5.2 Uma avaliação inicial da aplicação da Resolução Consuni n. 07/2015 na UFG

Embora a maior parte dos PPGs da UFG realize seus processos seletivos no final do ano — de modo a iniciar o ano seguinte letivo com novas turmas —, alguns PPGs, em diferentes áreas do conhecimento, já promoveram seleções até a finalização deste capítulo (dezembro de 2015), tornando factível fazer uma avaliação inicial do resultado da demanda e do desempenho de candidatos PPI na Pós-Graduação da UFG.

Foram obtidos dados para um total de 30 processos seletivos realizados por 29 PPGs da UFG, sendo que destes 16 possuem nível de Mestrado e Doutorado. Esses processos envolveram um total de 1.378 candidatos inscritos para Mestrado e 372 para Doutorado. Desses totais, 16,1% e 12,6% se declaram PPI (e, desse percentual,

1/3 se autodeclarou preto e 2/3, pardos), para os dois níveis, respectivamente. Inscreveram-se apenas 2 indígenas para o Mestrado (e nenhum para o Doutorado). Assim, a demanda de alunos autodeclarados PPI é baixa, em relação às frequências esperadas com base na população (em torno de 55% para o estado de Goiás, segundo o Censo do IBGE 2010).

Considerando as vagas disponíveis, a taxa global de aprovação média dos mestrados e doutorados foi igual a 31,3% e 45,4%, respectivamente. Entretanto, a taxa de aprovação dos candidatos autodeclarados PPIs foi significativamente menor e igual a 26,6% e 34,4%, respectivamente. Considerando a demanda inicial e essas taxas de aprovação, a proporção de alunos PPI esperada para 2016, a partir desses processos seletivos, será de 13,7% e 9,5% nos cursos de Mestrado e Doutorado, respectivamente. É interessante notar, entretanto, que apesar da menor demanda e da menor taxa de aprovação, os candidatos PPI estiveram, em geral, bem classificados nos processos seletivos, de modo que poucas vagas de cotistas (apenas três no total) foram efetivamente utilizadas. Em alguns casos, a demanda geral dos processos seletivos foi menor do que a oferta de vagas, contribuindo para essa baixa utilização de vagas de cotistas.

Em resumo, a análise dos dados oriundos de alguns poucos processos seletivos realizados desde a aprovação da Resolução Consuni n. 07/2015 (ainda bastante preliminar, portanto) sugere que a demanda de candidatos PPI ainda é muito pequena, especialmente de candidatos indígenas. As taxas de aprovação são significativamente menores do que as taxas de aprovação de candidatos na ampla concorrência, tanto nos cursos de Mestrado quanto nos de Doutorado. Entretanto, paradoxalmente, em um primeiro momento os candidatos PPIs aprovados foram bem classificados e as cotas foram utilizadas com uma frequência muito baixa. Há várias explicações e interpretações para esse efeito, que deverão ser testadas com uma amostragem maior de processos seletivos. Por exemplo, a combinação de menor taxa de aprovação e baixa utilização de vagas cotistas mostra que, apesar da baixa demanda, os poucos candidatos que são efetivamente aprovados estão tão bem preparados quanto os não cotistas. Isso pode ser um reflexo das ações afirmativas ainda na graduação, que já começam a surtir efeito, tendendo a equilibrar as condições de ingresso dos alunos mais envolvidos em atividades de pesquisa. Contudo, é preciso considerar que um aumento da demanda de candidatos PPIs (pelo menos aproximando a proporção de PPIs na população) deve tornar a utilização das cotas mais efetivas tendo-se em conta que a taxa de aprovação dos PPIs é menor do que a taxa de aprovação da ampla concorrência.

6. Considerações finais

A elaboração e a aprovação da Resolução Consuni n. 07/2015 foram um marco importante no histórico de ações afirmativas da UFG. A construção coletiva da resolução, na realidade, faz parte de um processo contínuo e consistente de implementação de ações afirmativas em diferentes níveis de ensino na UFG. No caso específico da Pós-Graduação, essa iniciativa encontra eco em agências governamentais envolvidas em pesquisa e Pós-Graduação (especialmente a Capes e o CNPq), que passaram a discutir recentemente a questão com o objetivo de fomentar políticas de ações afirmativas em seus âmbitos de atuação. Embora os poucos dados já disponíveis ainda mostrem uma baixa utilização das cotas, é importante registrar o valor simbólico da adoção de cotas como indicador claro de ações afirmativas para PPI na Pós-Graduação, sem qualquer vinculação com marcadores sociais relacionados a níveis de renda. Mais importante: fica claro que, com o aumento da demanda, as cotas deverão ser mais efetivamente empregadas e permitirão equilibrar melhor as taxas de aprovação nos cursos de Mestrado e, especialmente, nos de Doutorado, para sujeitos pertencentes a distintos grupos de raça/cor, o que seguramente contribuirá para a diminuição de processos de exclusão social associados ao racismo e outras formas de discriminação étnico-racial.

Referências

ALVAREZ, G. O.; SANTOS, L. *Tradições negras, políticas brancas*: previdência social e populações afro-brasileiras. Brasília: Ministério da Previdência Social – MPS, 2006, 157 p.

ANDREWS, G. R. Democracia racial brasileira 1900-1990: um contraponto americano. *Estudos Avançados*, São Paulo, v. 11, n. 30, p. 95-115, 1997.

ARTES, A. Estudantes de pós-graduação no Brasil: distribuição por sexo e cor/raça a partir dos censos demográficos 2000 e 2010. In: Reunião Anual da ANPED, 36., 2013, Goiânia. *Anais*. Disponível em: <www.anped11.uerj.br/texto_Amelia.pdf>. Acesso em: 10 jan. 2016.

______; UNBEHAUM, S. (Orgs.). *Escritos de Fúlvia Rosemberg*. São Paulo: Cortez; Fundação Carlos Chagas, 2015.

BARBUJANI, G. *A invenção das raças*. Existem mesmo raças humanas? Diversidade e preconceito racial. São Paulo: Contexto, 2007.

BRASIL. *Constituição (1988)*. Constituição da República Federativa do Brasil. Brasília: Senado, 1988.

______. Lei n. 12.711 de 29 de agosto de 2012. Dispõe sobre o ingresso nas universidades federais e nas instituições federais de ensino técnico de nível médio e dá outras providências. *Diário Oficial da União*, Brasília, 30 ago. 2012. Seção 1, p. 1.

______. Lei n. 12.990, de 9 de junho de 2014. Dispõe sobre a reserva aos negros 20% (vinte por cento) das vagas oferecidas nos concursos públicos para provimento de cargos efetivos e empregos públicos no âmbito da administração pública federal, das autarquias, das fundações públicas, das empresas públicas e das sociedades de economia mista controladas pela União. *Diário Oficial da União*, Brasília, 10 jun. 2014a. Seção 1, p. 3.

______. Lei n. 13.005, de 25 de junho de 2014. Dispõe sobre aprovação do Plano Nacional de Educação – PNE e dá outras providências. *Diário Oficial da União*, Brasília, Edição Extra, 26 jun. 2014b, Seção 1, p. 1.

CARVALHO, J. J. *Inclusão étnica e racial no Brasil*: a questão das cotas no ensino superior. 2. ed. São Paulo: Attar, 2006. 212 p.

CAVALLI-SFORZA, L. L.; MENOZZI, P.; PIAZZA, A. *The history and geography of human genes*. Princeton: Princeton University Press, 1994. 1088 p.

CERQUEIRA, R.; ROBERTO, L. Cotas na Pós-Graduação. Uma nova universidade é possível. *Afirmativa*, v. 1, n. 1, p. 8-11, 2014. Disponível em: <http://media.wix.com/ugd/72887b_473579c699a843c1af7b8749b7aca683.pdf>. Acesso em: 10 jan. 2016.

FERNANDES, F. *O negro e o mundo dos brancos*. São Paulo: Difusão Europeia do Livro, 1972, 286p.

GONÇALVES, C. P. *Cotas e antirracismo na universidade pública brasileira*. Goiânia: Editora da UFG, 2014.

INSTITUTO BRASILEIRO DE GEOGRAFIA E ESTATÍSTICA – IBGE. *Censo Demográfico 2010*. Características da população e dos domicílios. Resultados do universo. Rio de Janeiro: IBGE, 2011. Disponível em: <http://www.ibge.gov.br/home/estatistica/populacao/censo2010/default_resultados_universo.shtm>. Acesso em: 20 dez. 2015.

NOGUEIRA, O. Preconceito racial de marca e preconceito racial de origem: sugestões de um quadro de referência para a interpretação do material sobre as relações raciais no Brasil. In: ______. *Tanto preto quanto branco*: estudos de relações raciais. São Paulo: T. A. Queiroz, 1985, 133p.

OLIVEIRA, C. R. *O índio e o mundo dos brancos*. 4. ed. São Paulo: Editora Unicamp, 1996, 198p.

OLIVEIRA, D. D.; LIMA, R. B.; SANTOS, S. A. (Orgs.). *A cor do medo*: homicídios e relações raciais no Brasil. Goiânia: Ed. da UFG, 1998. 164p.

ROSEMBERG, F. Ação afirmativa na Pós-Graduação: o programa internacional de bolsas da Fundação Ford na Fundação Carlos Chagas. *Textos FCC*, São Paulo, v. 36, p. 1-104, 2013.

SANTOS, S. A. *Ações afirmativas e combate ao racismo nas Américas*. Brasília: Ministério da Educação/Unesco, 2005. 394p. Disponível em: <http://etnicoracial.mec.gov.br/images/pdf/publicacoes/acoes_afirm_combate_racismo_americas.pdf>. Acesso em: 10 jan. 2016.

SUPREMO TRIBUNAL FEDERAL. *Arguição de descumprimento de preceito fundamental 186*. Brasília, 2012. Disponível em: <http://stf.jusbrasil.com.br/jurisprudencia/25342750/arguicao-de-descumprimento-de-preceito-fundamental-adpf-186-df-stf>. Acesso em: 10 jan. 2016.

THEODORO, M. (Org.). *As políticas públicas e a desigualdade racial no Brasil*: 120 anos após a abolição. Brasília: Ipea, 2008. 176p. Disponível em: <https://sistemas.ufg.br/consultas_publicas/resolucoes/arquivos/Resolucao_CONSUNI_2008_0029.pdf>. Acesso em: 10 jan. 2016.

UNIVERSIDADE FEDERAL DE GOIÁS (UFG). *Consuni*. Resolução Consuni n. 29, de 1º de agosto de 2008. Disponível em: <https://sistemas.ufg.br/consultas_publicas/resolucoes/arquivos/Resolucao_CONSUNI_2008_0029.pdf>. Acesso em: 10 jan. 2016.

UNIVERSIDADE FEDERAL DE GOIÁS – UFG. *Consuni*. Resolução Consuni n. 07, de 24 de abril de 2015. Disponível em: <https://sistemas.ufg.br/consultas_publicas/resolucoes/arquivos/Resolucao_CONSUNI_2015_0007.pdf>. Acesso em: 10 jan. 2016.

CAPÍTULO 7

Para além dos números:
uma reflexão sobre a experiência de professores/as e alunos/as negro/as na pós-graduação

Angela Figueiredo

> Minhas queridas irmãs, os perigos que enfrentamos como mulheres de cor não são os mesmos das mulheres brancas, embora tenhamos muito em comum. Não temos muito a perder — nunca tivemos nenhum privilégio. Gostaria de chamar os perigos de "obstáculos", mas isto seria uma mentira. Não podemos transcender os perigos, não podemos ultrapassá-los. Nós devemos atravessá-los e não esperar a repetição da performance. (Anzaldúa, 1987, p. 168)

É consensual a constatação da importância da educação formal no processo de mobilidade no Brasil, principalmente de indivíduos e grupos formados por não brancos, para utilizar a terminologia proposta por Carlos Hasenbalg (1995). A ascensão do bacharel mulato foi destacada por Freyre no livro *Sobrados e mucambos* (2006) desde os anos de 1930, mostrando como a educação formal permitiu a ascensão social de mestiços e mulatos no Brasil.

Seguindo essa perspectiva, a pesquisa de Thales de Azevedo (1955) realizada nos anos de 1950 também destaca a "elite de cor", denominação do período para uma incipiente classe média negra que era constituída por indivíduos que haviam acessado a educação formal e adquirido um *habitus* ou um *ethos* social da cultura branca, ou o "branqueamento social", como era denominado no período.[1] Nesse sentido, é importante destacar que a ascensão social por meio da escolaridade era uma prerrogativa garantida apenas aos homens negros-mestiços.

Ainda que as pesquisas já demonstrassem a importância da educação no processo de mobilidade, não há muitas informações sobre a ascensão social de negros e mestiços durante o período da ditadura (1965-1985), uma vez que houve uma dificuldade maior na realização de pesquisas sobre a temática racial, porque o tema passou a ser considerado uma questão de segurança nacional (Hasenbalg, 1995).

Contudo, a partir do final dos anos 1980, ocorreu uma retomada dos movimentos sociais e uma relativa democratização do ensino público, permitindo que um número significativamente maior de negros e mestiços acessassem a educação formal e, consequentemente, galgassem postos mais elevados no mercado de trabalho, uma vez que, após a promulgação da Constituição de 1988, o ingresso no serviço público passou a ocorrer apenas mediante concursos (Figueiredo, 2004).

---

1. As diferentes denominações de cor utilizadas neste parágrafo recuperam as designações utilizadas pelos referidos autores em seus respectivos textos.

Antes mesmo de explorar outros aspectos relacionados a esse tema, é importante destacar aqui a contribuição de intelectuais negros/as atuantes desde os anos de 1950, como as figuras de Edison Carneiro e Guerreiro Ramos, que tiveram suas respectivas colaborações silenciadas, esquecidas e apagadas (Figueiredo; Grosfoguel, 2007), visto que não foram incorporadas nas bibliografias dos cursos ministrados nas instituições de ensino superior, tampouco esses intelectuais conseguiram ocupar postos de professores nas universidades públicas brasileiras. Do mesmo modo foi tratada a produção intelectual de mulheres negras no final dos anos 1970 e durante a década de 1980. Apenas mais recentemente suas contribuições foram reconhecidas. Destaco aqui particularmente os trabalhos de Lélia Gonzalez e Beatriz do Nascimento (Ratts, 2007, 2010; Vinhas, 2016).

Apesar de tais dificuldades, a partir do final da década de 1980 e dos anos 1990, foram formados algumas intelectuais negras, membros de organizações negras ou influenciados por essas organizações, que tiveram uma atuação determinante na produção de dados e na denúncia da desigualdade racial e do racismo na sociedade brasileira.

> Em realidade, com o ressurgimento, ou melhor, o revigoramento dos Movimentos Sociais Negros, por meio do surgimento do MNU em 1978, bem como com o processo de redemocratização do país nos anos oitenta do século passado, surgem condições sociais para o florescimento de uma geração de intelectuais negros oriundos também dos Movimentos Sociais Negros (ou que ouviram as vozes desses movimentos por justiça e igualdade racial no Brasil). (Santos, 2007)

Além da atuação dos movimentos negros e do aumento e da divulgação de dados de pesquisas sobre o tema, Silvério (2002) acrescenta dois fatores: o surgimento de vários conselhos estaduais e municipais e o reconhecimento da discriminação racial e do racismo, com a implantação do Grupo de Trabalho Interministerial (GTI), por meio de decreto.

Ainda que haja reconhecimento da participação de intelectuais negros/as, há relativamente pouca ênfase nos detalhes e nos dados qualitativos sobre o processo, sobre a formação de redes, trajetórias acadêmicas e políticas de cada um dos agentes negros que contribuíram para a implementação das cotas no Brasil. Quero destacar, particularmente, a atuação das ativistas, pois a falta de reconhecimento do protagonismo feminino negro só reforça a crítica de bell hooks acerca das representações sobre as categorias "negros" e "mulheres", o que acaba por construir representações generalizadas em que "todos os negros são homens e todas as mulheres são brancas".

Nesse sentido, é importante recuperar o trabalho de Santos (2008), que destaca o papel desempenhado por Petronilha Beatriz Gonçalves e Silva — à época, conselheira nacional de educação e professora titular da Faculdade de Educação da Universidade Federal de São Carlos (UFSCar) — e da então ministra da Igualdade Racial, Matilde Ribeiro. Conforme o autor, houve um reconhecimento da participação de Petronilha, assim como da capacidade de convencimento dela sobre o tema, o que acabou por influenciar positivamente as professoras indecisas a votar favoravelmente à proposta de adoção de cotas na Universidade de Brasília.

O debate e as análises sobre o sistema de reserva de vagas nas universidades públicas concentram-se na graduação. Assim, considero urgente a ampliação de pesquisas que adotem uma perspectiva qualitativa sobre o tema. Do mesmo modo, faz-se necessária uma reflexão não só sobre a adoção do sistema de reserva de vagas na Pós-Graduação, bem como acerca do cotidiano acadêmico e da relação entre estudantes e professores/as negros/as com os professores e colegas não negros.

Paralelamente às iniciativas de reserva de vagas para negros na universidade, o governo do Partido dos Trabalhadores (PT), então liderado pelo ex-presidente Luiz Inácio Lula da Silva, ampliou o número de universidades públicas no país, o que possibilitou que professores negros com níveis de Mestrado e Doutorado que estavam atuando nas universidades privadas, ou até desempregados, ingressassem nas universidades públicas relativamente periféricas do ponto de vista da geopolítica do conhecimento. Esse duplo movimento — expansão universitária e implementação de reservas de vagas — é o contexto no qual a Universidade Federal do Recôncavo da Bahia (UFRB) foi beneficiada.

Localizada no Recôncavo da Bahia, região conhecida historicamente por sua importância econômica durante o período colonial, marcado pelo cultivo da cana-de-açúcar, a cidade de Cachoeira destaca-se por sua forte e expressiva cultura negra. A UFRB é proporcionalmente a universidade com o maior número de alunos autodeclarados pretos e pardos.[2] Por esse motivo, é considerada a primeira universidade negra do Brasil. Nesse sentido, vale destacar que um dos eventos mais importantes para a reflexão acadêmica e política sobre a inclusão racial no Brasil ocorre nessa universidade durante o dia 20 de novembro, data comemorativa da consciência negra.

Tudo isso foi dito com o objetivo de apresentar o contexto social e político em que minha reflexão está inserida. Os dados empíricos estão baseados em minha vivência profissional como professora da UFRB e na escuta interessada, na experiência proveniente da sala de aula, das orientações, da participação em eventos, seminários, bancas de qualificação e de defesas de Mestrado e Doutorado; na experiência de mais de 10 anos na coordenação do curso Internacional Fábrica de Ideias; na coordenação do curso preparatório para o ingresso no mestrado Equidade na Pós-Graduação realizado em 2013 e 2014 na UFRB[3]; e também como coordenadora da Pós-Graduação em Ciências Sociais da UFRB, entre 2013 e 2015.

Quero aproveitar esta oportunidade para provocar uma reflexão interna ao espaço acadêmico. Nós, pesquisadoras/es, somos formadas/os para observar as desigualdades, as injustiças, o racismo e o sexismo fora do ambiente acadêmico e ainda nos comportamos como se o âmbito universitário fosse uma ilha de democracia e igualdade, cercado de desigualdades por todos os lados.

---

2. Existem cinco categorias de cor ou de raça no censo demográfico: preto, branco, pardo, indígena e amarelo. O termo negro, cada vez mais usado na linguagem cotidiana e nos textos acadêmicos, sequer aparece entre as categorias oficiais.

3. O programa Equidade na Pós-Graduação foi financiado pela Fundação Ford, através da Fundação Carlos Chagas.

A escolha por tal perspectiva teórico-metodológica na produção deste texto reflete as significativas contribuições da teoria feminista e feminista negra que têm destacado a questão da posicionalidade e o ponto de vista do sujeito na produção do conhecimento, assim como as teorias descoloniais, que enfatizam a manutenção das hierarquias raciais na produção do conhecimento. Explicitada minha perspectiva epistemológica, ou o lugar de onde falo, quero abordar o tema "mulher negra e universidade" a partir de minha experiência, sem que isso se restrinja à minha trajetória, quer dizer, estou explicitamente adotando uma perspectiva interseccional sobre a teoria do ponto de vista.

Como muitos/as dos/as professores/as negros/as de minha geração, ingressei na universidade pública federal em 2008, com o sonho de construir uma universidade nova, diferente daquelas em que havia sido formada. Afinal de contas, estávamos tendo pela primeira vez a oportunidade de "colocar em prática" muitos de nossos conhecimentos produzidos em mais de três décadas sobre as desigualdades raciais, sobre o acesso à educação, sobre o racismo, o sexismo e sobre as diferentes formas de produção do conhecimento. A neutralidade axiológica, tão em voga em períodos anteriores, inclusive como uma forma de assegurar o estatuto científico às Ciências Sociais, deveria dar lugar à posicionalidade, já que hoje sabemos que todo conhecimento é posicionado.

1. Posicionalidade ou ponto de vista negro

A produção acadêmica negra posicionada, ativista e engajada foi determinante para a implementação da reserva de vagas nas universidades públicas brasileiras. Do mesmo modo, é conhecido que essa produção não é vivenciada sem tensão no meio acadêmico, pois a busca por legitimidade caminha lado a lado com o desejo de intervir. Isso quer dizer que, na maioria das vezes, nossas questões acadêmicas são, sobretudo, questões políticas. Por isso mesmo, há um discurso que desqualifica a produção acadêmica posicionada, adjetivando-a como militante, já que é interessada, e menos científica, porque desafia o mito da neutralidade axiológica.

No que se refere a esse aspecto, é inegável a contribuição da teoria feminista, pois, contrariando a epistemologia moderna, a perspectiva feminista opõe-se aos pressupostos iluministas da neutralidade e da objetividade, o que conferiria ao conhecimento a definição de "conhecimento científico" (Costa; Sardenberg, 2008). Nesse sentido, a experiência vivida ou a posição ocupada nas estruturas hierárquicas de poder constituem um lugar através do qual se experimenta, observa e analisa a realidade, isto é, a posicionalidade do sujeito do conhecimento.

A feminista norte-americana Donna Haraway (2004) enfatiza que nossos conhecimentos sempre estão situados. Nós, feministas negras, temos explorado essa perspectiva epistemológica de "ponto de vista afrocentrado" (Collins, 1990), destacando as questões relacionadas às implicações da posicionalidade na produção do conhecimento. Collins (1990) aponta a noção de *stand point* como um lugar privilegiado, um lugar historicamente construído e através do qual é possível observar/compreender aspectos importantes do grupo quando se é parte dele.

As feministas negras norte-americanas e chicanas (Moraga; Anzaldúa, 1983), assim como alguns pensadores do Terceiro Mundo, dentro e fora dos centros metropolitanos (Mignolo, 2000), lembram constantemente que sempre falamos de uma localização particular nas relações de poder. Ninguém escapa às hierarquias de classe, raciais, sexuais, de gênero, linguísticas, geográficas e espirituais do sistema-mundo.

Importante ressaltar que aludir à posicionalidade não significa apenas destacar a questão de valores sociais na produção do conhecimento, ou mencionar o fato de que nossos conhecimentos são sempre parciais, perspectiva já bastante abordada dentro das Ciências Sociais. O ponto central aqui é o lugar da enunciação, isto é, a localização étnica, sexual, racial, de classe e de gênero do sujeito que enuncia.

Na filosofia e nas ciências ocidentais, o sujeito que fala está sempre encoberto. A localização do sujeito que enuncia está sempre desconectada da localização epistêmica. Por meio dessa desconexão entre a localização do sujeito nas relações de poder e a localização epistêmica, a filosofia ocidental e suas ciências conseguiram produzir um mito universalista que encobre o lugar de quem fala e suas localizações epistêmicas nas estruturas de poder. Isso é o que o filósofo colombiano Santiago Castro-Gómez (2003) chamou de "epistemologia do ponto zero", que caracteriza as filosofias eurocêntricas. O "ponto zero" é o ponto de vista que esconde e encobre seu próprio ponto de vista particular, isto é, a construção de um ponto de vista que representa a si mesmo como não tendo nenhum ponto de vista e, portanto, almeja ser neutro e universal.

Essa estratégia epistêmica tem sido crucial para os desenhos imperiais/globais ocidentais e para a hegemonia dos brancos crioulos nas Américas. Por meio do encobrimento da localização particular do sujeito de enunciação, foi possível, para a expansão e a dominação coloniais europeias/euro-norte-americanas e para o poder das elites euro-latino-americanas, construir uma hierarquia do conhecimento superior *versus* conhecimento inferior e, portanto, de seres superiores *versus* seres inferiores no mundo.

2. Mulheres negras e universidade

É importante destacar que neste novo milênio ocorreu um relativo aumento do número de negras na Pós-Graduação, tornando-se, provavelmente, a primeira geração de mestres e doutores negras no Brasil. Refiro-me a uma geração porque, comparada com a participação de alunas brancas, a presença de alunas negras é ainda pequena; entretanto, se comparamos com a participação negra em anos anteriores, há efetivamente um aumento.

Analisando dados quantitativos, Paixão et al. (2011) destacam que o acesso de pretas e pardas ao ensino superior triplicou entre 1995 e

2006. Utilizando os dados da Pesquisa Nacional por Amostra de Domicílios (Pnad), a Agência Brasil de Notícias (2015) considera que:

> O número de estudantes negros (soma de pretos e pardos) no mestrado e no doutorado mais que duplicou de 2001 a 2013, passando de 48,5 mil para 112 mil. [...] Embora representem a maior parte da população (52,9%), os estudantes negros representam apenas 28,9% do total de pós-graduandos. O número de estudantes brancos nessa etapa de ensino também aumentou nos últimos 12 anos, passando de 218,8 mil para 270,6 mil. (Tokarnia, 2015)

Do ponto de vista qualitativo, a experiência com o Curso Internacional Fábrica de Ideias, iniciado em 1998 no Rio de Janeiro, na Universidade Cândido Mendes, e posteriormente transferido para a Universidade Federal da Bahia (UFBA) em 2002, é um bom indicador do relativo aumento do número de estudantes negras na Pós-Graduação, bem como das dinâmicas relativas à experiência dessas estudantes. A Fábrica de Ideias é um curso voltado principalmente para pós-graduandas negras. As ações iniciais para a concepção do curso foram motivadas, principalmente, pelos reclames de estudantes negras sobre a ausência de professoras para orientar suas respectivas pesquisas, o relativo isolamento enfrentado por essas estudantes nas pós-graduações, além da considerável falta de bibliografias relacionadas a seus temas e interesses de pesquisas.

Desde o início, a experiência com o curso Fábrica de Ideias permitiu visualizar a mudança de perspectivas dos estudos realizados pelas pós-graduandas negras de diferentes regiões do país, uma vez que, na grande maioria das vezes, a formulação da questão da pesquisa era também uma questão política. Conhecer para intervir dava a tônica da maioria dos trabalhos propostos.

Ainda que poucas estudantes adotassem a perspectiva teórica proposta pelo feminismo com relação à posicionalidade na produção do conhecimento, o que estava sendo proposto era exatamente isto: posicionar-se do ponto de vista teórico, histórico e político. Outra questão importante diz respeito não somente ao significativo número de mulheres participantes em cada edição do curso, bem ao expressivo aumento do número de interessadas em pesquisas que incorporavam a dimensão das desigualdades de gênero e raça.

Nessa perspectiva, é importante destacar as observações de Azeredo (1994) no que concerne a esse campo. De acordo com a autora, a adesão à teoria feminista no Brasil ocorreu de modo parcial, já que os estudos sobre gênero iniciados na década de 1980 não incorporaram a crítica realizada por feministas afro-americanas e outras perspectivas críticas advindas de feministas membros de minorias étnicas nos Estados Unidos e na Inglaterra no mesmo período. Caldwell (2000) concorda com Azeredo e considera que um outro fator importante é a relativa ausência de mulheres negras na academia, uma vez que os estudos sobre gênero e raça têm sido conduzidos majoritariamente por esse grupo.

Desde o pioneiro artigo de Lélia Gonzalez, "Racismo e sexismo na cultura brasileira", publicado em 1983, tem sido significativa a participação de pesquisadoras negras no campo dos estudos de gênero e raça. Nesse texto, a autora afirma que "o lixo vai falar", questionando não apenas o fato de as negras serem descritas e representadas por outros no universo acadêmico, reivindicando um lugar de legitimidade e autoridade dado pela experiência, como também denuncia as representações submissas e sexualizadas das mulheres negras na cultura brasileira, reveladas através da figura da mãe-preta, da mulata e da empregada doméstica.

As questões levantadas por Gonzalez (1983) ainda são atuais e não se restringem apenas ao contexto racial brasileiro. Referindo-se à experiência das intelectuais afro-americanas, hooks (1995, p. 468).

Embora tenha ocorrido um relativo aumento do número de professoras negras na universidade, sua representatividade é ainda muito pequena quando considerada a necessidade de formação e de orientação proveniente da ampliação da quantidade de pesquisas sobre o tema e da necessidade enfrentada pelas estudantes negras no cotidiano da universidade, pois não podemos fechar os olhos e acreditar que os opositores ao sistema de cotas somente se manifestaram por meio da escrita; de modo contrário, acredito que a maioria deles expressa seu descontentamento através das práticas cotidianas de resistência à presença de alunas negras, através de atitudes que desqualificam, desestimulam e deslegitimam suas intervenções e escolhas de temas de pesquisa.

Já as duas edições do curso Equidade na Pós-Graduação, realizadas na UFRB, mostram os desafios presentes em uma experiência que priorizou uma ação inclusiva desde o processo de seleção das estudantes para compor as turmas, pois a seleção não se baseou na pontuação acadêmica mediante os maiores *scores*, mas privilegiou o pertencimento tanto de membros de comunidades tradicionais, como de integrantes de movimentos sociais. É evidente que esses critérios colocaram novos desafios, pois sabemos que a capacidade de aprovação seria maior se selecionássemos estudantes com um perfil acadêmico dentro dos moldes tradicionais, alunas bolsistas ou alunas que estivessem engajadas com grupos de pesquisas. Assumimos verdadeiramente os desafios de democratizar a universidade, incluindo outros sujeitos na produção do conhecimento (Ribeiro; Oliveira, 2014).

Nesse sentido, gostaria de destacar a contribuição de Harding (1998), quando define a epistemologia como uma teoria que indaga sobre o sujeito do conhecimento, ou seja, quem pode ou não produzir conhecimento? Desse ponto de vista, uma dos aportes do feminismo é exatamente criticar uma visão androcêntrica da ciência, que retira das mulheres o direito de ser sujeito nesse processo. A epistemologia feminista parte, portanto, do reconhecimento das mulheres como sujeitos na produção do conhecimento.

Através desse aprendizado, evidencia-se a correlação entre a experiência de vida, a experiência profissional e a escolha do tema de pesquisa. Ou seja, na medida em que a universidade pretende se tornar mais inclusiva, as questões de pesquisa se tornam mais próximas do universo empírico da pesquisadora. Dito de outro modo, na maioria das vezes a escolha do objeto de estudo está muito próxima das atividades profissionalmente realizadas por elas: por exemplo, é muito comum que professoras do ensino fundamental escolham como tema de pesquisa a escola, ao passo que membros de comunidades tradicionais preferem realizar estudos sobre suas comunidades. Entretanto, não somos os primeiros a fazer isso, pois é reconhecido o pioneirismo da Escola de Chicago na realização de pesquisas que respondessem aos problemas gerados pela crescente urbanização, industrialização e imigração na cidade.

Em outra perspectiva, o grupo Modernidade Colonialidade tem estabelecido uma clara relação entre a colonialidade do poder e a colonialidade do saber nos diferentes âmbitos sociais, assim como no espaço acadêmico e na produção e legitimidade do conhecimento. De acordo com a Anibal Quijano (1992), as independências nos países Latino-Americanos ocorreram sem uma transformação nas estruturas sociais, políticas e econômicas do período colonial, o que caracterizou as sociedades latino-americanas com uma independência sem descolonização, pois os brancos-mestiços mantiveram-se na mesma posição elevada na hierarquia racial dos países da América Latina.

Do ponto de vista da produção do conhecimento, o autor destaca que a colonialidade se trata da perspectiva cognitiva produzida no largo do tempo do conjunto do mundo eurocentrado do capitalismo colonial/moderno que naturaliza a experiência das pessoas que fazem parte desse padrão. Quijano afirma:

> A elaboração intelectual do processo de modernidade produziu uma perspectiva de conhecimento e um modo de produzir conhecimento que demonstram o caráter do padrão mundial de poder: colonial/moderno, capitalista e eurocentrado. Essa perspectiva e modo concreto de produzir conhecimento se reconhecem como eurocentrismo (Quijano, 2000, p. 115).

A colonialidade do saber pode ser definida brevemente pela relação de poder e saber que se estabelece em todas as dimensões da cultura a partir de uma lógica e de uma visão de mundo europeia. Nesse sentido, os aportes teóricos caminham por um lado na denúncia à violência epistêmica e na busca da compreensão, inclusão, validação de outras pedagogias, conteúdos e de sujeitos produtores de conhecimento (Oliveira; Candau, 2013).

A literatura sobre gênero e educação demonstra que a participação das mulheres — tanto como professoras quanto como alunas — concentra-se nos cursos historicamente considerados femininos. Além disso, em 2003, as mulheres representavam apenas 36,1% do corpo docente dos cursos de Pós-Graduação *stricto sensu* no Brasil (Godinho, 2005).

Acerca das desigualdades de gênero e raça, Rosemberg e Madsen (2011) destacam que, em 2009, as mulheres brancas representavam o maior percentual de estudantes na Pós-Graduação (45,1%), seguidas de 31,3% de homens brancos, 12,5% de mulheres negras e 9,4% de homens negros. As autoras observam o crescimento de 30,9% para homens negros, 23,2% para mulheres negras e concluem que, apesar do aumento significativo da participação de negras na pós-graduação, há ainda uma grande distância separando os dois grupos.

Amélia Artes (2013) se propõe também a compreender as assimetrias de gênero e raça na Pós-Graduação no Brasil com base nos Censos de 2000 e 2010. De acordo com a autora, "a modalidade com maior crescimento na Pós-Graduação no país é a de Doutorado, com uma variação positiva de 156,9% (172,1% para as mulheres e 54,1% para os homens)" (Artes, 2013, p. 8). E conclui que, apesar da maior participação feminina em todas as categorias, são os homens os que mais receberam bolsas de Pós-Graduação. Ainda:

> Nos resultados para os estudantes de Pós-Graduação por cor/raça, são os negros que apresentam a maior variação, próximo dos 200%. Apesar desse crescimento, os negros ainda representam minoria entre os pós-graduados brasileiros: 13,2% do total de estudantes em 2000 e 24,9% em 2010. (Artes, 2013, p. 8)

Os dados apresentados pela autora demonstram que há proporcionalmente mais homens brancos (74,1%) do que mulheres brancas (72,9%) e mais mulheres negras (27,1%) do que homens negros (25,9%)

nos cursos de Mestrado. Já no Doutorado, o percentual de homens negros (25,4%) é ligeiramente superior ao de mulheres negras (25,3%).

Caminho semelhante é realizado por Giselle Pinto (2007), que objetiva conhecer a composição racial e de gênero dos Programas de Pós-Graduação da Universidade Federal Fluminense (UFF) no período de 2004 a 2006. Os dados apresentados revelam que 72,12% dos estudantes da Pós-Graduação da UFF são brancos, 22,52% são pardos e 5,36% de pretos. A autora lança mão do conceito de "ciclo de acumulação de desvantagens", proposto por Carlos Hasenbalg e Nelson do Valle Silva (1988), para compreender a baixa representatividade de alunos negros na Pós-Graduação, quando comparados com a graduação. São desvantagens que não podem ser explicadas apenas tendo como referência a herança do passado escravista, mas que devem ser analisadas como resultado do cruzamento de variáveis como cor, sexo, idade e estado civil. Nesse sentido, os dados revelam que ser homem, jovem e solteiro se constitui em uma grande vantagem.

Mesmo na Pós-Graduação há uma relativa concentração de alunas negras em alguns cursos; entretanto, a explicação tem sido associada a aspectos negativos: baixa concorrência dos cursos escolhidos, baixa remuneração no mercado de trabalho em virtude da posição desvalorizada no sistema capitalista etc. Além disso, é destacada a maior urgência de estudantes negros ingressarem no mercado de trabalho.

Se o "ciclo de acúmulo de desvantagem", como propõem Hasenbalg e Silva (1988), reproduz-se no acesso à Pós-Graduação, da perspectiva ponto da experiência, os relatos constantes de pós-graduandas e professoras negras apontam para o sentido de isolamento que experimentam no ambiente universitário em que circulam. No caso das professoras, a pulverização de sua presença é ainda mais intensa, o que dificulta a própria possibilidade de colocar para os colegas e para a comunidade acadêmica em geral a situação de exclusão e de discriminação de que são vítimas (Carvalho, 2003).

A grande maioria das pesquisas empíricas sobre educação e racismo buscam entender tal problemática no cotidiano das escolas de ensino fundamental e, em menor medida, do ensino médio. Nesse sentido, um dos importantes trabalhos foi realizado por Gomes (1995). Nele, a autora revela como as professoras reproduzem o mito da democracia racial formulado nos anos 1930.

Já no que se refere à presença de professoras negras no ensino superior, Hering e Silva (2011) chamam a atenção para o baixo percentual de mulheres negras exercendo essa atividade até 2005. Do total de 63.234 professoras doutoras, apenas 251 eram mulheres negras. Mesmo considerando que o ingresso no magistério superior público ocorre por meio de concurso.

O trabalho de Coelho (2000), que procura entender como aparece o preconceito racial na trajetória de professoras negras na Universidade Federal do Pará (UFPA), revela que as experiências são fortemente marcadas pela crença, ainda que não explicitada, na inferioridade intelectual das professoras negras. Professoras negras representavam 13,5% do quadro docente da universidade. Para a autora, a instituição silencia com relação a essa questão, uma vez que não reconhece a existência do preconceito racial e, portanto, não busca modos de superá-lo, pois esse assunto não é incluído em suas avaliações semestrais. Coelho considera que as trajetórias profissionais das entrevistadas é afetada pelo racismo. Do mesmo modo, destaca a dificuldade desses profissionais em transitar no espaço acadêmico e conclui que o preconceito racial aparece, ainda que de forma mais ou menos explícita.

Desde as pesquisas desenvolvidas por Florestan Fernandes, temos conhecimento de que os brasileiros têm preconceito de ter preconceito. Essa característica do racismo à brasileira é corroborada por pesquisas mais recentes. Analisando os dados de uma pesquisa realizada pela USP em 1988, Lilia Schwarcz (2001) demonstra que 97% das entrevistadas afirmaram não ter preconceito, e 98% disseram conhecer pessoas e situações que revelavam a existência de preconceito racial no país. Ao mesmo tempo, quando inquiridos sobre o grau de relação com aqueles que denominam racistas, as entrevistadas indicaram com frequência parentes próximos, namorados e amigos íntimos.

A conclusão informal da pesquisa era, assim, de que todo brasileiro parece se sentir como uma "ilha de democracia" cercada de racistas por todos os lados: "na universidade nos sentimos em uma ilha de igualdade, cercada de desigualdades por todos os lados" (Schwarcz, 2001, p. 76).

Quase todos concordam com a existência das desigualdades raciais, mas é quase impossível constatar o racismo existente em nossa sociedade. Para a grande maioria dos brasileiros, a discriminação racial ainda é vista como sinônimo de interdição, impossibilidade de entrar em algum lugar. É claro que isso resulta da histórica comparação entre as relações raciais brasileiras e estadunidenses, em que os autores frequentemente destacavam a ausência de segregação racial oficial no Brasil em oposição aos Estados Unidos, além da suposta benevolência do colonizador português e da miscigenação como importantes fatores que contribuíram para tornar as relações raciais no Brasil mais amenas. O *apartheid* na África do Sul também era usado como um exemplo importante de práticas oficiais de segregação racial.

Do mesmo modo, temos dificuldades em pensar nas desigualdades de gênero e, embora os dados revelem as desigualdades no acesso ao mercado de trabalho e na remuneração auferida pelas mulheres, ainda resistimos a compreender e explicitar os mecanismos que permitem a produção e a reprodução de um sistema de opressão que atinge diferenciadamente negros e brancos, homens e mulheres.

Como um sistema, o racismo, o sexismo e o classismo são dinâmicos e operam conjuntamente por meio das representações que se incumbem de naturalizar as diferenças/desigualdades (Stolke, 2004). Referindo-se a esse tema, Bell Hooks (1995) destaca o modo como a linguagem machista insiste em apresentar as mulheres como naturalmente inimigas e como nós assumimos esse discurso como parte de nosso sistema de representações. Da mesma maneira, o sistema racista tenta nos convencer de que somos intelectualmente débeis, incompetentes, insignificantes.

Certamente, as interdições não são mais explicitadas através do discurso direto, objetivo, mas sua eficácia reside exatamente no silenciamento do discurso e no acirramento de uma prática excludente. Bourdieu (2003) nos ajuda a entender que o poder simbólico é extremamente poderoso, exatamente porque não é visível, direto, objetivo. Como consequência dessa lógica machista e racista, nós mulheres acabamos sendo desestimuladas, se não impossibilitadas, a assumir posições de comando e de chefia dentro do espaço universitário.

3. Compartilhando experiências

Em agosto de 2013, assumi a coordenação da Pós-Graduação em Ciências Sociais. Naquele momento, me deparei cotidianamente com as dificuldades da gestão, não apenas pelo que essa função tem de desafiadora, mas, principalmente, pelo fato de estar "fora do lugar"; afinal de contas, trata-se de uma mulher negra na coordenação da Pós-Graduação. Quero compartilhar minha experiência, pois silenciar jamais me trará conforto ou solução.

Quero lembrar uma passagem do texto *Pode o subalterno falar?*, de Gayatri Spivak (2010), em que a autora pergunta sobre a legitimidade de um subalterno representar a si mesmo. Lembro também a referência de bell hooks à contribuição de Melissa Herris Perry sobre a diferença entre escolher ficar calado e ser silenciado. Como afirma hooks (2010), como feministas temos que encontrar as nossas vozes e usá-las para o romper o silenciamento imposto pelo patriarcado. Agradeço o aprendizado permitido pelo feminismo negro.

Minha experiência na coordenação da Pós-Graduação foi marcada por "boicotes" vindos de colegas, de servidores técnicos e de outros profissionais que trabalham nesta universidade. Obedecer ao comando de uma mulher negra não é coisa fácil dentro de uma sociedade em que "O sexismo e o racismo atuando juntos perpetuam uma iconografia de representação da negra que imprime na consciência cultural coletiva a ideia de que ela está neste planeta principalmente para servir aos outros" (hooks, 1995, p. 468).

Quando estava fazendo entrevistas para minha tese de Doutorado com algumas mulheres negras empreendedoras, uma empresária bem-sucedida no ramo da alimentação me disse que não sabia comandar, e que somente sabia obedecer. Relatando a história de sua família, ela disse que a sua avó foi empregada doméstica, a mãe foi empregada doméstica e ela mesma também tinha sido empregada doméstica. Criada na casa dos brancos, como ela se referiu a casa dos patrões e só obedecendo ordens desde muito cedo, assumir uma posição de comando não foi fácil. Além disso, os garçons não a obedeciam, fingindo não a escutar quando ela dava uma ordem.

> [...] Você entendeu o que eu quero falar? É diferente, diferente quem já teve aquilo antes, quem já teve o poder de mandar, quem já viu sua mãe mandando, seu pai mandando, entendeu? (Figueiredo, 2012, p. 118)

Ainda é recorrente a lembrança desse trecho do depoimento da entrevistada e do boicote de alguns funcionários e colegas da UFRB. Uma experiência importante para ser relatada aqui diz respeito à fala de um colega frente a minha dificuldade em resolver um problema administrativo. Depois que narrei o fato, ele afirmou peremptoriamente que, se ele fosse falar com o diretor do centro, ele resolveria a questão. Naturalmente ou ingenuamente, não sei exatamente o que dizer, ele atribuiu essa habilidade à personalidade e às características pessoais dele... Mal sabe ele que essa "suposta facilidade" resulta do fato de ele ser homem e socialmente branco. Quer dizer, nada tem a ver com suas características pessoais, pois, em sua corporeidade e no que ele socialmente representa, o lugar que "indevidamente" ocupo e exerço com tanta dificuldade estará sempre de portas abertas para que ele desempenhe a função de comando. Como podemos romper com esse ciclo de reprodução das desigualdades e com o silenciamento de nossas experiências?

Quero logo me apressar em dizer que não estou me vitimizando, afinal, desde os anos 1970 que o feminismo negro estabeleceu fronteiras e diferenças entre mulheres negras e brancas. De acordo com essa perspectiva, as mulheres negras não se enquadram em um papel de fragilidade e docilidade criado pelo sistema patriarcal e apontado pelo feminismo branco da segunda onda como parte constitutiva da identidade feminina. Para nós, a condição de agente era uma questão de sobrevivência, tivemos que aprender a ser fortes, superar as dificuldades e lutar por uma vida mais digna. Aliás, vitimização e essencialismo são categorias acusatórias reiteradamente utilizadas.

Parte de nossa dificuldade reside na resistência de muitos intelectuais brasileiros em ver a universidade como um espaço racista, sexista e homofóbico, isto é, trata-se de uma enorme dificuldade em reconhecer o racismo e o sexismo operando institucionalmente. Como demonstrado em outro momento do texto, na produção acadêmica, os estudos sobre gênero e raça têm sido conduzidos quase que exclusivamente por mulheres negras e, em virtude do relativo pequeno número de professoras negras nas universidades, esse tema tem estado à margem. Definitivamente, é preciso deslocar esses estudos de gênero, raça e sexualidade das bordas para o centro.

Assim, como sugere Suely Carneiro (1996) em "Enegrecer o feminismo", precisamos enegrecer e feminilizar as universidades. É preciso inovar do ponto de vista metodológico, criar redes de solidariedade e ajuda mútua ou sucumbiremos ao *habitus* individualista do mundo acadêmico. Minha experiência como professora/orientadora tem demonstrado que muitas estudantes negras encontram barreiras para concluir seus trabalhos exatamente porque elas têm dificuldade com os orientadores, que são, majoritariamente, homens brancos. O problema ocorre exatamente porque a maioria dos temas de pesquisa que essas estudantes escolhem não são considerados relevantes dentro das universidades. Desse modo, passa a existir um conflito entre os interesses da orientanda frente aos interesses do orientador, o que acaba gerando um desestímulo para a estudante.

É claro que a realização da pesquisa e a escrita da dissertação ou da tese não têm sido narrados como uma experiência fácil para nenhum de nós, tampouco positiva para a maioria. Em um instigante texto, Miriam Grossi (2004) discorre sobre a frequência com que as pessoas adoecem durante esse processo, e ainda que não haja um reconhecimento de que as doenças ocorrem em função da escrita, muita solicitação de prorrogação de prazo para a defesa têm como argumento o fato do candidato estar acometido de alguma doença.

> Em geral, os meus informantes não estabeleciam relações entre as doenças e a tese, mas as doenças eram a explicação pela "demora do fim da tese", explicação que aparecia espontaneamente na conversa. Surpreendeu-me, também, ver que com frequência doenças graves suas ou de familiares sob sua guarda eram as razões alegadas para a prorrogação de prazos de defesa, tanto em nosso programa quanto por parte de alunos bolsistas da CAPES no exterior. Além disso, percebi também o quanto estes argumentos parecem tocar bancas e professores envolvidos nestes julgamentos, como se efetivamente a doença fosse um argumento socialmente reconhecido como legítimo e auto-explicativo. (Grossi, 2004, p. 225)

Sem pretensão de generalização e com base nas experiências, tenho observado a importância de estabelecer um espaço para a *escuta*, a *acolhida* e o *respeito* em relação às estudantes negras. Sem esses três aspectos determinantes, a reflexão e a escrita delas não ocorrem. Mas em que se constitui esse espaço de escuta? Para mim, esse tem sido o espaço do diálogo.

Em primeiro lugar, é preciso aprender a ouvir. De um modo geral, professores têm baixa expectativa com relação aos estudantes negros, inclusive sobre aqueles que estão na Pós-Graduação. É preciso escutar sobre esse problema e sobre as demandas que teimam em retirá-las das atividades acadêmicas, da família que não compreende que, em vez de trabalhar, aquela mulher resolve consumir todo seu tempo com o estudo. Além disso, há os familiares que necessitam de ajuda e que, inconscientemente ou não, imaginam que esse auxílio deve vir de uma mulher. Enfim, afazeres domésticos, cuidado dos filhos, atuação nos movimentos sociais, nas associações de bairros e tantos outros lugares de luta social que são majoritariamente ocupados por mulheres.

Outra saída que temos encontrado é a ação coletiva. Atuar em coletivos tem nos ajudado a compartilhar experiências para manter os projetos dentro e fora da universidade.

Nesse sentido, posso citar o Coletivo Angela Davis, que tem agregado estudantes e professores em diferentes níveis de formação acadêmica. Ainda que a maioria seja formada por mulheres, contamos com a presença de alguns homens no processo de formação acadêmica e política, já que o coletivo parte da experiência acadêmica para pensar também a vida política.

É importante lembrar o quanto o espaço acadêmico ainda tem sido hostil para com nossa presença e que as representações sobre as mulheres negras consolidaram uma imagem segundo a qual a mulher negra está no mundo para servir, como já foi dito. Quero também lembrar de uma passagem em que bell hooks (1995) fala da importância do lúdico, do erótico e do afeto no processo de educação.

Algumas estudantes que tenho orientado conhecem muito mais de seu tema de pesquisa do que os orientadores. Elas atuam como ativistas e acumularam o conhecimento prático em anos de trabalho. Ao ingressar na universidade, nos níveis de graduação ou de Pós-Graduação, essas estudantes elegem para sua investigação acadêmica, na maioria das vezes, assuntos com os quais já têm trabalhado.

Destaco mais uma vez que o ingresso de estudantes negros, de estudantes de comunidades tradicionais e de camadas populares nas universidades tem alterado as agendas de investigação, uma vez que a maioria dos estudantes elege temas relacionados a seu cotidiano. Em minha experiência, a pesquisa realizada por eles tem sido cada vez mais uma investigação que busca oferecer respostas aos problemas encontrados em suas comunidades. Mais uma vez, é inevitável uma comparação com a escola de Chicago e com sua proposta teórica e metodológica em busca de solução para a cidade. As reflexões teóricas propostas pela escola de Chicago em nenhum momento foram consideradas menores do ponto de vista teórico, ainda que estivessem voltadas para um problema real enfrentado naquele contexto.

Certamente, há uma representação que insiste em nos colocar como pouco habilidosos para a realização da reflexão acadêmica, independentemente dos numerosos casos de sucesso de estudantes e pesquisadores negros. Contudo, o êxito pessoal de poucos negros não altera as representações coletivas. No máximo, nosso êxito é considerado uma exceção à regra. Assim como as perspectivas teóricas da colonialidade do poder, da escola de Chicago, precisamos criar novas metodologias de pesquisa e novas formas do fazer acadêmico, capazes de diminuir a solidão e o desestímulo encontrados por muitos estudantes negros.

4. Considerações finais

No que se refere à ação política, indubitavelmente, é preciso ampliar as ações afirmativas na Pós-Graduação, assegurando não apenas bolsas de estudos, assim como uma boa orientação. Nesse sentido, iniciativas de cursos preparatórios como o Equidade na Pós-Graduação devem ser estimulados.

É preciso atuar em redes, permitindo a troca de experiência e a criação de espaços de fortalecimento e aprendizado. Acredito que precisamos explicitar as experiências, pois elas ajudam a pensar caminhos possíveis para o combate ao racismo e ao sexismo na universidade. Entretanto, é preciso fazer muito mais, é necessário criar espaços, fóruns permanentes de debate que gerem observações e reflexões sobre o tema. Creio que todas as universidades deveriam criar observatórios do racismo, do sexismo e da homofobia.

Considerando a produção acadêmica sobre o tema, é necessário ir além dos números e estimular a realização de pesquisas qualitativas sobre o racismo e o sexismo na universidade.

É preciso, como sugere Boaventura de Sousa Santos (2007b), investir na pluralidade de conhecimentos, em vez do que temos vivido, isto é, uma monocultura do saber. Como membros de minorias políticas, as mulheres negras sabem que seu conhecimento se origina de um ponto de vista e que o conhecimento é enriquecido à medida que ampliamos nossos pontos de vista ou que adicionamos novos pontos de vista nas análises sobre a realidade.

É preciso resgatar os conhecimentos que foram silenciados durante o processo de colonização através da imposição de uma visão de mundo europeia; é preciso ir atrás dos pensamentos fronteiriços, aqueles que ainda não foram completamente dominados pela razão patriarcal, machista, homofóbica e racista.

É preciso recuperar a dimensão do afeto e da generosidade. É preciso aprendermos a amar e a ver o outro além dos limites dados pelo preconceito e pela competição que o sistema capitalista viceja.

É preciso respeitar o conhecimento advindo dos movimentos sociais. E esse, eu posso garantir que é, talvez, o maior dos aprendizados.

Certamente, há uma ampliação do número de professores e estudantes negros nas universidades, mas de que modo essa nossa maior presença está alterando a representação que insiste em nos colocar como pouco habilidosos para a realização da reflexão acadêmica, independentemente dos numerosos casos de sucesso? O que temos aprendido? O que fazemos e o que ainda precisamos fazer para que a universidade cumpra seu papel? Como lidamos com a diferença? Como não transformar nossos estudantes oriundos de comunidades tradicionais em assimilados, que precisam esquecer quem são para se transformarem num outro aceitável? Qual é o papel do intelectual negro nesse processo? Sabemos que é preciso fazer diferente e, para concluir, quero citar Audre Lorde (2007, p. 3): "Pois as ferramentas do mestre não irão desmantelar a casa do mestre. Elas podem nos permitir temporariamente ganhar dele em seu jogo, mas elas nunca vão nos possibilitar causar mudança genuína".

Referências

Agência Nacional de Notícias. Negros representam 28,9% dos alunos na Pós-Graduação. Disponível em: <http://agenciabrasil.ebc.com.br/educacao/noticia/2015-05/negros-representam-289-dos-alunos-da-pos-graduacao>. Acesso em: 02 ago. 2015.

ANZALDÚA, Gloria. *Borderlands/La frontera*: the new mestiza. San Francisco: Aunt Lute Books, 1987.

ARTES, Amélia Cristina. Estudantes de Pós-Graduação no Brasil: distribuição por sexo e cor/raça a partir dos censos demográficos 2000 e 2010. In: REUNIÃO NACIONAL DA ANPED, 36., *Anais...*, Goiânia, UFG, p. 1-16, 2013. Disponível em: <http://36reuniao.anped.org.br/pdfs_trabalhos_aprovados/gt11_trabalhos_pdfs/gt11_2875_texto.pdf>. Acesso em: 20 jul. 2015.

AZEREDO, Sandra. Teorizando sobre gênero e relações raciais. *Estudos Feministas*, Florianópolis, ano 2, sem. 2, número especial, p. 203-216, 1994.

AZEVEDO, Thales. *As elites de cor*: um estudo de ascensão social. Rio de Janeiro: Nacional, 1955.

BOURDIEU, Pierre. *O poder simbólico*. Rio de Janeiro: Bertrand Brasil, 2003.

CALDWELL, Kia Lilly. Fronteiras da diferença. *Estudos Feministas*, Florianópolis, v. 8, n. 2, p. 91-108, 2000.

CARNEIRO, Suely. Gênero, raça e ascensão social. *Estudos Feministas*, Florianópolis, v. 3, n. 2, p. 544-553, 1996.

CARNEIRO, Sueli. "Enegrecer o feminismo: a situação da mulher negra na América Latina a partir de uma perspectiva de gênero". In: Ashoka Empreendimentos Sociais; Takano Cidadania (Orgs.). *Racismos contemporâneos*. Rio de Janeiro: Takano Editora, 2003, p. 49-58.

CARVALHO, José Jorge. Ações afirmativas para negros na Pós-Graduação, nas bolsas de pesquisa e nos concursos para professores universitários como resposta ao racismo acadêmico. In: SILVA, Petronilha Beatriz Gonçalves; SILVÉRIO, Valter Roberto (Orgs.). *Educação e ações afirmativas:* entre a injustiça simbólica e a injustiça econômica. Brasília: Inep/MEC, 2003, p. 161-190.

CASTRO-GÓMEZ, Santiago. *La hybris del punto cero*: ciencia, raza e ilustración en la Nueva Granada (1750-1816). Bogotá: Pontificia Universidade Javeriana, 2003.

COELHO, Wilma de Nazaré Baía. *Retrato em negro e branco*: trajetórias profissionais de professores/as negros/as na Universidade Federal do Pará. Dissertação (Mestrado em Gestão e Ensino Superior) — Faculdade de Educação, Universidade da Amazônia, Belém, 2000.

COLLINS, Patricia Hill. *The black feminist thought*. London: Routledge, 1990.

COSTA, Ana Alice A.; SARDENBERG, C. O feminismo no Brasil: uma (breve) retrospectiva. In: ______. (Orgs.). *O feminismo do Brasil*: reflexões teóricas e perspectivas. Salvador: UFBA; Neim, 2008, p. 23-47.

FIGUEIREDO, Angela. Fora do jogo: a experiência dos negros de classe média. *Cadernos Pagu*, Campinas-SP, n. 23, p. 199-228, 2004.

______. *Classe média negra*: trajetórias e perfis. Salvador: EDUFBA, 2012.

FIGUEIREDO, Angela; GROSFOGUEL, Ramon. Por que não Guerreiro Ramos? Novos desafios a serem enfrentados pelas universidades públicas brasileiras. *Ciência e Cultura*, Revista da Sociedade Brasileira para o Progresso da Ciência, São Paulo, ano 59, n. 2, p. 36-41, 2007.

FREYRE, Gilberto. *Sobrados e mucambos*. 16. ed. São Paulo: Global, 2006.

GODINHO, Tatau. *Trajetória da mulher na educação brasileira*. Brasília, DF: Inep, 2005.

GOMES, Nilma Limo. *A mulher negra que vi de perto*: o processo de construção da identidade racial de professoras negras. Belo Horizonte: Mazza, 1995.

GONZALEZ, Lélia. Racismo e sexismo na cultura brasileira. *Ciências Sociais Hoje*, Brasília, Anpocs, n. 2, p. 223-244, 1983.

GROSSI, Miriam. A dor da tese In: Ilha, Florianópolis, n. 1 e n. 2, julho 2004, p. 221-232.

HARAWAY, Donna. "Gênero" para um dicionário marxista: a política sexual de uma palavra. *Cadernos Pagu*, Campinas-SP, n. 22, p. 201-246, 2004.

HARDING, Sandra. Existe un método feminista? In: BARTRA, Eli (Comp.). *Debates en torno a una metodología femenista*. México, DF: Universidad Autónoma Metropolitana, 1998, p. 9-34.

HASENBALG, Carlos. Entre o mito e os fatos: racismo e relações raciais no Brasil. *Dados: Revista de Ciências Sociais*, Rio de Janeiro, v. 38, n. 2, p. 355-374, 1995.

HASENBALG, Carlos; SILVA, Nelson do Valle. Raça e mobilidade social. In: ______. (Org.). *Estrutura social, mobilidade e raça*. Rio de Janeiro: Iuperj, 1988.

HERING, Rosana; SILVA, Joselina. Diversidade, relações raciais e étnicas e de gênero no Brasil contemporâneo. In: BARSTED, Leila Linhares; PITANGUY, Jacqueline (Orgs.). *O progresso das mulheres no Brasil 2003-2010*. Rio de Janeiro: Cepia; Brasília, DF: ONU Mulheres, 2011. Disponível em: <http://onumulheres.org.br/wpcontent/themes/vibecom_onu/pdfs/progresso.pdf>. Acesso em: 20 jan. 2016.

hooks, bell. Intelectuais negras. *Estudos Feministas*, Florianópolis, v. 3, n. 2, p. 464-479, 1995.

______. Eros, erotismo e o processo pedagógico. In: LOURO, Guacira Lopes (Org.). *O corpo educado*: pedagogias da sexualidade. Belo Horizonte: Autêntica, 2010, p. 113-124.

______. *Ain't I woman:* Black women and feminism. London: Ploto Press, 1990.

LORDE, Audre. The master's tools will never dismantle the master's house. 1984. *Sister outsider*: essays and speeches. Berkeley, CA: Crossing Press, 2007, p. 110- 114. Disponível em: <http://collectiveliberation.org/wp-content/uploads/2013/01/Lorde_The_Masters_Tools.pdf>. Acesso em: 20 jul. 2015.

MIGNOLO, Walter. *Local histories/global designs*: essays on the coloniality of power, subaltern knowledges and border thinking. Princeton: Princeton University Press, 2000.

MORAGA, Cherríe; ANZALDÚA, Gloria (Orgs.). *This bridge called my back*: writings by radical women of color. New York: Kitchen Table, 1983.

OLIVEIRA, Luiz Fernandes de; CANDAU, Vera Maria Ferrão. Pedagogia decolonial y educación anti-racista e intercultural en Brasil. In: WALSH, Catherine (Org.) *Pedagogías decoloniales*: Prácticas insurgents de resistir (re)existir e (re)viver. Quito: Ediciones Abya-Yala, 2013. p 275-305. (Serie Pensamento decolonial.)

PAIXÃO, Marcelo et al. (Org.). *Relatório anual das desigualdades raciais no Brasil*: 2009- 2010. Rio de Janeiro: Ed. da UERJ, 2010. Disponível em: <www.

palmares.gov.br/wpcontent/uploads/2011/09/desigualdades_raciais_2009-2010.pdf>. Acesso em: 20 jul. 2015.

PINTO, Giselle. Gênero, raça e Pós-Graduação: um estudo sobre a presença das mulheres negras nos cursos de Mestrado da Universidade Federal Fluminense. Dissertação (Mestrado em Política Social) — Escola de Serviço Social, Universidade Federal Fluminense, Niterói, 2007. Disponível em: <http://flacso.redelivre.org.br/files/2012/07/317.pdf>. Acesso em: 10 jan. 2015.

QUIJANO, Aníbal. Colonialidad y modernidad-racionalidad. In: BONILLO, Heraclio (Org.). *Los conquistados*. Bogotá: Tercer Mundo/Flacso, 1992, p. 437-449.

______. Colonialidad del poder, eurocentrismo y América Latina. En: LANDER, Edgardo (Comp.). Libro: *La colonialidad del saber: eurocentrismo y ciencias sociales. Perspectivas Latinoamericanas*. Buenos Aires: CLACSO (Consejo Latinoamericano de Ciencias Sociales), p. 246, jul. 2000. Disponible en: <http://bibliotecavirtual.clacso.org.ar/ar/libros/lander/quijano.rtf>.

RATTS, Alex J. P. *Eu sou atlântica*: sobre a trajetória de vida de Beatriz Nascimento. São Paulo: Imprensa Oficial/Instituto Kuanza, 2007.

______. *Lélia Gonzalez*. São Paulo: Selo Negro, 2010.

RIBEIRO, Denize; OLIVEIRA, Ana Maria (Orgs.). *Equidade na Pós-Graduação*: a experiência da Universidade Federal do Recôncavo da Bahia. Cruz das Almas, BA: Ed. da UFRB, 2014.

ROSEMBERG, Fulvia; MADSEN, Nina. Educação formal: mulheres e gênero no Brasil contemporâneo. In: BARSTED, Leila Linhares; PITANGUY, Jacqueline (Orgs.). *O progresso das mulheres no Brasil 2003-2010*. Rio de Janeiro/Brasília: Cepia/ONU Mulheres, 2011. Disponível em: <http://onumulheres.org.br/wpcontent/themes/vibecom_onu/pdfs/progresso.pdf>. Acesso em: 20 jan. 2016.

SANTOS, Boaventura de Sousa. *Para além do pensamento abissal*: das linhas globais a uma ecologia de saberes. 2007a. Disponível em: <www.ces.uc.pt/bss/documentos/Para_alem_do_pensamento_abissal_RCCS78.PDF>. Acesso em: 30 jul. 2015.

SANTOS, Boaventura de Sousa (Org.). *Another knowledge is possible*. London: Verso, 2007b.

SANTOS, Sales Augusto dos. *Movimentos negros, educacão e ações afirmativas*. Tese (Doutorado em Sociologia) — Universidade de Brasília, Brasília, 2007.

SCHWARCZ, Lilia Moritz. *Racismo no Brasil*. São Paulo: Publifolha, 2001.

SILVA, Nelson do Valle; HASENBALG, Carlos A. Raça e oportunidades educacionais no Brasil. In: ______. *Relações raciais no Brasil contemporâneo*. Rio de Janeiro: Rio Fundo, Iuperj, 1992.

SILVÉRIO, Valter Roberto. Ação afirmativa e o combate ao racismo institucional no Brasil. *Cadernos de Pesquisa*, n. 117, p. 219-246, nov. 2002.

SPIVAK, Gayatri. *Pode o subalterno falar?* Belo Horizonte: Ed. da UFMG, 2010.

STOLKE, Verena. La mujer es puro cuento: la cultura del género. *Estudos Feministas*, Florianópolis, v. 12, n. 2, p. 77-105, 2004.

TOKARNIA, Mariana. Negros representam 28,9% dos alunos na Pós-Graduação. *Agência Brasil de Notícias*, 13 maio 2015. Disponível em: <http://agenciabrasil.ebc.com.br/educacao/noticia/2015-05/negros-representam-289-dos-alunos-da-pos-graduacao>. Acesso em: 2 ago. 2015.

VINHAS, Wagner. *Palavras sobre uma historiadora transatlântica*: estudo da trajetória intelectual de Beatriz Nascimento. Tese (Doutorado em Estudos Étnicos e Africanos), 2016.

CAPÍTULO 8

A evolução do debate sobre ação afirmativa no Brasil:
prognósticos passados e diagnósticos presentes

João Feres Júnior
Luiz Augusto Campos

Os estudos sobre políticas públicas costumam focar nos processos institucionais envolvidos na formulação, difusão e implantação de medidas estatais, além de suas consequências, desafios e dilemas. Apesar de aparentemente razoável, esse foco ignora um plano que possui grande influência no destino e na eficiência de uma política: o debate público em torno dela. No regime democrático, uma política é, em última instância, sustentada pelo clima de opinião que lhe diz respeito. Pensemos nos dois modelos teóricos mais importantes de democracia: representativa e deliberativa. Na democracia representativa, uma política pode até ser produto da decisão monocrática do chefe do Poder Executivo ou de alguma instância encarregada de sua formulação. Mas esse raramente é o caso, pois políticas públicas de vulto têm que necessariamente ser aprovadas na forma de lei pelas câmaras legislativas. Aí entramos no reino das relações entre Executivo e Legislativo, que sempre envolvem negociações. Salvo exceções, parlamentares e chefes do Executivo tenderão a maximizar as probabilidades de serem eleitos no próximo pleito. Em outras palavras, agirão com um olho na opinião de seus eleitores acerca das políticas que aprovam. Até no caso de decisões monocráticas do Executivo, se houver possibilidade de reeleição, a mesma tese se impõe.

No modelo deliberativo de democracia, a importância da opinião do público é ainda maior, por várias razões. Primeiro, porque as instituições e seus agentes estão constantemente reagindo ao clima de opinião que vige na sociedade. Para autores dessa linha interpretativa, a própria legitimidade que sustenta essas instituições depende de maneira contínua da opinião pública. Segundo, porque os representantes políticos, os mesmos chefes de Executivo e parlamentares sobre os quais falei antes, agem com um olho nos debates públicos, na manchete do jornal, no programa noticioso da TV; não mais pensando somente na eleição daqui a dois ou quatro anos, mas em garantir sua popularidade aqui e agora. E terceiro, porque o próprio debate parlamentar se dá de maneira deliberativa, ou seja, por meio da troca de razões públicas entre pares em uma discussão.

Em suma, a máquina de produção de legitimidade das instituições democráticas funciona à base de justificações públicas. O projeto de lei que pretende instituir uma política é estruturado em torno de tais justificações, da mesma forma que o adendo ou o substitutivo do parlamentar ao projeto; as falas em plenário são também agregadas mais ou menos coerentes dessas justificações; pareceres jurídicos, processos comuns e mesmo pedidos de inconstitucionalidade de uma política pública apresentados frente a cortes de justiça são compostos de material da mesma natureza; por fim, os artigos de jornais e revistas, os debates de especialistas e as conversas informais de cidadãos comuns sobre aquela política são também arrazoados prenhes de justificações públicas.

São justificações porque versam sobre o que é justo ou injusto adotar como procedimento das instituições (política no sentido de *policy*) e são públicas porque são retoricamente apresentadas como tendo por objetivo o interesse comum. Para citar um exemplo muito claro e sucinto que se relaciona claramente com este texto: uma pessoa no domínio de suas faculdades racionais não argumentaria em público que as cotas raciais não devem ser adotadas porque seus netos brancos e de classe média alta vão ter as chances de entrar em universidades públicas de qualidade diminuídas no futuro. Ela diria que as cotas raciais vão produzir conflito social em escala inaudita ou que contribuirão para a decadência da qualidade do ensino superior, em suma, que atentarão contra bens supostamente comuns e não contra seus interesses mesquinhos de manutenção do privilégio racial e de classe de sua família. Em um regime democrático, a manutenção do privilégio e da distinção para fins estritos de vantagem pessoal não pode ser publicamente justificada.

A conclusão é que o debate público acerca de uma política é fundamental para sua manutenção, aprimoramento ou também rejeição em um regime democrático. Se olharmos agora para a natureza das razões ou justificações públicas nesses debates, veremos que há uma mistura de elementos normativos e elementos fáticos. Ou seja, de argumentos que propõem o "dever ser" com argumentos que descrevem o que supostamente "é". Justificações públicas têm um caráter normativo indelével, necessário, pois elas são usadas na discussão acerca do que devemos fazer como coletivo: adotar aquela política, reformá-la, abandoná-la? Esses argumentos normativos podem ser feitos com base em análises sólidas dos fatos ou em puro achismo e futurologia. Mas é importante notar que nenhuma análise de dados, por mais consistente que seja, dá conta totalmente da questão normativa. Claro que, em caso extremo, se os resultados de uma política são desastrosamente negativos, sua mera exposição pode ser suficiente para consolidar uma forte opinião contrária a ela. Isso raramente acontece, contudo, e o que temos na maioria dos casos é o embate entre apoiadores e adversários de uma dada política, cada campo esgrimindo cestas de argumentos normativos e fáticos acerca dos princípios e resultados daquela política.

Para citar outro exemplo, agora hipotético, que se relaciona com nosso objeto: uma política de ação afirmativa para a inclusão de negros na universidade tem êxito em admitir uma quantidade inaudita de indivíduos desse grupo social, mas, ao mesmo tempo, os dados mostram que esses indivíduos são os mais privilegiados economicamente entre o grupo de candidatos negros. Com base nesses fatos, alguns poderiam argumentar que tal resultado é uma distorção do objetivo principal da política, que seria o de promover os mais desprivilegiados e que, portanto, ela deveria ser abolida. Outros diriam que a política funciona, pois inclui muitos negros, mas precisa ser reformada a fim de estender a inclusão aos indivíduos menos privilegiados. E outros ainda poderiam dizer que a política cumpre seu papel, que é o de incluir negros, grupo social antes alijado da universidade, e que é natural todo procedimento de seleção que envolva avaliação de mérito produzir resultados nos quais os que partem de posições iniciais mais vantajosas tenham maior êxito (Feres Júnior; Daflon, 2015). Esses são somente alguns argumentos possíveis. Muitos outros poderiam ser pensados. Todos, contudo, combinam a interpretação de dados fáticos com princípios normativos do tipo "o que é melhor ou mais justo para nós coletivamente".

Uma vez estabelecida a importância das justificações públicas para a existência e a manutenção de uma política, passamos ao objetivo principal deste capítulo, que é refletir sobre a evolução das políticas de ação afirmativa no Brasil, desde que as primeiras foram implantadas em 2003 até os dias de hoje, e em seguida identificar os principais argumentos usados no debate público sobre as cotas.

1. O debate sobre ação afirmativa no Brasil

Desde que políticas de ação afirmativa começaram a ser implantadas em nosso país, o Grupo de Estudos Multidisciplinares da Ação Afirmativa (Gemaa), do qual somos coordenadores, analisa o debate público acerca do tema na grande mídia. Também estudamos os debates jurídicos e parlamentares em torno da ação afirmativa. A experiência do grupo com todo esse material mostra que a maior parte das justificações contrárias e favoráveis às políticas de ação afirmativa aparecem nos textos da grande mídia, particularmente as contrárias. Assim, tomaremos o estudo feito no Gemaa sobre o debate midiático como *proxy* da opinião pública acerca das ações afirmativas em nosso país. Estou ciente dos riscos e das distorções que tal escolha acarreta. A grande mídia se esforça para monopolizar a opinião pública, apresentando-se como o espaço público *tout court*, mas ela é de fato altamente seletiva e guiada pelos interesses dos poucos grupos econômicos que nela atuam e de seus aliados políticos (Campos, 2013). O discurso do equilíbrio e da neutralidade jornalísticos, alardeado por editores, donos de empresa e chefes de redação da grande mídia brasileira, e que constitui o principal instrumento por meio do qual os meios de comunicação reclamam legitimidade perante o público, é uma falácia que não resiste ao exame mais superficial dos textos jornalísticos. Por outro lado, no debate sobre as cotas raciais, esse discurso também funcionou como ideologia reguladora das estratégias editoriais e jornalísticas, levando os veículos de comunicação a "produzirem" critérios e provas que atestassem sua suposta neutralidade.

Olhando retrospectivamente, todo o movimento de reação às políticas de ação afirmativa não teria existido, ou seria infinitamente mais fraco, se não fosse a grande mídia, particularmente o grupo Globo, com seu grande jornal, *O Globo*, e numerosas outras mídias radiofônicas, televisivas e impressas. Podemos afirmar que a grande mídia, liderada pelo Globo, foi o lugar de articulação e de promoção do movimento anticotas que se formou. Seus membros mais vitriólicos foram promovidos ao *status* de colunistas e blogueiros, aparecendo com frequência nas páginas dos jornais para atacar as "cotas raciais", como as cognominaram.

Por ter apresentado essa conformação, o debate sobre as cotas na grande mídia deu mais visibilidade aos argumentos contrários a elas do que aos favoráveis. Contudo, como mostraremos depois, a crescente polêmica em torno do tema fez com que os dois principais jornais brasileiros — *O Globo* e *Folha de S.Paulo* — tentassem construir uma imagem de imparcialidade a partir do controle das proporções entre textos explicitamente favoráveis e textos explicitamente contrários às cotas. Essa imagem de imparcialidade, porém, tem alguns problemas e limitações que serão analisados no decorrer deste capítulo. Em nossa base de dados, composta de todos os textos sobre o assunto publicados nos jornais *Folha de S.Paulo* e *O Globo* de 2001 a 2012, temos um total de 2.123 ocorrências de argumentos contrários contra 864 de argumentos favoráveis. Só para se ter uma ideia do nível bem mais elevado do ativismo de *O Globo* contra as cotas, foram 1.431 ocorrências de argumentos contrários contra 692 na *Folha*, ou seja, uma proporção maior que dois para um.

O fato de os argumentos contrários preponderarem na cobertura da mídia e de o resultado final desse processo de implantação das cotas no país ter sido de sua estabilização constitucional, ou seja, a vitória daqueles que são favoráveis à ação afirmativa, pode parecer paradoxal. Antes de se tornarem lei federal, as políticas de ação afirmativa social e racial foram criadas, em sua maioria, por decisões de conselhos universitários — ou seja, eram políticas pontuais cujo desenho variava de acordo com cada universidade (Feres Júnior, 2011). O exame das deliberações desses conselhos e dos documentos que normatizam as políticas de ação afirmativa nas diversas universidades revela o emprego abundante de justificações públicas, muitas delas também presentes no rol de argumentos favoráveis que circularam na grande mídia, por exemplo: a ação afirmativa racial diminui as desigualdades, inclui os excluídos, repara erros cometidos no passado, instaura a igualdade de oportunidades, introduz pluralidade nas instituições (empresas, universidades etc.), é medida emergencial diante de uma situação crítica e combate ao racismo/discriminação.

Esses são os argumentos favoráveis mais comuns encontrados em nossa base de dados, em ordem decrescente de número de ocorrências. Assim, os argumentos favoráveis foram vencedores nos debates internos das universidades, justificando a criação de programas de ação afirmativa, ao passo que no debate público encenado nos meios de comunicação eles perderam de longe para os contrários. A explicação mais provável desse paradoxo é que a grande mídia perdeu a batalha que moveu contra as cotas raciais.

Por meio de seus editoriais, esses jornais tomaram posição explícita em relação à questão. A *Folha de S.Paulo* publicou durante o período estudado 34 editoriais sobre o assunto, sendo 32 abertamente contrários e dois ambivalentes. Enquanto isso, *O Globo* publicou 94 editoriais, quase três vezes mais que seu par paulista, sendo 91 contrários e 3 ambivalentes — essa diferença do número de editoriais de cada jornal é evidência da liderança inconteste do Grupo Globo na mobilização contra as cotas raciais. Olhando de outra maneira, do total de textos sobre as cotas raciais publicados em *O Globo*, os editoriais representam 8,6%, ao passo que na *Folha* eles são somente 3,2%.

Como nosso objetivo aqui é estudar o debate público sobre as ações afirmativas, é natural que foquemos nos argumentos negativos, pois foram eles que predominaram na cobertura midiática. Aqui cabe ainda uma última ressalva. A despeito de ser politicamente orientado, às vezes a ponto de constituir tentativa de manipulação da opinião de seus consumidores, o debate público da mídia é praticamente o único ao qual a maioria da população tem acesso em democracias representativas de massas como a nossa. Não há esfera pública comunicacional alternativa à grande mídia, com exceção das redes sociais da internet e da blogosfera. Infelizmente, elas ainda dependem em grande parte do conteúdo informacional produzido pelas grandes empresas de jornalismo. Os debates que ocorreram no âmbito das universidades têm um caráter semipúblico. Com isso queremos dizer que eles são, na maioria das vezes, formalmente públicos — qualquer pessoa pode ter acesso aos documentos ainda que nem sempre aos conselhos nos quais o debate se travou — mas não são publicizados, isto é, não estão disponíveis para uma audiência alargada.

2. A segunda fase do debate

Vamos adotar aqui a nomenclatura proposta por Antônio Sergio Guimarães em capítulo deste livro para a periodização do debate acerca das políticas de ação afirmativa. Segundo ele, a primeira fase começa no governo Fernando Henrique Cardoso com a formação do Grupo Interministerial de Trabalho da População Negra (1995) e vai até 2002, com a aprovação das primeiras leis estaduais que criam cotas nos sistemas públicos universitários do Rio de Janeiro e da Bahia. A segunda fase começa nesse ano e se estende até a decisão do Supremo Tribunal Federal que julga constitucional o uso de cotas raciais pela Universidade de Brasília (UnB) e a aprovação da lei de cotas no parlamento, ambas em 2012. A terceira fase se dá a partir desses momentos até os dias de hoje. Deixaremos de lado a primeira fase, pois ela se deu quando as políticas ainda não existiam. Faremos, portanto, uma análise da evolução das políticas durante a segunda fase e uma avaliação prospectiva da terceira fase.

Para combinarmos as bases dos dois jornais, é necessário que tenhamos uma noção do perfil da cobertura de cada um, pois, se os perfis forem muito diferentes, a agregação não faz sentido. A seguir, vemos os gráficos que mostram a evolução temporal da cobertura para cada jornal, considerando somente a valência dos textos, ou seja, se são contrários, favoráveis ou neutros em relação à ação afirmativa racial.

Uma visão geral dos dois gráficos revela grande semelhança de formas. Todas as curvas referentes aos totais de textos publicados sobre o tema apresentam pelo menos dois picos principais que coincidem no tempo. Tal desenho reflete o que se costuma denominar de ciclo de ativação da cobertura midiática. A grande mídia apresenta um comportamento de manada, isto é, tem uma forte tendência a agendar as mesmas notícias em um determinado período, seja por motivos de competição entre meios ou porque há um estoque limitado de fatos a se noticiar em um dado momento — limite esse

GRÁFICO 1

Quantidade de textos por ano de acordo com a valência em relação às ações afirmativas raciais (*O Globo*)

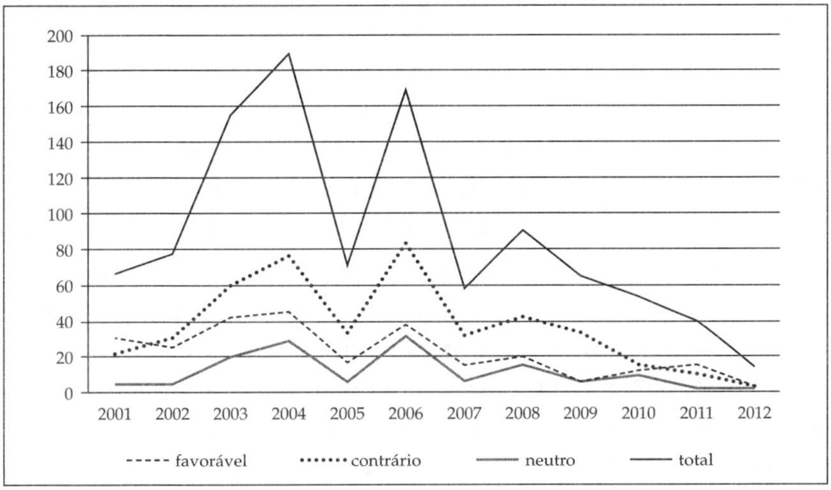

Fonte: Banco de dados da pesquisa "Ação afirmativa na grande mídia brasileira". Grupo de Estudos Multidisciplinares da Ação Afirmativa (Gemaa).

GRÁFICO 2

Quantidade de textos por ano de acordo com a valência em relação às ações afirmativas raciais (*Folha de S.Paulo*)

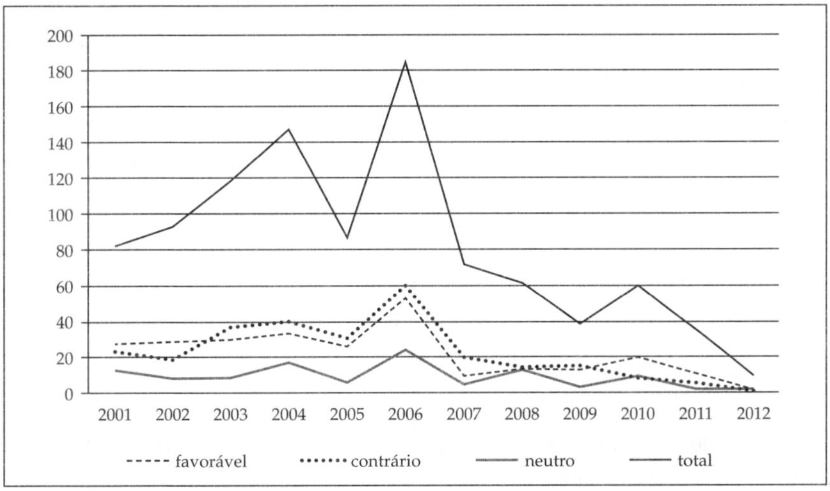

Fonte: Banco de dados da pesquisa "Ação afirmativa na grande mídia brasileira". Grupo de Estudos Multidisciplinares da Ação Afirmativa (Gemaa).

que tem a ver mais com a capacidade financeira dos meios e sua orientação político-ideológica do que com a natureza do mundo noticiável. Os dois picos mais proeminentes, em 2004 e em 2006, são produto de eventos claramente marcados na cobertura. O primeiro corresponde à implementação das primeiras políticas de cotas, particularmente as do sistema estadual de educação superior do estado do Rio de Janeiro, ao qual pertence a Universidade do Estado do Rio de Janeiro (UERJ). Tal processo acirrou o debate ao longo de 2003, quando os primeiros processos seletivos com cotas começaram a funcionar, e 2004, ano durante o qual o debate midiático acerca do tema continuou intenso e acirrado. Note-se que as alturas dos picos diferem de jornal para jornal. Em *O Globo* o pico maior é o primeiro, de 2003 a 2004, e não o de 2006. Isso se explica pelo fato de as cotas terem sido implantadas no Rio de Janeiro primeiro, ao passo que em São Paulo ainda eram uma realidade remota: as universidades estaduais paulistas passaram mais de dez anos ou se negando a adotar cotas, a exemplo da Universidade Estadual Paulista "Júlio de Mesquita Filho" (Unesp)[1], ou adotando programas que não alteraram o perfil elitizado e branco dos alunos ingressantes, como fizeram a Universidade Estadual de Campinas (Unicamp) e a Universidade de São Paulo (USP).[2]

O segundo grande pico ocorre em 2006 com o "escândalo" dos gêmeos de UnB. Trata-se do caso de dois irmãos gêmeos que passaram pelo processo seletivo na mesma universidade. Um foi admitido no programa de cotas para negros e o outro teve sua entrada negada. Ambos foram julgados pela comissão que a universidade instituiu com o intuito de averiguar se o candidato cotista era de fato negro. O caso foi amplamente noticiado, inclusive com capa na revista *Veja*, publicação que foi desde o início militantemente contrária às cotas

---

1. A UNESP só passou a adotar algum programa de ação afirmativa a partir do vestibular para o ano de 2015. Disponível em: <http://www.revistaforum.com.br/2015/08/18/a-universidade- nao-e-mais-branca/>.

2. Para o caso da UNICAMP, ver Venturini e Feres (Venturini, 2016) e para o caso da USP, ver Venturini e Feres (2015).

raciais (Daflon, 2012). A cobertura na *Folha de S.Paulo* começou menos intensa que em seu par carioca e atingiu seu pico mais alto com o *affaire* dos gêmeos.[3]

A despeito da grande semelhança de formato das curvas de valência dos dois jornais, há uma diferença importante que se nota na proporção de textos contrários e favoráveis que cada um publicou ao longo dos anos. Ao passo que a *Folha* parece ter tentado manter um equilíbrio, publicando um número similar de textos de cada natureza, *O Globo* manteve a quantidade de artigos contrários superior à de favoráveis por todo o período. Mas parte dessa preponderância se deve aos próprios editoriais do jornal. Mesmo quando esses são subtraídos da análise, como indicado no gráfico a seguir, vemos que houve um claro predomínio de textos contrários nos anos de 2003, 2004, 2006 e 2009; uma leve preponderância dos contrários em 2007 e 2008; e uma proporcionalidade em 2002, 2005 e 2010. O número de textos favoráveis, por seu turno, só suplantou o número de contrários em 2001 e 2010. Essa dinâmica sugere que nos momentos cruciais da controvérsia (2003, 2004 e 2006), *O Globo* privilegiou as posições contrárias, ao passo que nas fases mais "mornas" do debate, ele garantiu uma maior proporcionalidade. Isso indica, novamente, que houve uma estratégia de controle das proporções, ao menos em alguns momentos do período analisado. Partamos agora para a análise das justificações contrárias às cotas raciais.

3. O caso dos gêmeos foi usado logo em seguida na arguição de descumprimento de preceito fundamental (ADPF) que o partido Democratas (DEM) impetrou contra a ação afirmativa racial da UnB no Supremo Tribunal Federal, cujo objetivo era declarar a inconstitucionalidade de todas as políticas de ação afirmativa de recorte racial no Brasil (Feres Júnior, 2010).

GRÁFICO 3

Quantidade de textos, exceto editoriais, por ano de acordo com a valência em relação às ações afirmativas raciais (*O Globo*)

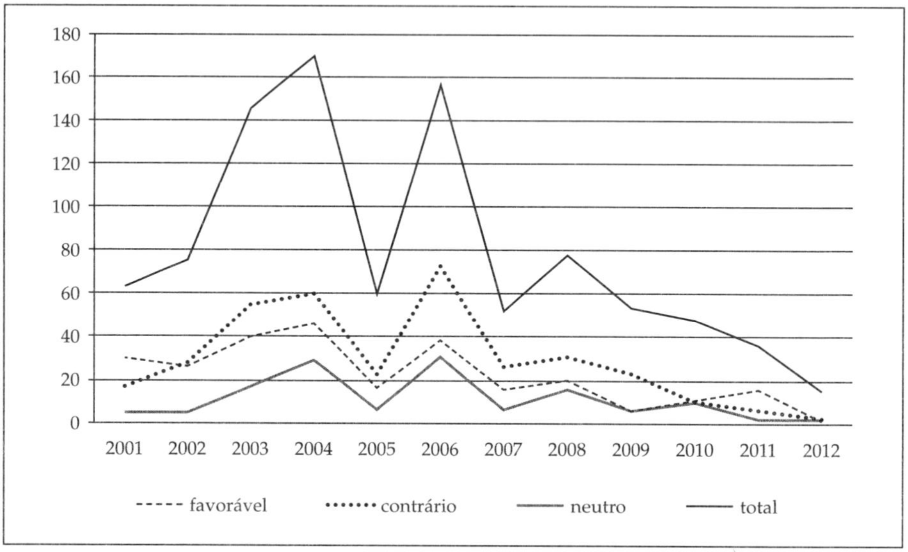

Fonte: Banco de dados da pesquisa "Ação afirmativa na grande mídia brasileira". Grupo de Estudos Multidisciplinares da Ação Afirmativa (Gemaa).

3. Contra a ação afirmativa racial

A lista de justificações contrárias às ações afirmativas raciais que foram usadas em textos jornalísticos de 2001 a 2012 é longa, mas vale a pena ser reproduzida, como na tabela a seguir.

Como podemos notar, os argumentos são muitos e dizem respeito a aspectos os mais diversos. Alguns são jurídicos, como "ação afirmativa viola o princípio da igualdade formal", outros sociológicos, como "a desigualdade é de classe e não de raça", ou antropológicos, como "é difícil classificar racialmente as pessoas", ou políticos, como "ação afirmativa é medida eleitoreira" etc. Mais à frente, proporemos uma agregação de argumentos como tentativa de dar mais inteligibi-

TABELA 1

Lista de argumentos contrários às ações afirmativas raciais

Justificações contrárias	Freq.	%
O caminho é investir no ensino básico	193	9,4%
AAR não leva em conta o mérito	165	8,1%
AAR é discriminação às avessas	126	6,2%
Classe importa mais que raça	112	5,5%
AAR é inconstitucional/ilegal	90	4,4%
É difícil classificar racialmente as pessoas	89	4,3%
AAR cria/acirra conflito racial	82	4,0%
AAR racializa a sociedade	80	3,9%
AAR diminui a qualidade do ensino	79	3,9%
O caminho é investir nas políticas universais	75	3,7%
AAR viola o princípio da igualdade formal/institui privilégios	73	3,6%
AAR se opõe à nossa tradição de mestiçagem	66	3,2%
AAR pode impor uma identidade bicolor	62	3,0%
AAR pode excluir os brancos pobres	57	2,8%
AAR importa um modelo estrangeiro	54	2,6%
AAR produzirá profissionais despreparados	53	2,6%
AAR pressupõe a existência biológica de raças	52	2,5%
AAR oficializa o racismo	51	2,5%
AAR pode estigmatizar os beneficiários	49	2,4%
AAR é ineficiente no combate às desigualdades	44	2,1%
Beneficiários não serão capazes de acompanhar o curso	43	2,1%
AAR é solução paliativa	42	2,1%
AAR é uma medida eleitoreira	40	2,0%
AAR não deve ser reduzida às cotas	30	1,5%
O Brasil não é um país racista	28	1,4%
AAR não basta sem medidas para a permanência dos beneficiários	27	1,3%
AAR pode excluir grupos discriminados	27	1,3%
AAR tende a beneficiar classe média/elite negra	25	1,2%
AAR resulta da captura do Estado por movimentos sociais	24	1,2%

▼ continua

▼ cont. **TABELA 1**

Justificações contrárias	Freq.	%
AAR é vulnerável à fraude	23	1,1%
Pobreza dos negros não se deve à discriminação	19	0,9%
AAR fracassou em outros lugares	17	0,8%
O ensino já está se democratizando sem cotas	14	0,7%
Não é função da universidade estabelecer AAR	14	0,7%
AAR provoca ressentimento nos brancos	13	0,6%
AAR desrespeita a autoidentificação	12	0,6%
Não há o que reparar, pois todo brasileiro é afrodescendente	10	0,5%
Não há negros para preencher as vagas	9	0,4%
Não há ainda resultados positivos conclusivos	9	0,4%
AAR rompe com republicanismo brasileiro	9	0,4%
AAR pode dividir classes baixas	8	0,4%
AAR é intervenção do Estado nas relações sociais	7	0,3%
AAR tende a se perpetuar	7	0,3%
AAR cria intolerância entre os negros	6	0,3%
AAR dá margem a abuso de poder	4	0,2%
AAR é uma política neoliberal	3	0,1%
Racismo oculto é melhor que explícito	1	0,0%
TOTAL OBS.	2048	

Fonte: Banco de dados da pesquisa "Ação afirmativa na grande mídia brasileira". Grupo de Estudos Multidisciplinares da Ação Afirmativa (Gemaa).

lidade ao conjunto. Para produzir um panorama rápido da dinâmica do uso desses argumentos ao longo dos anos, selecionamos os dez mais frequentes e os dividimos em dois gráficos: o Gráfico 4, com os cinco mais frequentes, e o Gráfico 5, com os cinco seguintes, sempre em ordem decrescente.[4]

4. A divisão em dois gráficos objetiva tornar a visualização melhor, pois dez curvas no mesmo gráfico produzem uma imagem difícil de decifrar.

GRÁFICO 4

Argumentos contrários mais frequentes (5 primeiros)

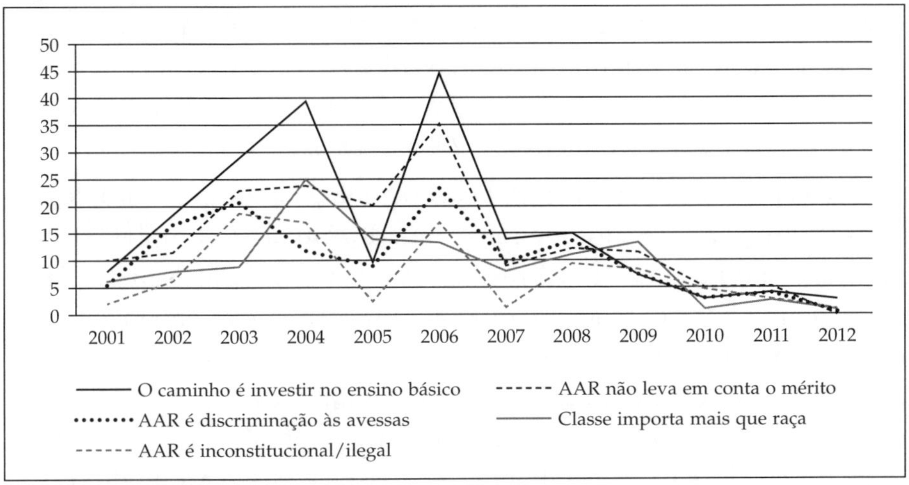

Fonte: Banco de dados da pesquisa "Ação afirmativa na grande mídia brasileira". Grupo de Estudos Multidisciplinares da Ação Afirmativa (Gemaa).

GRÁFICO 5

Argumentos contrários mais frequentes (do 6º ao 10º)

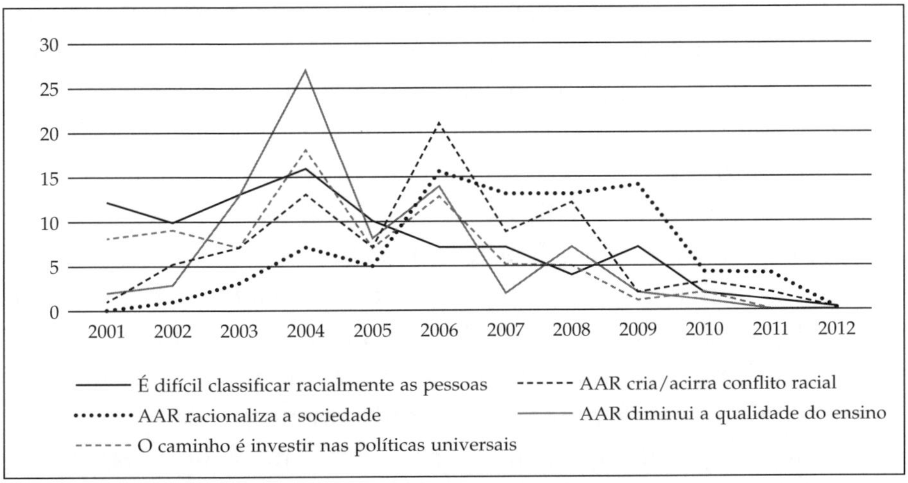

Fonte: Banco de dados da pesquisa "Ação afirmativa na grande mídia brasileira". Grupo de Estudos Multidisciplinares da Ação Afirmativa (Gemaa).

Alguns detalhes interessantes devem ser notados na dinâmica temporal do aparecimento desses argumentos nos textos jornalísticos. O mais saliente é que, com algumas poucas exceções, as curvas temporais se assemelham muito, isto é, os picos e os vales coincidem para quase todos os argumentos e, assim, com as curvas de totais vistas nos Gráficos 1 e 2, com picos em 2004 e 2006.

No Gráfico 4, há uma curva excepcional, a do argumento de que "classe importa mais do que raça". Sua formulação completa é a seguinte: como na sociedade brasileira as desigualdades são de classe e não de raça, as ações afirmativas com recorte racial não fazem sentido. É um argumento de natureza sociológica diretamente relacionado à discussão acerca do caráter das desigualdades em nosso país. Já no Gráfico 5, a curva a ter comportamento anômalo é a do argumento "é difícil classificar racialmente as pessoas". Esse argumento é de ordem sociológico-antropológica e tem um tom comparativo. A alegação completa seria a de que a sociedade brasileira é excepcional se comparada a outras no mundo, pois aqui a mistura de raças produziu uma tal conformação identitária que seria praticamente impossível classificar racialmente os indivíduos. A sociedade mais frequentemente usada nessa comparação é a dos Estados Unidos.

Os dois argumentos cujas curvas têm formato anômalo são semanticamente próximos e suas curvas temporais se assemelham bastante. Ambos seguem os outros argumentos no primeiro pico, o do lançamento das cotas, mas entram em uma tendência declinante e não fazem o segundo pico. O número de vezes que aparecem no universo de textos jornalísticos é de 112 para "raça" e de 89 para "é difícil", respectivamente o quarto e o sexto colocados no *ranking* de frequência. Eles aparecem juntos somente em 15 textos, mas sua proximidade semântica é notável. Ambos podem ser combinados no seguinte macroargumento: a sociedade brasileira é excepcional se comparada a outras no mundo, pois aqui a mistura de raças produziu uma conformação identitária que torna praticamente impossível classificar racialmente os indivíduos; assim, as desigualdades presentes nessa sociedade se devem a diferenças de classe social (posição social ao nascer, capital social e cultural, qualidade da educação etc.) e não à discriminação racial, ao preconceito de raça ou ao racismo.

Tal macroargumento contém elementos normativos e descritivos. A normatividade está implícita, mas é óbvio que essa avaliação comparada da sociedade brasileira,[5] sua excepcionalidade, é uma loa ao caráter nacional brasileiro, isto é, uma avaliação positiva do tipo: no quesito relações raciais, somos melhores que os outros países, mormente os Estados Unidos, e *devemos* continuar assim e não aderir a políticas que tomem como pressuposto a existência de divisões raciais em nosso meio. É evidente que essa normatividade é ancorada em afirmações de fato do tipo "é difícil classificar racialmente", que também se conecta a outra afirmação de fato, "classe importa mais do que raça", pois, se divisões raciais não operam em nosso meio, a desigualdade é de outra natureza.

Para compreendermos melhor o que estava sendo dito no debate, é importante avaliarmos o significado de cada um dos outros argumentos e as intersecções entre eles, como fizemos com a dupla anterior. O argumento mais frequente, "o caminho é investir no ensino básico", não contém propriamente uma razão explícita contrária às cotas raciais, mas simplesmente sua negação em nome de uma alternativa que supostamente resolveria o problema da desigualdade racial, que é o objeto da política. Ele é em tudo similar ao décimo colocado, "o caminho é investir nas políticas universais", ainda que este contenha um elemento de condenação explícita das políticas ditas focalizadas como instrumento legítimo de combate das desigualdades raciais, algo que o outro não tem. Eles são na verdade argumentos de natureza diversa dos demais, pois apontam alternativas e não razões. Ao passo que os outros têm a estrutura "cotas raciais não devem ser implantadas por causa de x, y ou z", esses dois argumentos dizem que "em vez de implantar cotas raciais, devemos fazer a ou b". São argumentos que chamaremos de "alternativos" e,

5. No total de 186 textos que contêm o argumento "classe" ou "é difícil", 30 fazem referência explícita aos Estados Unidos como contraexemplo de sociedade cindida pelo racismo.

como tal, se diferenciam daqueles que dão razões para rejeitar as ações afirmativas raciais. Os argumentos alternativos, por sua natureza, são utilizados em conjugação com argumentos que dão razões; dependem quase sempre deles para ser articulados em um discurso coerente. São argumentos com elementos normativos e fáticos. É certamente normativo afirmar que toda regra só é moralmente válida se tiver um caráter estritamente universal. Por outro lado, a alegação de que políticas universais ou mesmo de que o investimento na educação básica resolveria o problema da desigualdade racial no ensino superior está sujeita à comprovação empírica, ainda que esse teste demore mais de década para ser efetuado, além de exigir a mobilização de recursos oceânicos que, por ora, não estão à disposição do Estado — fatores que não parecem preocupar seus defensores.

É interessante notar que, enquanto o argumento que aponta o ensino básico como alternativa para resolver o "problema" continuou forte ao longo dos anos, seu par, aquele que faz elegia das políticas universais, entrou em clara decadência.

Os argumentos "AAR não leva em conta o mérito" e "AAR é discriminação às avessas", segundo e terceiro colocados, e o quinto colocado, "AAR é inconstitucional/ilegal", são também aparentados: ambos têm natureza jurídico-moral. Acusam as cotas de violarem um princípio básico da moral e da legalidade democrática liberal que é a igualdade perante a norma. São normativos, certamente, nos dois sentidos da palavra, pois têm sentido moral patente e também dizem respeito à norma positiva. É claro que grande parte dos argumentos morais, como dizem respeito às coisas do mundo, dependem de seu delineamento fático, ou seja, de estabelecermos como essas coisas ocorrem no mundo.

O sétimo e o oitavo colocados, "AAR cria/acirra conflito racial" e "AAR racializa a sociedade", também são muito próximos no que toca a seu significado. Ambos podem ser amalgamados no discurso de que a ação afirmativa racializa a sociedade brasileira, criando, portanto, o conflito racial. Eles são também de natureza sociológico-antropológica e se encadeiam perfeitamente com a primeira díade analisada: em uma sociedade em que classe importa mais do que raça, em que é difícil classificar racialmente as pessoas, as cotas promoveriam a racialização e, consequentemente, o conflito racial. Esses dois argumentos têm um fundamento fático forte, pois é possível conceber vários testes empíricos para averiguar se eles de fato são verdadeiros.

Por fim, o argumento de que as cotas diminuiriam a qualidade de ensino, que aparece somente em nono lugar, é de natureza diversa dos anteriores, pois propriamente diz respeito a procedimentos e resultados da política, a seus aspectos administrativos. Como já apontamos antes, para a proximidade entre "classe importa mais que raça" e "é difícil classificar racialmente as pessoas", nossa agregação semântica dos argumentos principais está completa.

Voltando aos gráficos da distribuição do uso dos argumentos no tempo, vejamos o que acontece com os outros agrupamentos. A segunda díade, a dos argumentos alternativos que recomendam fazer outra coisa que não a ação afirmativa, segue à risca o padrão de ativação geral com os dois picos. O grupo de três argumentos de natureza legal, que acusam a ação afirmativa de ser discriminação às avessas, contra o mérito e ilegal, também segue o mesmo padrão de ativação. Por fim, os dois argumentos do conflito e da racialização seguem um padrão em parte anômalo, que vale a pena ser examinado. Eles não sofrem muita ativação no primeiro pico, se comparados aos outros. Já no segundo pico, sua ativação é intensa. Basta notarmos o que ocorre no Gráfico 5. No primeiro pico, em 2003-2004, eles são os últimos colocados do grupo de 10 mais frequentes. Ao passo que, no segundo pico, eles passam para a sexta e sétima posições. Junte-se a isso o fato de que o argumento da racialização continua ativado nos anos seguintes, até 2009, enquanto todos os outros baixam de frequência, a tal ponto que ele se torna o campeão de frequência de 2007 a 2010, mais utilizado que qualquer outro do levantamento.

Em suma, nossa análise mostra, por um lado, que houve um alto grau de constância nas proporções de uso na mídia dos argumentos contrários às cotas mais frequentes. Isto é, esses argumentos não foram somente os mais recorrentes no agregado dos anos, mas também se mantiveram covariando com o grosso da cobertura, o que é indicação de sua continuada importância no debate. Houve, contudo, pelo menos uma alteração digna de nota, que é o relativo ganho de importância dos argumentos que atacavam as cotas por supostamente promoverem a racialização e o conflito racial a partir do segundo pico de ativação, o de 2006.

4. Conclusão

E o que dizer dos argumentos contrários às cotas? Teríamos nós, no ano de 2016, decorridos 13 anos da implantação das primeiras iniciativas nos sistemas estaduais do Rio de Janeiro e da Bahia, condições para avaliá-los?

Como dissemos antes, há argumentos de natureza normativa e fática. Ambos podem ser objeto de discussão racional, mas enquanto cabe julgar argumentos fáticos em termos de verdadeiro ou falso, não podemos fazer o mesmo com os normativos, que aceitam somente os valores de justo ou injusto, que por seu turno dependem de concepções morais fundamentais. É possível julgar racionalmente a coerência interna desses argumentos, mas não reduzi-los aos valores verdadeiro ou falso. Ser elitista, achar que os bens sociais devem ser distribuídos de maneira desigual, privilegiando aqueles que já têm mais, é uma posição certamente cruel em um país com tamanha desigualdade de oportunidades como o Brasil, mas não pode ser dita falsa.

Vejamos os dez argumentos mais frequentes. Vamos começar pelos argumentos alternativos, que asseveram que o caminho é adotar políticas universais ou investir no ensino básico e não nas cotas raciais. Nestes últimos 13 anos de vigência das políticas de cotas, houve avanços no ensino básico e nas políticas universais para os mais necessitados, mas tais melhoras estão longe de poder afetar significativamente o acesso de negros ao ensino superior. A melhoria expressiva da qualidade do ensino básico é empreitada altamente custosa do ponto de vista orçamentário e sofre dos problemas decorrentes do acordo federativo, uma vez que esse nível educacional é responsabilidade constitucional dos estados e não do Governo Federal. Em suma, se tivéssemos optado por não adotar cotas, seguindo esses conselhos, a educação superior de qualidade seria hoje como ela foi até meados da década passada, uma província quase que exclusiva dos brancos de classe média. Em outras palavras, a universidade pública teria virado as costas para mais uma geração de jovens negros brasileiros.

Tomemos agora os argumentos jurídico-morais de que cotas raciais seriam uma forma de discriminação às avessas, inconstitucionais e que não levariam em conta o mérito. Como já mostramos em outras ocasiões, o primeiro argumento comete a imprecisão conceitual de confundir dois tipos de discriminação, negativa e positiva. É evidente que a discriminação negativa, aquela que promove o prejuízo de quem é discriminado, é ruim, moralmente condenável. Já a discriminação positiva, aquela que promove o bem do discriminado, pode ser moralmente recomendável, particularmente se ela cumpre uma finalidade coletiva e republicana, como é o caso da ação afirmativa para pretos e pardos em nosso país. Uma quantidade imensa de programas de governo promove discriminação positiva (investimentos via bancos estatais, políticas previdenciárias, bolsa família etc.); descartar esse princípio como moralmente ou legalmente indesejável é regredir para formas minimalistas de Estado. Assumir tal posição típica da direita ideológica em uma sociedade tão desigual como a nossa é ato de imensa crueldade.

Argumento similar, e também de sabor jurídico-moral, é o de que a ação afirmativa violaria o princípio do mérito. Ora, o mérito, versão léxica condensada da palavra "merecimento", é um tipo de reconhecimento que recebemos por nosso esforço de parceiros de interação social e instituições sociais. Nascer em família abastada não é mérito algum, mas sim produto de uma loteria natural, para emprestar expressão de John Rawls (1971). Para os negros especificamente, a discriminação em espaços como a educação e o mercado de trabalho funciona também como um rebaixador de seu esforço, já que brancos, ainda que pobres, não sofrem com essas práticas. Como a capacidade de pagamento de ensino médio privado de qualidade era condição quase necessária para ingressar no ensino superior público de qualidade até a implantação das cotas, o ingresso na universidade dependia em grande medida não do mérito dos candidatos, mas dessa loteria natural ou da "sorte" de determinados negros em escapar da discriminação. A ação afirmativa, como política de igualdade de oportunidades, mitiga os efeitos mais nefastos dessas loterias e, portanto, produz maior reconhecimento do mérito do que o sistema anterior. Em outras palavras, o argumento afirma exatamente o contrário do que acontece. Defender o sistema anterior às cotas é defender a manutenção do privilégio dos que menos têm de se esforçar para manter seu *status* social e não o mérito; muito pelo contrário, é defender que a universidade continue branca e de classe média-alta.

No que toca aos argumentos de procedimentos e resultados, vamos primeiro examinar aquele segundo o qual as ações afirmativas raciais diminuem a qualidade do ensino. Esse é um argumento fático puro e, como tal, passível de verificação empírica. Claro, primeiramente há uma questão que não é propriamente do âmbito científico, mas político e moral: a quem cabe o ônus da prova? Dado que as cotas raciais estão em funcionamento há tantos anos e foram declaradas plenamente constitucionais pelo Supremo Tribunal Federal, é razoável defender que o ônus deve ficar com quem esgrime tal argumento. Pois bem, para além das anedotas de professores universitários preocupados com a presença de negros e de alunos de origem mais humilde em suas salas de aula, a maioria dos trabalhos sobre o desempenho comparativo dos cotistas já produzidos aponta a não existência de diferenças significativas de rendimento entre cotistas e não cotistas (Mattos, 2006; Queiroz; Santos, 2006; Velloso, 2009; Garcia; Jesus, 2015). Alguns mais raros detectaram rendimento mais baixo dos cotistas (Waltenberg; Carvalho, 2013; Mendes Junior, 2014), mas em média a diferença encontrada foi pequena, da ordem de 10%. Todos, unanimemente, revelam que as taxas de abandono dos cotistas são menores que as dos não cotistas.

Estudo recente feito por nós no Gemma (Campos; Feres Júnior; Daflon, 2014), com base nos dados do Sistema de Seleção Unificada (Sisu), mostra que as diferenças médias nas notas de corte entre cotistas e não cotistas é muito pequena, como indica a passagem a seguir, na qual os autores examinam essa diferença para as quatro categorias do programa de cotas nas universidades federais:

> Em média, a nota de corte dos egressos de escola pública (independentemente da cor e da renda) foi inferior apenas 2,44% em relação à nota de corte da ampla concorrência. Já os egressos de escola pública e de baixa renda tendem a obter uma nota de corte 4,86% menor que aqueles da ampla concorrência, distância próxima à existente entre egressos de escola pública pretos, pardos ou índios, independentemente da renda. Finalmente, a maior distância se encontra na nota de corte da cota que combina os três critérios (escola pública, baixa renda e PPI). A nota de corte desse grupo tende a ser 6,77% inferior que a mesma da ampla concorrência. (Campos; Feres Júnior; Daflon, 2014, p. 12-13)

O restante dos argumentos contrários é de natureza sociológico-antropológica, relativos ao tema da raça e da identidade nacional, já arrolados anteriormente: "é difícil classificar racialmente as pessoas"; "classe importa mais que raça"; "AAR cria/acirra conflito racial"; "AAR racializa a sociedade". Todos têm como base um modelo freyriano de sociedade brasileira onde imperam a miscigenação e, para usar um termo já arcano, a harmonia entre as raças. Os dois primeiros dizem respeito à suposta inexistência de distinções raciais estáveis na sociedade brasileira. Como são diagnósticos, podem ser submetidos a testes empíricos.

Só podemos interpretar o argumento "é difícil classificar racialmente as pessoas" como fazendo referência às áreas de fronteira entre as categorias raciais, pois a interpretação alternativa de que seria praticamente impossível classificar racialmente as pessoas no Brasil seria por demais lunática, embora haja quem a faça. De fato, todos os sistemas de relações raciais têm áreas gris, fronteiras incertas onde algumas pessoas "passam" como pertencentes a tal ou qual categoria racial (Sánchez; Schlossberg, 2001; Nerad, 2014; Fabi, 2001). Coisa diversa é afirmar, como fazem os adeptos desse argumento, que essas áreas gris na sociedade brasileira são tão amplas que a identificação racial como um todo se torna incerta. Ora, a miríade de trabalhos que, por meio de controles estatísticos simples, isolam a variável cor da variável renda e mostram haver sim parte significativa da desigualdade de mobilidade social, por exemplo, que não pode ser explicada pela renda, é evidência forte da existência de estabilidade classificatória (Hasenbalg, 1979; Hasenbalg; Silva, 1988, 2003). Outrossim, o fato relevado nesses mesmos trabalhos — de que os perfis socioeconômicos de pretos e pardos são muito similares e significativamente inferiores ao dos brancos — é sinal de que a sociedade brasileira distribui oportunidades desigualmente entre brancos e não brancos. Isto é, a despeito de que possa haver fluidez das categorias, "passar" por branco é um valioso "capital". Com as cotas, não é necessário mais "passar" por branco para entrar na universidade. Se ser negro, preto, pardo ou indígena era antes impedimento, com elas é agora vantagem.

Os mesmos trabalhos supracitados oferecem evidência para refutar o argumento de que "classe importa mais do que raça". Ou melhor, pode ser até que, em nossa sociedade, a origem de classe de um indivíduo em média tenha mais impacto sobre suas chances de mobilidade social ascendente do que sua cor. Isso não quer dizer, contudo, que a raça, ou cor, não tenha impacto e que esse impacto não seja significativo. É comum encontrarmos o argumento "classe importa mais do que raça" combinado com "o caminho é investir em políticas universais" e sintetizado na seguinte fórmula: "cotas sociais resolveriam o problema da desigualdade racial". Foi esse o caminho escolhido por várias universidades públicas antes da aprovação da Lei Federal, em 2012, como mostra levantamento do Gemaa. Contudo, há trabalhos no exterior e no Brasil que expõem a incapacidade de políticas baseadas em critérios de renda darem conta de desigualdades raciais e étnicas (Weisskopf, 2004; Tragtenberg et al., 2006).

Por fim, temos os argumentos que vaticinam a racialização e o conflito racial, que são também de natureza sociológico-antropológica. A despeito da frequência do uso desses argumentos em nosso universo e nos textos dos campeões anticotas, não parece haver sinais inequívocos de racialização da sociedade brasileira. O crescimento relativo do contingente de pardos no último Censo (2010) foi lido por alguns como produto de crescente racialização, mas se isso fosse verdade, teríamos também um aumento similar ou ainda maior de pretos, o que não ocorreu. Ademais, se a pessoa antes se identificava como branca e agora responde que é parda ou preta, isso não nos parece ser um indicativo de aumento de racialização, a não ser que assumamos que se identificar como branco não é uma opção racial, mas pardo ou preto é. Pesquisa qualitativa de Silva e Leão (2012) detecta uma grande pluralidade de perspectivas identitárias por trás da assunção à categoria pardo, o que só reforça nosso argumento.

A racialização e o conflito racial são os argumentos mais empregados, por exemplo, por Ali Kamel e Demétrio Magnoli, os dois publicistas que mais divulgaram artigos de opinião contrários às cotas raciais durante o período estudado. Há uma ironia profunda aqui, contudo. Quando começaram a ser usados no debate público, esses argumentos eram futurológicos, ou seja, prognósticos. Com o passar dos anos e o acúmulo de experiências com políticas de ação afirmativa racial em universidades de todo o país, esses argumentos foram perdendo seu caráter prognóstico e se tornando diagnósticos claramente equivocados. Treze anos após os primeiros vaticínios catastrofistas serem vociferados nas páginas dos jornalões e nas mesas-redondas e nos debates Brasil afora não houve sequer um incidente significativo de conflito racial, na universidade ou fora dela — a não ser que tomemos por conflito racial a mortandade de jovens negros por conta da violência policial, mas isso já ocorria antes das cotas.

Em evento recente sobre o tema da inclusão no ensino superior no Brasil e na Suécia, um de nós participou de uma mesa-redonda com uma antropóloga campeã da cruzada anticotas, pertencente ao seleto grupo de militantes que prognosticavam que as cotas raciais transformariam o Brasil em uma Ruanda — país onde o conflito entre etnias levou ao genocídio. Quando alguém da plateia perguntou sobre o uso de categorias raciais nas políticas de cotas, ela tomou a palavra para dizer que as cotas racializam a sociedade por congelar as categorias.

Foi imediatamente interpelada com a constatação de que, passados 13 anos, não há sinal inequívoco de aumento de racialização ou de conflito racial. A resposta dada pela acadêmica foi surpreendente: esperem mais tempo para ver no que vai dar! O futuro é realmente um horizonte que a ciência ocidental ainda não conseguiu penetrar, com exceção de alguns iluminados. Como diria o célebre John Maynard Keynes, o porvir nos guarda uma certeza: mais cedo ou mais tarde, estaremos todos mortos. Mas enquanto isso não acontece, tratemos dos vivos da maneira como merecem: com dignidade e justiça.

Referências

CAMPOS, Luiz Augusto. *Enquadrando a esfera pública*: a controvérsia das cotas raciais na imprensa. Tese de Doutorado — Instituto de Estudos Sociais e Políticos, Universidade do Estado do Rio de Janeiro, Rio de Janeiro, 2013.

CAMPOS, Luiz Augusto; FERES JÚNIOR, João; DAFLON, Verônica Toste. O desempenho dos cotistas no Enem: comparando as notas de corte do Sisu. *Textos para Discussão Gemaa*, IESP-UERJ, v. 4, n. 23, p. 1-23, 2014.

FABI, M. Giulia. *Passing and the rise of the African American novel*. Urbana: University of Illinois Press, 2001.

FERES JÚNIOR, João; DAFLON, Verônica Toste. A nata e as cotas raciais: genealogia de um argumento público. *Opinião Pública*, n. 21, p. 238-267, 2015.

GARCIA, Francisco Augusto da Costa; JESUS, Girlene Ribeiro de. Uma avaliação do sistema de cotas raciais da Universidade de Brasília. *Estudos em Avaliação Educacional*, v. 26, n. 61, p. 146-165, 2015.

HASENBALG, Carlos A. *Discriminação e desigualdades raciais no Brasil*. Rio de Janeiro: Graal, 1979.

HASENBALG, Carlos; SILVA, Nelson do Valle. *Estrutura social, mobilidade e raça*. Rio de Janeiro: Iuperj, 1988.

______. *Origens e destinos*: desigualdade social ao longo da vida. Rio de Janeiro: Topbooks, 2003.

MATTOS, Wilson Roberto de. Cotas para afro-descendentes na Universidade do Estado da Bahia: uma breve exposição comentada. In: FERES JÚNIOR, João; ZONINSEIN, Jonas (Orgs.). *Ação afirmativa e universidade*: experiências nacionais comparadas. Brasília: Ed. da UnB, 2006. p. 167-182.

MENDES JUNIOR, Alvaro Alberto Ferreira. Uma análise da progressão dos alunos cotistas sob a primeira ação afirmativa brasileira no ensino superior: o caso da Universidade do Estado do Rio de Janeiro. *Ensaio: Avaliação e Políticas Públicas em Educação*, v. 22, n. 82, p. 31-56, mar./jun. 2014.

NERAD, Julie. *Passing interest:* racial passing in US novels, memoirs, television, and film, 1990-2010. SUNY series in multiethnic literature. Albany: State University of New York Press, 2014.

QUEIROZ, Delcele Mascarenhas; SANTOS, Jocélio Teles dos. Sistema de cotas: um debate: dos dados à manutenção de privilégios e de poder. *Educação e Sociedade*, v. 27, n. 96 (Especial), p. 717-737, 2006.

RAWLS, John. *A theory of justice*. Cambridge: Belknap Press of Harvard University Press, 1971.

SÁNCHEZ, María Carla; SCHLOSSBERG, Linda. *Passing:* identity and interpretation in sexuality, race, and religion, sexual cultures. New York: New York University Press, 2001.

SILVA, Graziella Moraes; LEÃO, Luciana T. de Souza. O paradoxo da mistura: identidades, desigualdades e percepção de discriminação entre brasileiros pardos. *Revista Brasileira de Ciências Sociais*, v. 27, n. 80, p. 117-133, 2012.

TRAGTENBERG, Marcelo Henrique Romano et al. Como aumentar a proporção de estudantes negros na universidade? *Cadernos de Pesquisa*, v. 36, n. 128, p. 473-495, maio/ago. 2006.

VELLOSO, Jacques. Cotistas e não-cotistas: rendimento de alunos da Universidade de Brasília. *Cadernos de Pesquisa*, v. 39, n. 137, p. 621-644, maio/ago. 2009.

WALTENBERG, Fábio D.; CARVALHO, Márcia de. Cotas aumentam a diversidade dos estudantes sem comprometer o desempenho? *Texto para Discussão*, Center for Studies on Inequality and Development, n. 73, 2013.

WEISSKOPF, Thomas E. *Affirmative action in the United States and India*: a comparative perspective. New York: Routledge, 2004.

SOBRE OS AUTORES

Amélia Artes

Pesquisadora da Fundação Carlos Chagas, participa do Grupo de Pesquisa Gênero, Raça/Etnia e Direitos Humanos. Docente na Faculdade de Educação da Universidade de São Paulo.

Valter Roberto Silvério

Professor Associado do Departamento e do Programa de Pós-Graduação em Sociologia da Universidade Federal de São Carlos (UFSCar). Bolsista Produtividade em Pesquisa do Conselho Nacional de Desenvolvimento Científico e Tecnológico (CNPq).

Priscila Martins Medeiros

Professora Adjunta do Departamento de Sociologia da Universidade Federal de São Carlos (UFSCar).

Antonio Sérgio Alfredo Guimarães

Graduação e Mestrado em Ciências Sociais pela Universidade Federal da Bahia. Doutorado em Sociologia pela University of Wisconsin. Professor Titular da Universidade de São Paulo.

André Lazaro

Professor associado da Universidade do Estado do Rio de Janeiro (Uerj), pesquisador da Faculdade Latino-americana de Ciências Sociais — Brasil (Flacso), diretor da Fundação Santillana.

Mário Augusto Medeiros da Silva

Docente do Departamento de Sociologia do Instituto de Filosofia e Ciências Humanas da Universidade Estadual de Campinas (IFCH/Unicamp).

José Alexandre Felizola Diniz Filho

Pró-Reitor de Pós-Graduação e Professor Titular do Departamento de Ecologia da Universidade Federal de Goiás (UFG). Bolsista de Produtividade em Pesquisa 1A do Conselho Nacional de Desenvolvimento Científico e Tecnológico (CNPq).

Maria Clorinda Soares Fioravanti

Pró-Reitora de Pesquisa e Inovação e Professora Titular da Escola de Veterinária e Zootecnia da UFG. Bolsista de Produtividade em Pesquisa 1D do CNPq.

Luiz Mello

Pró-Reitor de Graduação e Professor Associado da Faculdade de Ciências Sociais da UFG.

Fabiana de Souza Fredrigo

Pró-Reitora adjunta de Pós-Graduação e Professora Associada da Faculdade de História da UFG.

Maria Helena de Paula

Coordenadora de Pesquisa e Pós-Graduação da Regional Catalão da UFG e Professora Associada da Unidade Acadêmica Especial em

Letras e Linguística e Programa de Pós-Graduação em Estudos da Linguagem da UFG.

Luciene de Oliveira Dias

Coordenadora de Ações Afirmativas e Professora Adjunta da Faculdade de Informação e Comunicação da UFG.

Gabriel Omar Alvarez

Professor Adjunto da Faculdade de Ciências Sociais da UFG.

Roberto Cunha Alves de Lima

Professor Adjunto da Faculdade de Ciências Sociais da UFG.

Francisco Mata Machado Tavares

Professor Adjunto da Faculdade de Ciências Sociais da UFG.

Dijaci David de Oliveira

Professor Adjunto da Faculdade de Ciências Sociais da UFG.

Angela Figueiredo

Professora e pesquisadora do Mestrado em Ciências Sociais da Universidade Federal do Recôncavo da Bahia (UFRB) e do Programa de Pós-Graduação em Estudos Étnicos e Africanos (Posafro/UFBA). Coordenadora do Grupo de Pesquisa em Gênero, Raça e Subalternidade — Coletivo Angela Davis, e atualmente é pesquisadora visitante na Universidade de Berkeley, Califórnia.

João Feres Júnior

Professor de Ciência Política e vice-diretor do IESP-UERJ, coordena o Grupo de Estudos Multidisciplinares da Ação Afirmativa (GEMAA), junto com Luiz Augusto Campos, e o Laboratório de Estudos da Mídia e Esfera Pública (LEMEP), que abriga os sites Manchetômetro (http://www.manchetometro.com.br) e o Congresso em Notas (http://congressoemnotas.tumblr.com). É autor de vários livros, estudos e artigos científicos sobre teoria política, políticas de ação afirmativa, relações raciais e de gênero, mídia e estudos da América Latina.

Luiz Augusto Campos

Professor de Sociologia do IESP-UERJ, onde coordena, junto com o João Feres Júnior, o Grupo de Estudos Multidisciplinares da Ação Afirmativa (GEMAA). Atua na interface entre Sociologia e Ciência Política, com pesquisas sobre relações raciais, teoria feminista, mídia e esfera pública, teoria social e teoria política.